アジア通貨危機の歴史的背景

日本企業のアジア展開

小林英夫

日本経済評論社

目　次

第3章　アジア太平洋経済圏の形成と日本企業の対応……89

序章　課題と方法

1　課　題

本書の課題は、アジア地域の工業化の歴史に日本企業がどのような役割を果たしたのか、日本とアジアの工業化の歴史を日本企業の戦後アジア展開を通じて跡づける点にある。それは、同時にまた一九九七年七月以降のアジア通貨危機が、それまでの日本企業のアジアでの行動にどのような変化を与えたのかを検証する不可欠の前提的作業でもある。

戦前、日本企業は東アジアの朝鮮、台湾、「満洲」、中国本土、東南アジアといった植民地・占領地域に工場を設立し、企業活動を行ってきた。一九四五年八月の日本の敗北は、こうした活動に大きな変化を与えた。この日を契機に日本人はいっせいに本国への引揚げを開始し、植民地や占領地に作られた工場は、これらの地域に進駐して日本軍の武装解除を行った連合軍の管理下におかれ、さらにそれらの国々が独立した後は新生国家の管理下に移されることとなった。これらの工場のその後は、それぞれの国のおかれた条件によって異なる運命をたどった。

ところで、帰還した日本人は、外地に放置することを余儀なくされた工場を含む資産の補償を求めたが、その要求は、講和が成立するまでは連合軍のもとにとどめおかれ、彼らの補償運動が盛り上がるのは講和成立以降のことだった。もっとも彼らが引揚げ直後に行った在外財産に関する調査（その一部は『日本人の海外活動に関する歴史的調査』としてまとめられた）は、直接補償運動に役立つことはなかったが、戦前の彼らの企業活動を整理し、そうした活動に当事者なりの意味づけを与えるうえでは重要な役割を果たした。

日本企業のアジアでの活動がふたたび開始されるのは、日本が連合国と講和条約を締結した一九五一年以降のことであった。もっとも、それ以前から戦後処理をめぐり、あるいは連合国の管理貿易下で、商社や企業がアジアに進出し、さまざまな企業活動を展開していた。講和が成立する前後期の、一九五〇年代の日本企業の特徴は、その活動舞台がインド、パキスタン、セイロン（現、スリランカ）といった、今日でいう南アジアやＡＳＥＡＮと称される東南アジアにおかれ、戦前の中心であった中国東北、韓国、北朝鮮はその中心とはならなかったことである。つまり戦後日本企業の活動舞台は、戦前とは大きく異なっていた。一九七〇年代にいたり日本企業の活動舞台が拡大すると、かつての営業地域と重なり合っていくが、一九五〇年代に日本が海外企業活動を開始した当初、将来を担う若きビジネスエリートたちは、いずれもその活動のスタート舞台を今日でいう南アジア、つまりインドやパキスタンにおいていた。

一九五二年の対日講和の発効とその後の東南アジア諸国との賠償交渉の成立は、これらの国々と日本との国交の樹立、貿易の再開を本格化させ、日本企業の活動を東南アジアへと拡大させていく契機となった。一九五五年のビルマとの賠償交渉の妥結とその後のフィリピン、インドネシア、南ベトナムとの賠償交渉の妥結はそれを物語る。ところで、こうした日本企業の南アジアから東南アジアへの企業活動のシフトは、インド経済のかげりとも関連していた。一九五〇年代の後半から始まる第二次五カ年計画は、インドの重工業化を推し進めるものであったが、農業と軽工業が軽視された結果、食糧や日常品の不足を生み出し、逆に経済成長は鈍化傾向にあった。一九六〇年代に入ると日本企業は、賠償交渉が妥結し国交が正常化した東南アジアの国々の新市場に期待を寄せ始めたのである。一九五五年から始まる東南アジア賠償は、これらの地域を日本企業活動の場に変えることとなり、その結果、東南アジア地域は急速に日本市場へと転換していった。一九五〇年代までの賠償は六〇年代に入ると借款に引き継がれるかたちで、日本企業の活動はこの地域を中心に展開されることとなった。

また一九六〇年代になると、日本企業の活動の舞台はさらに広がり、オーストラリア、ニュージーランドとアメリカ大陸を包み込んだアジア・太平洋地域へと拡大した。一九六五年以降ベトナム戦争が本格化すると、日本の対アジア借款もベトナム戦争がらみで展開されるケースが増加した。

一九七〇年代日本企業の活動は、アジア・太平洋地域にヨーロッパを加えてグローバルな色彩を見せるが、同時に一九七二年以降の円高の開始は、従来の貿易に加え新たに直接投資活動を日本企業に付与することとなる。その活動は一九七〇年代前半はアジア中心であったのが、後半にはヨーロッパへと広がり、八〇年代に入ると貿易摩擦回避の必要からアメリカへの企業進出が拡大した。九〇年代に入ると円高の傾向はますます強まり、日本企業の海外展開は中小企業を含む大規模なものとなり、地域もＡＳＥＡＮから中国やベトナムへと広がっていった。

しかし日本企業の海外展開は東南アジアを中心に規模が拡大したが、その主力はあくまでも製造業中心で、金融機関の進出は大変弱く、銀行が海外展開を遂げたのは一九八〇年代になってからであった。

一九九七年七月のアジア通貨危機は、東アジアで展開された日本的システムの弱点をもっとも鮮明に示したものに他ならなかった。ドルペックに基づく為替相場の擬似「固定化」を前提に企業内国際分業を展開していた東南アジア各国の日系企業は、通貨危機の勃発による為替相場の動揺にともない、その根底を揺るがされる結果となった。高い品質を誇る日本の生産技術も、為替相場の動揺の前にはシステムそのものの変更を余儀なくされた。通貨危機を経験した日本企業が今後どのようなシステムを新たに作り上げるかは、これからの課題である。

本書においては、戦後から現在にいたるまでの日本企業のアジアでの活動を跡づけることで、こうした企業の活動が作り出したアジア生産ネットワークの特徴を明らかにし、あわせて今回の通貨危機の問題に迫ることとしたい。

2　日本的経営の展開

アジア的規模で日本と周辺諸国との企業活動を見た場合、戦前と戦後は連続しているように思われる。敗戦直後の日本人のアジアからの引揚げ自体が、日本の技術や伝統をかなり残したものであった。敗戦後の技術者の留用はそれを物語る。しかし地域的にみれば、日本企業の中心的活動地であった中国東北、韓国・北朝鮮との間には戦前・戦後に断絶があるのに対してインド、パキスタンなどの南アジアや東南アジアは連続的であった。戦後再開された東南アジアへの貿易を見れば、その出発は戦前から関係を持っていた人脈やかつて存在していた支店の復活であるという場合が非常に多かった。一例をあげれば、一九五六年にインドに進出した旭硝子の場合は戦前来のインドでの経営が作り出した人脈のうえに戦後の進出があったし、六二年の武田薬品の台湾進出も戦前来の工場と人員を引き継いで事業が展開された。工場のみならず、一九五〇年代に展開された鉄鉱石開発もその例外ではなかった。一九五一年以降の岸本商店によるインドのゴア鉄鉱石の開発輸入も、元をただせば戦前来の岸本商店とバード商会の関連からきているし、五二年以降のフィリピンのララップ鉱山からの鉄鉱石輸入も戦前・戦中来の石原産業・岸本商店の関係が前提にあって戦後の開発輸入があった。

一九五〇年代半ばから展開される賠償と企業の関連のなかには、戦前からの技術面での連続性と地域面での断続性を見ることができる。たとえば賠償がらみで活躍した海外建設コンサルタント会社の日本工営の場合がそれである。日本工営は一九五五年のビルマ賠償を手はじめに東南アジア各地で賠償事業を手がけ、電源開発事業を行ってきた。その開発の手法の原点は、社長の久保田豊が日本窒素の社長、野口遵のもとで一九二六年から四五年まで朝鮮・「満洲」で実施してきた電源開発そのものであった。流域変更により高水量・高落差を得る工事方法や、上流はダム式発電、下流は堰堤式発電を行うことで同一河川を有効に使う開発方式など、戦後になって久保田が国際的に十分通用すると豪語したコンサルタント手法の原点は朝鮮・「満洲」であった。戦前と戦後の違いを述べれば、その対象地が東北アジアから東南アジアへと変わったことであった。

これは、戦前「満洲国」の産業部次長として辣腕をふるった岸信介が、戦後の公職追放を経て五六年に外相、五七年に首相に就任すると東南アジア開発に力を注いだことと無関係ではない。久保田は椎名悦三郎らとともに「満洲」人脈・岸人脈を形成していた。

日本的経営という点でも、戦前と戦後の企業進出は技術面で連続し地域面で断絶している。なかでも労働慣行はその最たるもので、一九七〇年代から本格化した日本企業の東南アジア進出の場合、日系各社が採用した労働慣行は戦前からのそれであった。一九七四年一月の田中総理の東南アジア訪問に対する反日暴動は日本的経営、なかでもその労働慣行に対する不満に起因していた。反日のスローガンの一つが「現地人登用」であったことは故なきことではない。年功序列を基底に戦前来日本人を中心に組み立てられていた海外日系企業の労働慣行は、本格的進出後数年にして東南アジアの人々の抵抗にぶつかったのである。一九七〇年代から八〇年代にかけて日本企業は「現地融和」「現地奉仕」「現地人登用」に代表される現地との融和諸策をとるが、部分的手直しは行われたが、日本的経営の骨格をなす日本人中心の労働慣行そのものは今日まで大きくは変わっていない。

一九七〇年代以降のアジアの経済成長がモノ作りに支えられていたとすれば、そうしたアジアのモノ作りを根底から支えていたのは、他ならぬ日本企業であった。しかもモノ作りに局限すれば、そこにはアジア的にモデファイされているとはいえ、日本的経営が色濃く投影されていた。しかも、アジア各国の日本的経営は、固定相場制にも似たドルペック制に裏づけられた交易システムによって「東アジア経済圏」として結合されていた。

これが通貨危機直前の東アジアでの生産システムだったのである。アジア固有の生産システムとそれが生み出す高成長は一夜にして作り上げられたものではなく、戦後半世紀の日本企業の産物であった。

3　研究史批判

一九九七年七月に始まる通貨危機は、こうした「安定」的だったアジアの生産システムを金融・為替の面から動揺させたのである。

一九九〇年代末の、アジア通貨危機後の議論で一番欠落していたのは、その舞台となったアジア地域の工業化の歴史とその特徴の分析である。前述したように、これまでアジアは日本主導で生産を「主」に、金融を「従」にした製造業中心の産業構造を作り上げてきた。今回の通貨危機は、金融を「主」に生産を「従」とするシステムへの変更を迫るものであった。そして一九九七年以降の通貨危機を語った多くの論者は、この「主」となった金融システム、グローバル・キャピタリズムの功罪といった点に議論を集中したのである。

「功」を強調する代表としては、ＩＭＦ、ＯＥＣＤ、アメリカ財務省をあげることができよう。彼らの主張を一言で要約すれば、経済を早期に自由化して強固なシステムを作っていなかったから今回の通貨危機といった事態を招いたのだ、という点にある。規制緩和の早期実施がその主たる主張点である。日本で比較的鮮明にこうした主張をしているのは竹中平蔵氏であろう。彼は、『日本賢国論』をはじめ多くの著作のなかで規制緩和の推進を訴えてきたが[1]、ＩＭＦなどの主張の延長線上の問題として考えることができよう。

「罪」に関しては、ポール・クルーグマンを筆頭にＩＭＦの政策がアジアの実情に合致していないことを指摘している。クルーグマンは“The Myth of Asia's Miracle”（「アジア奇跡の神話」）のなかで、アジアの経済成長は資源配分を先倒しにして達成されたもので、持続性を持たないと述べていたが、今回のアジア通貨危機に際しても彼はＩＭＦに批判的で、アジアの後進国にＩＭＦのコンデショナリティを適用するのはまちがいだと述べた(2)。ＩＭＦへの批判という意味ではジェフリー・サックスも同じで、ＩＭＦのやり方は発展途上国の成長の芽を摘むものであると述べている(3)。市場開放・自由競争論者のミルトン・フリードマンにいたっては、ＩＭＦのこうしたやり方は自由競争の原則からも逸脱するもので「ＩＭＦは解体すべき」と手厳しい(4)。今回の通貨危機の立役者ともいわれるジョージ・ソロスもその著書『グローバル資本主義の危機』のなかで、その行き過ぎがグローバル資本主義そのものの破綻をもたらすことを指摘している(5)。

たしかにＩＭＦのやり方には問題点が多い。アジアといっても各国で事情が相当異なるのに、ＩＭＦの資金援助のコンデショナリティは韓国、タイ、インドネシアでほとんど変わりがない。周知のように韓国とタイ、インドネシアでは経済規模も発展段階も相当異なる。一方の韓国はＮＩＥＳ（新興工業諸国）と称され、ＯＥＣＤ加盟の先進国なのに対し、タイはＮＩＥＳにこれからならんとする国であり、インドネシアはこれからタイを追いかけようとしており、三国の間には経済格差がはなはだしい。経済・社会システムも相当異なる。それを一律に見ようというのは、アジアの事情に疎い欧米の政策立案者の発想だといわれてもいたしかたないだろう。

しかし今回の通貨危機での最大の問題は、アジアの実状への認識不足である。とりわけアジアの工業化がどのような特徴を持っていたか、といった点での認識が決定的に脆弱なことである。この疑問に接近するために筆者がとりたいと考えている方法は、歴史的接近を前提に現状の分析をすることである。一九九七年夏から始まるアジアの通貨危機に視野を限定するのではなく、これまでの一連の動きを戦前・戦後のアジア工業化の流れに位置づけることで、なぜアジアの工業化は金融機構を育てることができなかったのかを検証したいと考える。今回の通貨危機が日本企業の活動舞台であった東アジア・東南アジア地域で起こったことを考えると、その原因の一つに日本企業の活動とその特徴がかかわっていると見ることは、あながち的外れであるとは考えない。

日本のアジア進出の主力は製造業であった。日本の銀行がこの地域に本格的に進出したのは、企業が進出したより一〇年おそく一九八〇年代になってからであった。この間の日本企業への資金調達の手だてを補完したのは、企業と歩調をそろえて進出していた日本の商社であった。日本企業が商社の資金・販売・情報のネットワークから相対的に独立するのは、一九八〇年代に入ってからであった。なぜ日本企業がこのように商社に深く依存しながら東・東南アジア地域に進出したのかという問題は、さまざまな理由があろうが、その一つは日本企業の海外進出が当初は輸出と深く結びついていたからである。日本企業の海外進出は当初は輸出代替的であった。こうした特性が商社の比重を高め、逆に銀行の進出を遅らせた。日本企業のアジア進出のこの特性が、該地域の金融インフラストラクチャーの脆弱性の一つの、だが重要な原因であると思われる。

本書においては、この点に留意して日本企業の東・東南アジア進出の歴史をたどりながらアジア通貨危機にいたる過程を跡づけてみたい。

たしかに今回の通貨危機は、IMFの政策の是非をめぐり「功」「罪」両面での論争を生み出した。前者が新古典派の立場から市場原理の徹底を主張するのに対し、後者がその規制の必要性を主張し国家の役割を強調している点で、「市場」と「国家」の対抗と見ることもできるかもしれない。

しかし「功」「罪」両論に欠けているのは、アジアの製造業から見た今回の通貨危機はいったい何であったのか、という点である。通貨危機以前に日本は、固定相場制にも似たドルペック制に裏づけられた交易システムによって、日本型生産システムを基底にもつ「東アジア経済圏」ともいうべきものを作り出していた。日本自動車産業が案出したともいえるASEAN各国の分業体制での自動車部品供給システムであるBBC、AICOシステムなどはそれである。ところが一九九七年七月に始まる通貨危機は、こうした「安定」的だったアジアの生産システムを金融・為替面から突き崩そうとしたのである。「功」「罪」を論ずるのであれば、そうしたアジア製造業の変容から論ずる必要がある。ところがアジア通貨危機を議論する識者は、アジア的金融の特徴と変容は論ずるが、その生産システムの特徴やそれを生み出した歴史についてはほとんど言及しない。「罪」を論ずるに積極的なポール・クルーグマンにしても、アジアの工業化と高成長の製造業での特徴を資本と労働の大量投下による一九五〇年代型ソ連経済の再版と解している点などはその証左であろう。通貨危機前後の日本の海外製造業の変貌について具体的に論じたものとなると大変少ない(6)。本書が日系製造業のアジアでの歴史的展開に焦点をあてる所以である(7)。

しかも今回の通貨危機が、東アジアの従来のシステムとの抗争と再編の動きであるとすれば、その歴史的前提の考察が不可欠とされよう。

本書では、日本と東アジアの関係を以下の構成で検討することとしたい。

第1章は、一九四〇年代末までの日本企業のアジア地域からの撤収、清算業務について検討したものである。敗戦時民間人約三〇〇万人、軍人・軍属約三〇〇万人、合計約六〇〇万人の日本人が海外で生活していたが、彼らは一年足らずの間に大半が日本に引揚げた。技術者のなかには、現地にとどまり閉鎖された日本企業の維持を担当する者もいたが、彼らも一九四〇年代末にはその大半が日本へと撤収した。多くの日本人は日本へ戻ると同時に在外財産の補償運動を展開したが、その解決を見るのは一九六〇年代になってからであった。この補償運動の初期の段階で『日本人の海外活動に関する歴史的調査』が編集されるが、そのなかに当時の植民地で生活したものの歴史観が現れていた。

第2章は、一九五〇年代の日本企業の海外活動を検討している。この時期の日本企業の活動は大きく前半と後半に分けられるが、前半は日本企業のインド進出に、後半は東南アジア進出に色分けされる。五〇年代前半、日本企業は、対日感情も比較的良好で、経済状況も好調で、コロンボ・プランの拠点だったインドと密接な経済関係を結んでいた。当時ポルトガル領だったゴアの鉄鉱石確保、旭硝子のインド進出はその典型だった。ところが五〇年代半ばに日本の東南アジア賠償協定が締結され、インド経済が停滞し始めると、日本企業はその活動の重点をインドから東南アジアへとシフトさせたのである。

第3章は、一九六〇年代から七〇年代までの日本企業の活動である。この時期の特徴は「アジア経済圏」構想が日本でも提唱され、その実現を目指す動きが政・財および学界でも活発化する点である。日本企業も五〇年代の賠償から六〇年代の借款を経て七〇年代は直接投資というかたちで活発な事業活動を展開した。日本企業の東南アジア地域への積極的進出にともない現地の反発が強まり、七四年の田中角栄総理の東南アジア訪問に際してはタイ、インドネシアを中心に大規模な反日運動が起きた。その後「日本的経営」の浸透や企業努力、政府機関の活動、アジアでの軍事政権の登場と言論統制の強化等が重なって、一九七七年の福田赳夫総理の東南アジア訪問ではさしたる反日運動は展開されなかった。

第4章は、一九七〇年代から八〇年代前半における東アジアの高度成長を検討する。この時期韓国、台湾、香港、シンガポールは目覚しい成長をとげるが、ここではその秘密を分析する。特に、土地改革、成長志向型官僚の登場と集団の形成、成長志向型企業家の活躍といった国内要因と七〇年代初頭のベトナム戦争、七二年のオイルショック後の中近東地域への進出といった国際要因を検討し、こうした複合的要因の結果としての社会階層の変動がこうした成長をシステムとして固定化させたと指摘する。

第5章は、一九八〇年代後半から九〇年代初頭までのASEANの工業化の進展と日本企業の関わり合いをタイにおける自動車産業の展開のなかで追っている。八〇年代後半ASEANは急速な工業化をとげるが、該地域全体の工業化と日本の関わり合いを検討した後で、タイにおける自動車産業の実情を個別企業に絞って分析し、さらにその第一次サプライヤー、第二次サプライヤーの関連を追跡し、日本企業の事業展開がタイの現地社会に与えた影響を検討する。

第6章は、一九九〇年代前半の日本自動車産業のASEANにおける展開を検討している。日本企業のアジア展開を支えた二大産業は自動車と電機であるが、ここではその一つの柱である自動車産業に焦点をあて、そこでの欧米企業との競争、日本企業の推し進める「アジアカー構想」、BBC、AICOスキームの具体化、現地サプライヤーの成長いかんに分析のメスを入れる。そしてドルペックを前提とした擬似固定相場制に裏づけられた日本企業の企業内国際分業体制の姿を追う。

第7章は、一九九〇年代前半の日本電機産業のASEAN内における展開を、マレーシアに焦点をあて考察している。ここでは、電機産業のマレーシア進出が該地の都市と農村に与えた影響、女子労働者に与えた影響などをペナン島に焦点をあてて検討を試みる。そして、こうした電機産業のマレーシアでの展開が、女子労働者の就業機会を拡大すると同時に彼らの生活に大きな影響を与えている点を、就業、作業、生活、結婚、家庭関係などを通じて分析している。

終章は、アジア通貨危機後の該地の製造業の展開と変容を分析したものである。一九九〇年代前半までに作られた日本企業のドルペックに支えられた企業内国際分業体制は、バーツ暴落後の通貨危機のなかで動揺し、新しい分業システムの追求を余儀なくされた点を指摘している。

本書の全体を通じて、一九九七年からの通貨危機が戦後日本が東南アジアに作り上げた生産システムの弱点をつく結果となったこと、したがってその歴史的背景の解明がなければ通貨危機の製造業に与えたインパクトは理解できないことを明らかにしようと試みた。

（1）竹中平蔵『日本賢国論』電通、一九九三年。
（2）Paul Krugman, "The Myth of Asia's Miracle", *Foreign Affairs*, November/December 1994.
（3）Steven Radelet and Jeffrey Sachs, "Asia's Reemergence", *Foreign Affairs*, November/December 1997.
（4）『日本経済新聞』一九九八年一〇月二日。
（5）ジョージ・ソロス（大原進訳）『グローバル資本主義の危機』日本経済新聞社、一九九九年。
（6）アジア通貨危機とアジアの産業の関連を扱った数少ないレポートの一つにOECD, *Asia and the Global Crisis, the industrial Dimention*, Paris, 1999がある。アジア通貨危機後の各国経済と産業の関連に言及し、中国、韓国に焦点をあて、その対応を追っている。
（7）日本企業の海外展開に関してはさまざまな角度から検討されてきた。一つは多国籍企業のグローバル戦略の視点から日本企業の行動を分析する視角である。二つは日本的経営の海外展開といった視点から日本企業の行動を分析する視角である。三つは経営史や会社史の視点から日本企業の海外展開を検討する視点である。前二者の欠陥は、いずれも輪切りの現状分析で、歴史的視点が欠如していることである。これらのなかで、著者が分析する日本企業の海外展開の視点は、三つめのそれに最も近い。したがって本書は、戦後日本経済発展史のなかでの海外展開史と位置づけることができるかもしれない。しかしこれまで経営史や会社史の視点といった場合、その多くは個別企業もしくは個別産業史的視点が濃厚で、多国籍企業論や日本的経営論と切り結ぶ視点は部分的であった。一九九七年七月以降の通貨危機が発生しても、それを海外展開史の視点から分析することができなかったことはその証左である。
　しかし野口悠紀夫『一九四〇年体制』（東洋経済新報社、一九九五年）を契機に日本的経営システムの歴史的淵源とそれをめぐる戦前と戦後の「連続」と「断絶」が論議され、橋本寿郎編著『日本企業システムの戦後史』（東京大学出版会、一九九六年）、安岡重明他編『日本経営史』（岩波書店、一九九五年）、小林英夫他編『「日本株式会社」の昭和史』（創元社、一九九五年）、拙著『「日本株式会社」を創った男　宮崎正義の生涯』（小学館、一九九五年）などが出された。

　上記の課題を日本企業の海外展開という角度から見れば、物的資産（社会資本、企業設備）、人材、社会関係、経済構造の戦前から戦後への影響が考察されねばなるまい（金子文夫「植民地・占領支配地」大石嘉一郎編『日本帝国主義史』3、東京大学出版会、一九九四年、四三三頁）。こうした影響が戦前から戦後まで引き継がれたことは否定できない（本書第1章参照)。しかしそれは、日本工営に代表される開発技術などを除けば継続性に乏しく、新たな枠組みは一九五〇年代に東南アジアを中心に作りかえられていくのである。その意味では、筆者の結論は大枠においては末廣昭「経済再進出への道」(中村政則他編『戦後改革とその遺産』、「戦後日本　占領と戦後改革」第六巻、岩波書店、一九九五年)に近いといえよう。

第1章　日本企業の戦中・戦後

はじめに

東アジアの二〇世紀は、中華帝国の解体と近代日本帝国の勃興をもって始まった。日本は、日清・日露の両戦争を経て旧中華帝国の版図を侵食しながらその勢力を台湾から朝鮮、そして中国東北部へと拡大していった。いち早くヨーロッパの自由貿易の理念と万国公法の原則を取り入れた日本は、これをてこに朝貢貿易と華夷秩序をもって律する中国に対し列強と共同歩調を取ったのである。

日清・日露の両戦争によって日本は台湾、樺太、関東州をその手中に収め、朝鮮への支配を一層推し進め一九一〇年には韓国を併合した。その後第一次世界大戦、「満洲事変」、日中戦争、そして太平洋戦争と戦争のたびに領土を拡大し、北はアリューシャン列島から南はティモール島、西はビルマから東はビスマルク諸島までの広範な地域を占領し「大東亜共栄圏」と称する帝国を東アジアに作り上げた。

一九四五年八月の敗戦とともにこの「大東亜共栄圏」は崩壊した。しかし「大東亜共栄圏」は、さまざまな「遺産」を東アジアに残した。独立した東アジアの国々は、好むと好まざるとにかかわらず、この「遺産」を前提に戦後の新しい環境のなかで国造りを開始しなければならなかった。戦前の「遺産」のなかで、戦後の環境に適合できないものはうち捨てられ、適合的なもののみが活用されていった(1)。

日本が東アジアに残したものは、地域によって違いはあるが、組織としては、中央集権的な政治・官僚システム、日本語による初等教育中心の教育システム、国策会社や銀行を中心とした産業システムがあり、人材としては、効率的に機能する中下層の官僚群、強力な地主群、中小の経営者群、よく訓練された下級労働者たちがいた(2)。

朝鮮、台湾においては、日本が残したこれらのシステムは比較的温存されて新政権のもとに継承されたが、それ以外の中国や東南アジアでは、企業活動を除けば、それらのシステムの多くは消滅していった。本章においては、日本の残した「遺産」が戦後にどのように引き継がれていったのか、または破棄されていったのかを会社史を軸に追求してみたいと考える。

(1) 拙稿「東アジアの経済圏――戦前と戦後」(大江志乃夫他編『岩波講座 近代日本と植民地』一、岩波書店、一九九二年)、Hideo Kobayashi, "The Postwar Economic Legacy of Japan's Wartime Empire," Peter Duus et al., *Japan's Wartime Empire, 1931-1945*, Princeton University Press, 1996 参照。

(2) 拙稿「植民地経営の特徴」(前掲『岩波講座 近代日本と植民地』三、岩波書店、一九九三年)参照。

1　日本企業のアジアからの撤退

1　日本人の引揚げ

日本の敗戦とともに「大東亜共栄圏」内の日本軍人・軍属・民間人は本国へと復員・引揚げを開始した。軍人・軍属はポツダム宣言と連合軍の「指令第一号（陸海軍ノ武装解除、降伏ニ関スル一般命令）」に基づき、連合軍の武装解除を受けた後に指定された港から日本へと復員した。彼らに続いて、職を失い財産を捨てざるを得ず生活の糧を失った一般民間人もいっせいに本国へと引揚げた。

中国東北で日本人の引揚げが始まるのは国民党進駐地域が一番早く、一九四六年五月葫蘆島に集結した日本人からのそれが最初で、以降時を追って本格化した。続いて一二月には大連から、それ以降は大連以外の中共地域からの引揚げが始まった。いずれも着の身着のままで避難してきた者が多く、なかでも奥地から引揚げてきた開拓団員の場合、国境に配置されていたためソ連の攻撃で最前線に立たされ大きな被害を受け、しかも国策に乗った移民だったため中国人の怨嗟の的となり、彼らからも迫害を受け被害が増大した(1)。

樺太および朝鮮半島北部からの引揚げが始まったのは四六年一二月以降のことで、樺太からは同月から四九年七月まで五次にわたる引揚げ船で軍民が復員・引揚げ(2)、朝鮮半島北部からは四八年まで海路は興南、元山から、陸路は三八度線を突破して日本人の引揚げが続いた。彼らの一部には中国東北からの引揚げ者も含まれており、四五年、四六年の二度の冬を越すことができず多くの引揚げ者が命を落とすこととなった(3)。

これらの地域に比べると朝鮮半島南部や台湾からの引揚げは比較的平穏だったといわれている。四五年一〇月の済州島からの軍人復員を手始めに一二月以降朝鮮半島南部からの引揚げが始まった。在朝日本人はそれに先だつ八月末にソウルと仁川に、九月はじめに釜山にそれぞれ内地人世話会を発足させた。この内地人世話会は、後に日本人世話会と改称され、引揚げ事務の中核的役割を果たした。その後この日本人世話会は、引揚げ業務終了と同じ四七年一月にはソウルと仁川の、四八年二月には釜山の、それぞれの世話会を閉鎖している(4)。台湾においても総督府に代わり四五年一〇月に発足した台湾省行政長官公署のもとで四六年二月以降日本人の引揚げが開始された。最初の大規模な引揚げは二月から四月にかけて行われた。その後四七年五月までに引揚げは完了した。これとは別に沖縄籍民の台湾引揚げも行われ、約一万人が引揚げ船で故郷へ帰還した(5)。

では東北を除く中国大陸からの引揚げはどんな状況だったのか。華北からの引揚げは四五年一一月以降塘沽、青島からの軍人の復員で始まり、続いて民間人の引揚げが行われた。同じ華北地域でも開封、山東、山海関からの引揚げは困難をきわめたが、北京、天津、青島、塘沽からの引揚げは順調だった。もっともここでも国共内戦の影響で引揚げが遅滞し、もしくは内戦に巻き込まれて帰国が不可能となった例も見られた。華中からの引揚げは、上海と連雲港の二つの港から実施されたが、軍人の復員が優先されるかたちで、上海は四六年一月から、連雲港は四六年三月から実施された。この地域の民間人の引揚げは順調で、特に上海に居住していた民間人は、他と比べると相対的に待遇が良好で、比較的余裕をもって引揚げたという(6)。

東南アジアからの復員・引揚げは、それぞれの地域に進駐した英・米・濠の連合軍に対して降伏し武装解除を受けた後、各港に集結して帰国した。東南アジアからの復員・引揚げの特徴は、軍人・軍属が主体で、一般民間人が非常に少ないことであった。東南アジアからの復員・引揚げの先陣はマニラ、タグロバン方面からで一九四六年一月のことであった。その後二月にはソロモン方面から、三月にはマリアナ群島のサイパン、パガンから、五月にはタイからとマニラからの第二便が、八、九月にはこれまたマニラから続便が、一〇月にはシンガポールからと続き、

表1-1　敗戦時の在外資産

（単位：百万円，％）

	総　額	政　府資　産	民間企業資　産	民間企業資産産業別内訳						
				農林	鉱業	工業	公益	交通	金融	商業他
朝　鮮	70,789(19.9)	19,265	51,524	4,696	8,847	26,743	10,585	2,612	696	1,715
台　湾	34,774(9.8)	8,890	25,884	2,149	1,467	14,531	4,766	409	88	3,077
満　洲	131,192(36.9)	2,761	128,431	4,149	24,103	35,758	5,466	42,545	2,914	17,570
華　北	55,326(15.6)	—	55,326	2,618	4,944	19,623	3,937	15,687	166	8,630
華中・華南	32,860(9.3)	117	32,743	335	2,448	11,663	540	9,158	875	8,376
南　方	17,182(4.8)	—	17,182	2,924	2,925	5,682	501	803	10	4,722
樺　太	9,356(2.6)	3,786	5,570	266	1,920	3,380	125	140	3	79
南洋群島	768(0.2)	267	501	125	162	336	12	2	3	7
欧米その他	2,973(0.8)	—	2,973	622	6	24	—	40	941	1,612
合　計	355,220(100.0)	35,086	320,134	17,884(5.4)	46,823(14.1)	117,742(35.5)	25,932(7.8)	71,397(21.5)	5,696(1.7)	45,788(13.8)

出所：金子文夫「植民地・占領地支配」（大石嘉一郎編『日本帝国主義史』東京大学出版会，1994年）430頁。

この年の一一月にはバンコクからタイとジャワ方面の復員兵が帰還した。その後もシンガポール、ビルマ、バタビア（現、ジャカルタ）から続き、四七年になると一月にはセレベス（現、スラベシ）島のマカッサルから復員船が到着した。四七年初頭の復員船の到着をもってほぼ東南アジアからの復員・引揚げは一段落をしたのである(7)。

2　日本企業の閉鎖と接収

日本の敗戦と同時に日本企業の接収が始まった。敗戦時の日本の在外資産は表1-1に見る通りであるが、政府・民間資産の合計で見ると「満洲」が最も大きく全体の三六・九パーセントを占め、続いて朝鮮の一九・九パーセント、華北の一五・六パーセントとなっていた。また民間企業資産産業別内訳を見た場合、工業が最も大きく三五・五パーセントと第一位を占め、交通業がこれに次ぎ二一・五パーセントを占めていた。ソ連軍が進駐した樺太、中国東北、朝鮮半島の三八度線以北（以下、北朝鮮と省略）では、ソ連軍により一時軍管理下に置かれ、その後樺太では国有化され、中国東北や北朝鮮ではソ連軍が撤兵するにともない、それぞれ現地政権に引き渡されていった。樺太では、一九四六年二月はじめにソ連共産党最高会議幹部会令で、四五年九月末にまでさかのぼって在樺太および千島列島の土地、工場、鉱山、鉄道などの国有化を行っている。この結果、当地の土地、銀行、各種ソシアル・インフラストラクチャー、従業員一〇人以上の工場、五〇ヘクタール以上の私有農場など、およそめぼしい施設はすべて国有化されたのである。戦前樺太の産業を代表していた王子製紙のパルプ、製紙工場はことごとくソ連南樺太製紙工業トラスト総局として国有工場に変身した。これらの工場のいくつかは現在も稼動しているという(8)。

北朝鮮や中国東北のソ連軍進駐地域でも、占領当初、日本企業はソ連軍の管理下におかれた。ソ連軍の旧日本財産接収の法的根拠については論議の余地もあろうが(9)、現実には興南にあった朝鮮最大の日本窒素系の朝鮮窒素工場は、すべてソ連軍の管轄下に、また、中国東北にあった満鉄および撫順炭鉱などの付属施設、満洲重工業開発株式会社関連工場などはすべてソ連軍の管理下におかれたのである。朝鮮窒素は八月末にソ連軍と新生朝鮮の民主委員会に引き渡された(10)。満鉄は九月末に日中共同で設立された中国長春鉄路公司の管理下におかれ、満洲重工業開発株式会社も同じく九月末にソ連に全財産権を譲り渡したのである。その直後からソ連軍は、東北にあった主要工場の施設、鉄道施設、機関車、発電施設などを撤去して運び去った。ポーレーを団長とする対日賠償調査団のメンバーが、四六年五月日本からソウル、南京、上海、北平を経て六月中国東北の瀋陽に入り戦後の中国東北の調査を行い、一部の団員は七月まで残ってソ連軍の設備撤去状況を調査したが、これによれば、ソ連軍が中国東北の工業施設に直接与えた損害は約八億九五〇三万ドル、中国東北の総資産額の約一割程度に該当するといわれていた。しかしこの数値は、巨大企業の資産の合計にすぎず、個人資産は含まれていない。被害もしくは破壊されたプラントの三割の復旧が必要だとすれば、その額は約二〇億ドルにのぼるであろうと推定された(11)。ソ連軍が、こうした設備をなぜ中国東北から撤去したのか、その理由は定かではない。満洲製鉄鞍山本社（旧昭和製鋼所）の場合もソ連軍の占領下で施設の撤去作業が行われるが、「その解体、梱包の実態は、別地での工場施設の再運転を意図したといえるような専門的な作業ではなかった(12)」という。一九四五年時点では先の情勢が読めないためにソ連が非計画的な行動に移ったとする見方がないではないが、満洲製鉄鞍山本社の事例から判断すると中国東北を再度ソ連攻撃の基地に使わせない破壊行為と見るのが妥当なのかもしれない(13)。

では日系企業は戦後どのような姿をたどったのか。いま、中国の東北有数の工業・港湾都市大連での工場を例にその姿を見てみよう。表1-2を参照願いたい。大連は、敗戦後はソ連の統治下におかれていた。満鉄の紗河口の機関車修理工場は戦後大連機車車輌廠に、大連機械製作場は、水道部品から始まり一九四〇年代には戦車、砲弾を生産していたが、戦後は大連重型機器廠へと様変わりし、汎用機械の生産を行っている。大連には満洲油漆株式会社、大連石油株式会社など油脂・染料・ゴムといった化学産業工場が比較的早くから設立されていたが、これらも戦後はそれぞれ大連油漆廠、大連石油化学公司と名称を変えて一九九〇年代まで引き継がれている。前者大連油漆廠は、現在中国のロケットや人工衛星に使用される亜鉛華の生産では全国の三分の一を占め、大化集団有限公司に所属している。

満洲製麻、内外綿金州支店、満洲福島紡績、満洲徳和紡績といった紡織工場も例外ではなかった。これらは大連麻紡織廠、金州紡績廠、大連紡績廠、瓦房店紡織廠として一九九〇年代まで引き継がれた(14)。もっともソ連軍の施設撤去により大きな被害を受けた点は、ここ大連も例外ではなく、前述した大連機械製作場の場合、「工場内の九七パーセントのものが持ち去られた(15)」という。

アメリカ軍の占領下に置かれた朝鮮半島の三八度線以南（以下、南朝鮮と省略）はどうだったのか。日本企業は四五年一二月の軍政令第三三号によってアメリカ軍政庁のもとに帰属した。この米管理資産は新韓公社という米軍機関のもとで一元管理され、その額は一九四八年末で約八五パーセントを占めていた。しかしアメリカは帰属財産に対する確たる政策がなく、かつ帰属工場自体電力不足、原料不足から操業が困難であったため、管理状態は最悪であった。こうしたなかで米軍政庁は、帰属財産の払い下げを実施していった。一九四八年八月に大韓民国政府が成立すると残余の帰属財産は韓国政府に引き渡され、さらに四九年五月には「帰属財産処理法」が制定され、帰属企業の民営化が促進された。朝鮮戦争後は、帰属財産の払い下げを受けた企業家が、アメリカからの援助物資の加工を引き受けるかたちで急成長をとげていった。韓国の財閥の起源をたどると、数は多くはないが、帰属財産の払い下げに行き着くケースがいくつか見られる。キリンビール系の昭和ビールを受け継いだ斗山、朝鮮油脂を受け継いだ韓国火薬、鮮京繊維を受け継いだ鮮京などの財閥の起源は、日本人財産の払い下げにある。

過程
1945年から現在まで
蒸気機関車の修理から製造へ。全国に機関車車輌を提供。
戦後の回復が比較的に早い。万能の汎用機器製造を行う。
戦後は中国大型ペイント生産企業となり，生産量は全国の3.5％を占めている。中国のロケットや人工衛星に使われる亜鉛の生産量は全国生産量の３分の１を占めている。 現在大化集団有限公司に属している。
日本敗戦後～1947年５月までソ連赤軍に接収され，1947年６月～50年12月まで中ソ共同管理下にある。 50年12月に中国にすべての所有権を引き渡され，大連石油工廠と改称され，又55年７月に大連石油七廠と改称され，83年12月に大連石油七廠を主体とする大連石油化工公司が成立した。 主な製品は潤滑油，化学工業原料，粘度添加剤，ワックス等。
生産技術改善を重視し，機械化の生産を実現した。現在では各種の鉛筆および，ボールペンなどの製品を幅広く生産している。
1958年に中国ではじめての窯焼きガラス工芸品を生産，60年代から技術改善に力を入れ，今日では全国最大のガラス製品のメーカーになっている。
1948年に大連市政府は紡織工業に対して大規模な整頓を行い，荒廃と立ち後れた局面が改められた。1952年の総生産額は1949年に比べて，88.2％増加した。しかし，1954年の中国農業の凶作，1958年の大躍進，1966年に始まった文化大革命により大連の紡織工業はふたたび後退を示した。 1970年代に入って，大連の紡織工業は技術革新と企業のシステム改革を通じて，製品構成を更新してきた。その重点は化学繊維製品である。 1980年代に入って，大連の紡織工業は科学研究と生産の結合を実行し，製品の品質向上と市場の需要対応に重点を置くようになった。

国家経済体制改革委員会編『中国の企業経営——企業調査報告——』税務経理協

表１－２　大連工場再編

	現在の会社名	成立時		
		会社名	創立者	総資本金(円)
機械工業	大連機車車輛廠	機関車修理工場，1911	満鉄	
	大連重型機器廠	大連機械製作場，1918，5，4 機械機具の製作販売および工事請負と投資，1937年後は軍需用品に	進和商会 日本車輛製造 相生由太郎 帝国生命保険 日本生命保険 住友生命保険	30,000,000
石油化学工業	大連油漆廠	満洲油漆株式会社，1919，2，6 塗料及び石鹸等の一般化学製品の製造と販売	日清製油会社 小栗半平ほか	1,500,000 共同出資
	大連石油化学公司	満洲石油株式会社—大連製油，1933	満洲国政府 満洲興業銀行 日本石油 帝国石油 三井物産 三菱工業 三菱商事 昭和石油	4,000,000 共同出資
軽工業	大連鉛筆廠	東亜鉛筆株式会社 1935，3，30創立 工場設立—1936 鉛筆の製造と販売およびそれに関する業務		270,000
	大連ホーロー工業総廠	東洋来洋行と大谷製造所		
	大連ガラス製品廠	南満硝子株式会社，1928，工場設立—1917 空洞ガラス，ガラス原料の製造，販売		300,000
紡績・紡織工業	大連麻紡織廠	満洲製麻株式会社 1917，5，22 麻の加工および製造品の販売	井上輝夫 日吉商会 帝国繊維会社 安田保善社 山本武太郎 井上三郎	5,000,000
	金州紡績廠	内外綿金州支店，1923		
	大連紡績廠	満洲福島紡績株式会社，1923，紡織のみ		
	瓦房店紡織廠	満洲徳和紡績株式会社 1936，9，11 各種糸の編み物の製造，加工，販売。 その他営業に関する資金の融通	帝国製絲会社 日本カタン 田附政次郎 田附商店	5,000,000

出所；董志正編（鐘ケ江信光監訳・味岡徹訳）『大連・解放40年史』新評論，1088年，愛知学泉大学経営研究所，中国会，1995年，満州鉱工技術員協会編『満州鉱工年鑑』1944年，などより作成。

表1－3　台湾における主要日本企業の官営企業への再編系列（1945～46年）

	日本人企業			官営企業
金融機関	銀行	台湾，台湾儲蓄，日本三和	省営	台湾銀行
		日本勧業	〃	台湾土地銀行
		台湾商工	〃	台湾第一商業銀行
		華南	〃	華南商業銀行
		彰化	〃	彰化商業銀行
	金庫	産業金庫	〃	台湾省合作金庫
	生命保険	千代田，第一，帝国，日本，明治，野村，安田，住友，三井，第百，日産，大同，富国徴兵，第一徴兵	〃	台湾人寿保険股份有限公司
	災害保険	大成，東京，同和，日産，日本，大倉，大阪住友，興亜，海上運送，安田，日新，千代田大正	〃	台湾産物保険股份有限公司
	無尽会社	台湾勧業，台湾南部，東台湾，台湾住宅	〃	台湾合会儲蓄股份有限公司
生産企業	日本海軍第六燃料廠，日本石油株式会社，帝国石油株式会社，台湾石油販売株式会社，台拓化学工業株式会社，台湾天然ガス研究所等		国営	中国石油股份有限公司
	日本アルミニウム株式会社		〃	台湾鋁業公司
	台湾電力株式会社		〃	台湾電力有限公司
	大日本製糖株式会社，台湾製糖株式会社，明治製糖株式会社，塩水港製糖株式会社		〃	台湾糖業公司
	台湾電化株式会社，台湾肥料株式会社，台湾有機合成株式会社		〃	台湾肥料公司
	南日本化学工業会社（日本曹達，日本塩業，台湾拓殖），鐘淵曹達会社，旭電化工業株式会社		〃	台湾碱業公司
	台湾製塩会社，南日本塩業会社，台湾塩業会社		〃	中国塩業公司
	台湾船渠株式会社（三井重工業）基隆造船所		〃	台湾造船公司
	株式会社台湾鉄工所，東光興業株式会社高雄工場，台湾船渠株式会社高雄工場		〃	台湾機械公司
	専売局（酒，タバコ）		省営	台湾省菸酒公売局
	樟脳局，日本樟脳株式会社		〃	台湾省樟脳局
	浅野セメント株式会社，台湾化成工業株式会社，南方セメント工業株式会社，台湾セメント管株式会社		〃	台湾水泥公司*
	台湾興業株式会社，台湾パルプ工業株式会社，塩水港パルプ工業株式会社，東亜製紙工業株式会社，台湾製紙株式会社，林田山事業所		〃	台湾紙業公司*
	農林関係企業（茶業8，パイン業6，水産業9，畜産業22，計45企業）		〃	台湾農林公司*
	工礦関係企業（炭鉱業24，鉄鋼機械業31，紡績業7，ガラス業8，油脂業9，化学製品業12，印刷業14，窯業36，ゴム業1，電気器具業5，土木建設業16，計163企業）		〃	台湾工礦公司*

注：＊印の「水泥」「紙業」「農林」「工礦」4公司は，1953年の農地改革時に地価補償金の一部として，民営（旧地主）に払い下げられた。

出所：隅谷三喜男・劉進慶・凃照彦『台湾の経済』東京大学出版会，1992年，28-29頁。

台湾で日本企業の接収が行われたのは一九四五年一〇月の日本軍降伏後のことで、四五年一一月に台湾省行政長官公署内に接収委員会が組織され、日本人財産の接収が開始されてからのことだった。表1-3に見るように銀行、保険といった金融機関、石油、軽金属、電力、化学、製糖、肥料などの生産会社から構成される旧日本資産は分割されて、戦後は国営か省営もしくは国民党の党営というかたちで引き継がれていった。

東南アジアの日本軍占領地域でも、一九四五年八月の日本の敗戦後は、日本財閥や日本企業は連合軍に接収・管理され、処分された。たとえば、マラヤ、シンガポールの場合、ゴム・エステートを中心に、日本人残置資産は総額六七二〇万ドルに達したといわれているが、これらは処分され、主にイギリス系のゴム、錫企業の復興のために用いられた(16)。またタイにおける日本資産は一九五三年七月、連合軍とタイ政府の合意に基づき処分され、タイ政府は連合国に一定額を支払い、残りを掌中にした(17)。

3　留用の状況

敗戦後の日本軍占領地では、日本人の留用問題が持ち上がった。それは主に労働力としての日本人の活用だった。敗戦後も日本企業を維持し操業を続ける必要があったが、それにはそれまで就業していた日本人の協力が絶対的に必要だった。日本人の方も敗戦後に職を失い収入の道を絶たれた結果、日本へ引揚げる日程が具体化するまでの間、何らかの職を得て収入を確保する必要があった。ましてや日本が空襲で廃虚と化しているという情報が流れている状況下では、日本に帰還するよりは住み慣れた現地にとどまることを希望するものも多かった。

留用の対象者は、単純な労務から高級な技術にいたるまで広範な範囲に及んだが、とりわけ重視されたのが高級技術者だった。彼らは、日本人の引揚げが本格化した後も留用を解かれることなく雇用され続けたのである。

たとえば中国東北では、一九四六年五月東北行轅内に留用日籍技術員工管理処が設立され日本人の留用が始まった。四六年一二月までに決定した日本人留用者は約一万人、家族を入れると約三万三〇〇〇人だったという。[18]

満鉄は一九四五年九月にソ連の管理下に入り、最高責任者は山崎元幹から中国長春鉄路公司のソ連代表カルギン中将に代わったが、これにしたがい、鉄道の運行には留用された日本人があたり、その監督にはこれまた留用された旧満鉄管理者があたった。これはその後管理権が国民党に、そして国共内戦を経て共産党に移行して以降も大きな変化はなかった。そして引揚げが始まると日本人は中国人で代替できない部分を除いて逐次日本に引揚げていった。[19]

比較的長く留用されたのは調査部門や技術開発部門で、彼らは比較的めぐまれた給与条件で雇用された。たとえば調査部門では、戦後の中国東北の復興計画を立案するため満鉄調査部の調査員が多数留用された。戦後中国東北行営（後に行轅となる）の経済主任に任命された張公権は東北の復興計画を立案したが、その際、張は満洲重工業開発株式会社の総裁だった高碕達之助と相談して作業を推し進めた。相談を受けた高碕は満鉄調査部をはじめ各企業の調査部員を動員してこの作業を行ったのである。[20]

満鉄の撫順炭鉱でも多くの技術者が留用された。撫順の場合当初は全員が留用されていたが、四六年五月には撫順市日僑遣送弁事処が設立され、六月以降留用を解かれた日本人が次々と引揚げていった。こうして国共内戦を経た一九四八年までには累計で約八万人の日本人が引揚げたのである。しかし露天掘局長だった坪田祐一郎を最高責任者に一九名は最後までとどまり、彼らが留用を解かれて帰国したのは、一九五三年五月のことであった。[21]

満鉄の中央試験所のメンバーも同様であった。ソ連軍の接収、国共内戦を通じて中央試験所を維持してきた留用日本人スタッフは、数度の帰還船で日本に帰ったが、一九四九年以降も中国側の要請で現地にとどまり戦後の中国の経済復興に協力した技術者がいた。丸沢常哉を筆頭とする九名の技術者がそれである。残留者の一人である萩原定二はその理由を「先生（丸沢常哉――引用者）は日本人として、戦争責任というものを感じていたようです。新しい中国に何かお役に立てないか、それを真剣に考えていたようです。私も先生の考えに刺激されるところがありましてね」[22]と語っている。残留者のなかには強制されて残ったものもいるが、彼らのように自発的に残留を希望したものもいたのである。

映画技術者のなかにも戦後中国に残ったものがいる。内田吐夢、加藤泰、吉田貞治、坪井誠といった面々がそれである。彼らは国共内戦のなかで八路軍に身を置いて中国の映画づくりに協力したのである[23]。内田は帰国後『飢餓海峡』などの作品を残している。

樺太でも多数の日本人が留用された。ソ連軍が進駐し軍政が実施されると、日本人官吏は軍政機関に雇用され、また日本の産業施設が接収されて国営企業となると、日本人はこの国有企業に雇用されるかたちでそれまでの作業を継続したのである。その際給与体系や作業方式はソ連風に変えられ、責任者はロシア人に代わったが、それらを除けば作業現場には大きな変化はなかった。軍政下でロシア人が新たに着任するにしたがい日本人留用者はその任を解かれて帰国の途についた。官公署の日本人役人がすべてロシア人に代わったのは一九四六年夏で[24]、四七年になると留用者の数は急減した[25]。樺太最大の産業はパルプで、王子製紙が島内九カ所に工場を所有していたが、四五年一〇月以降生産の再開に入り、ロシア人のイズベコフ大佐が総支配人となり王子製紙の樺太分社長だった木下又三郎がその代理となり、全従業員一万名弱を留用して生産を再開した[26]。

朝鮮北部の朝鮮窒素での技術者の留用は一九四五年一〇月以降始まり、その後増加の一途をたどり四六年四月頃には技術者四五〇人、事務員九〇人、技能者一九五六人、合計二四九六人に達した[27]。四六年五月以降、日本人に対してカムチャツカで漁業労働者として就労することが求められ第一陣六一〇名が興南から出発した。四六年八月になると北朝鮮技術者徴用令が発せられ、日本人技術者約一〇〇〇名が留用されて工場にとどまった[28]。

台湾においても留用は実施された。一九四六年春の第一回引揚げの時に留用された日本人技術者が七一三九人、次いで一二月の第二回の引揚げで残ったのが一九二六人、そして四七年春の第三回の引揚げで残留したのは二六〇人前後であった。(29)当初七一三九人に及んだ日本人留用者の内訳を見れば、もっとも多いのは鉱工業で二九二三人（四〇・九パーセント）、次いで交通業の一一七九人（一六・五パーセント）、農林業の一二二二人（一七・一パーセント）つまりこの三部門で全体の七四・五パーセントを占めていた。次いで財政、民政、学術研究の順になっていた。(30)一九四七年初頭の第二回引揚げ後の留用者の内訳を見れば、鉱工業部門が圧倒的で一二五三人（六五・〇パーセント）を占め、第二位の学術研究の一八三人（九・五パーセント）を引き離していた。第三回引揚げ後の二六〇名は農林が八五人（三二・七パーセント）、鉱工業が六四人（二四・六パーセント）、学術研究が五七人（二一・九パーセント）と上位三位を占めたが、主に旧台北帝大の関係者たちであった。(31)彼らの大半は官吏で、「中国側の政治機構が漸次整備せられるに従い、台湾の再建設に協力しようとした日本人は実際の仕事から段々離れ」(32)日本へと引揚げていったのである。台湾最大の電力会社である台湾電力株式会社でも、一九四六年四月の時点で、四二二人が留用されたという。彼らは発電所の修復、配電設備の修復、発電所の維持・運転、変電所の維持・運転、電力管理、電源開発のための土木事業などに従事した。(33)

中国の華中・華南でも多くの日本人が留用された。彼らは紡織機の運転の維持や機械の生産、そして海南島の開発にまで従事したのである。(34)

留用者の役割は、日系既存工場の修復と運営維持であり、彼らが持っている技術を現地の労働者や技術者に伝達することであった。したがって、彼らはその役割を終了すると留用を解かれて帰国したのである。

（1）満蒙同胞援護会『満蒙終戦史』（河出書房新社、一九五六年）五六一〜六五一頁、佐世保引揚援護局『局史』上巻（一九四九年）五五〜六〇頁。

（2）樺太終戦史刊行会『樺太終戦史』（全国樺太連盟、一九七三年）第五章、第九章、第一一章および引揚援護庁『引揚援護の記録』（一九五〇年）一〜一二頁。
（3）鎌田正二『北鮮の日本人苦難記』（時事通信社、一九七〇年）旧舞鶴地方引揚援護局・一色止雄『舞鶴地方引揚援護局史』（一九六一年）一六〜一七頁、前掲『局史』上巻、五三〜五五頁。
（4）森田芳夫『朝鮮終戦の記録　米ソ両軍の進駐と日本人の引揚』（巌南堂、一九六四年）、前掲『局史』上巻、五一〜五三頁。
（5）塩見俊二『秘録・終戦直後の台湾　私の終戦記』（高知新聞社、一九七九年）、河原功編『台湾協会所蔵　台湾引揚・留用記録』第一巻（ゆまに書房、一九九七年）、呉濁流『夜明け前の台湾　植民地からの告発』（社会思想社、一九七二年）。
（6）前掲『舞鶴地方引揚援護局史』一四〜一五頁、前掲『局史』上巻、六三〜六五頁。
（7）前掲『局史』上巻、六六〜六八頁、前掲『引揚援護の記録』二二〜二八頁。タイに関しては、四六年六月一六日に三〇二〇人の日本文民がバンコク港を離れたという記述もある（村嶋英治「日タイ関係一九四五—一九五二年——在タイ日本人及び在タイ日本資産の戦後処理を中心に——」、早稲田大学アジア太平洋研究センター『アジア太平洋討究』創刊号、一九九九年一二月）。
（8）北海道庁『樺太終戦史年表（未定稿）』（一九六八年三月）。また一九八三年に真岡（現在のホルムスク）を訪れた須田政美は「王子製紙真岡工場、日本の遺産であるこの工場は、見下す海岸近い南方にエントツから煙をあげていて、稼動している。大正八年、即ち一九一九年の建設で、樺太のパルプ工場の中では古参級だが、内部の製造施設などいまどのように更新、活用されているかは知るよしもないが、とにかく依然いきているすがたである」（須田政美『私の樺太　サハリンの記』成文社、一九八七年、八一頁）と述べていた。
（9）渡辺諒『満鉄史余話』（龍溪書舎、一九八六年）一〇三頁以下参照。
（10）前掲『北鮮の日本人苦難記』、大石武夫「興南工場の終焉とソ連抑留」（「日本窒素史への証言」編集委員会編『日本窒素史への証言』第二〇集、一九八三年）参照。
（11）Ediwin W. Pauley, *Report on Japanese Assets in Manchuria to the President of the United States*, July, 1946.
（12）松本俊郎「鞍山日本人鉄鋼技術者たちの留用問題」（京都大学人文科学研究所『人文学報』第七九号、一九九七年三月、二三九頁)。
(13) 香島明雄『中ソ外交史研究一九三七—一九四六』(世界思想社、一九九〇年)二三三〜二三九頁。
(14) 董志正『大連・解放四十年史』(新評論、一九八八年)参照。
(15) 富永孝子『大連・空白の六百日』(新評論、一九八六年)二五八頁。
(16) 原不二夫『マレーシアにおける企業グループの形成と再編』(アジア経済研究所、一九九四年)第六章。および Paul H. Kratoska, *The Japanese Occupation of Malaysia 1941-1945*, Chapter 2, London 1998.
(17) 前掲村嶋英治論文参照。
(18) 平島敏夫『楽土から奈落へ』(講談社、一九七二年)二五頁および満洲国史編纂刊行会『満洲国史(総論)』(満蒙同胞援護会、一九七〇年)八一六頁。また永島勝介「残された『満洲』最後の技術集団」(産業研究所『中国東北地方経済に関する調査研究報告書』一九八六年)は、家族を含む留用者総数を三万一〇八二名(一九四六年一一月)としている(四三頁)。
(19) 満鉄会『満鉄最後の総裁　山崎元幹』(一九七三年)七〇八頁。
(20) 山本有造「国民政府統治下における東北経済」(前掲『中国東北地方経済に関する調査研究報告書』)参照。
(21) 満鉄東京撫順会『撫順炭鉱終戦の記』(一九七三年)三四〜四二頁。
(22) 杉田望『満鉄中央試験所』(徳間書店、一九九五年)二三九頁。
(23) 佐藤忠男『キネマと砲声』(リブロポート、一九八五年)、山口猛『幻のキネマ満映』(平凡社、一九八九年)、佐藤忠男・佐藤久子編『映画史研究』No.19(一九八四年)参照。
(24) 前掲『樺太終戦史』五〇六頁。
(25) 同右書、五〇八頁。
(26) 同右書、五一五〜五一六頁。
(27) 前掲『北鮮の日本人苦難記』一四三頁。
(28) 同右書、巻末年表。
(29)『全国引揚げ者新聞』一九四八年九月一日。

(30) 台湾省日僑管理委員会編『台湾省日僑遣送紀實』(一九四七年)三四頁。
(31) 同右書。
(32) 前掲『秘録・終戦直後の台湾』一二四頁。
(33) 林炳炎『台湾電力株式会社発展史』(台北三民書局、一九九七年)一六八〜一七六頁。
(34) 堀内干城『中国の嵐の中で』(乾元社、一九五〇年)一九六〜二〇三頁。

2　日本企業の清算業務

日本の在外財産の整理は多様なかたちで実施された。一口に在外財産といってもその形態は所在地別、所有者別、時期別、形態別、取得形態別でさまざまな相違がある。[1]しかし、ここでは大きく、「終戦時に外国(終戦後日本の行政権の及ばざる外地一切を含む)に所在していた日本及び日本国民の財産、権利、利益を総称するもの」[3]と定義しておきたい。そして原則としては日本の在外財産は、敵産として所在国に没収されたのである。

その過程で、日本においては、一九四五年一一月八日に大蔵省令第九五号に基づき在外財産を所有・支配・保管するものに対し在外財産報告書を提出することを義務づけ、同省令第八八号に基づき外国為替資産等の取引を原則として禁止した。また四六年九月には在外財産の処理と連合国との賠償問題のために大蔵省内に在外財産調査会が設立された。この機関は後述するように『日本人の海外活動に関する歴史的調査』を作成している。さらに四五年一一月勅令第六五五号により外国為替資産等の分離保管を定め、四六年一二月には外国貨幣および外国為替証書の日本銀行に対する引き渡し保管を規定した。[3]

こうして在外財産の保全措置を取ると同時に、日本の会社の再建整備のために一連の措置を実施したのである。以上がごく簡単な在外財産処理の動きだが、日本経済の再建整備の一つとして、ごく簡単に閉鎖機関による在外財産の整理と在外本社法人の在日資産の処理にふれておこう。

1　閉鎖機関と在外財産の処理

閉鎖機関というのは、日本経済の非軍事化と戦後経済の民主化の要請から連合軍の指令に基づき閉鎖され、その後清算処理を受けた日本の会社や組合、団体のことで、『閉鎖機関とその特殊清算』によれば、その数は一〇九一機関に達する。[4] これらのうち、日本経済の非軍事化のために閉鎖された機関の多くはその活動の本拠地を東北アジア中心の旧植民地においていた企業が多い。たとえば一九四五年九月三〇日に「外地ならびに外国銀行および特別戦時機関の閉鎖に関する覚書」に基づき閉鎖指令を受けた二九機関の内訳を見れば、朝鮮銀行、台湾銀行、満洲中央銀行、南満洲鉄道、満洲重工業開発株式会社などが包含されていた。[5] これらは、他に先がけて真っ先に日本経済の非軍事化の対象となっただけに旧植民地や占領地で活動していた代表的企業が多い。しかし年を経るごとに非軍事化関連の閉鎖機関は数を減じ、逆に戦後経済の民主化のための組合や団体の指名が増加していった。

他方、在外財産が凍結されるにともない日本国内の財産も冬眠する結果となるため、その及ぼす影響は決して小さくはなかった。そこで講和に先だち一九四九年一月勅令第二九一号「旧日本占領地域に本店を有する会社の本邦内にある財産の整理に関する政令」に基づき、在外会社の内地財産のうち活用できる部分は他会社に出資・譲渡して、別会社として運用することが目指されたのである。[6] この法令により再生転換が可能となった会社は、一九四九年時点で三六社を数えていた。[7]

2　補償問題の展開と帰結

補償運動は敗戦直後から始まった。一九四六年一一月、築地本願寺で全国四六都道府県の代表を集めて引揚団体連合会が結成された。ここで委員長に阿部善宗を副委員長に穂積真六郎を選出、事務局を築地本願寺におくかたちで本格的な補償運動を展開することとなった。

引揚団体連合会は四八年春には社団法人としてスタートし、理事長に穂積真六郎が就任し、副理事長には北条秀一が就任した。同連合会は、毎年大会を開催し、国会やGHQへの陳情を繰り広げたが、大きな成果を上げることはできなかった。GHQは引揚げ者への補償を認めていなかったのである。一九五一年にサンフランシスコ講和条約の原案起草のため日本を訪問したダレス米大統領特使に対して引揚団体連合会は在外財産問題の解決を盛り込む要請文を送付したが、その回答は、日本の国内問題なので日本政府の解決に委ねるというものであった。

したがって一九五一年九月のサンフランシスコ講和条約においては、連合国は日本に対し賠償を求めない見返りとして、在外日本企業を含む日本人財産の没収を規定するにとどまっていた(8)。このため講和条約が調印されると聞いた引揚団体連合会は、事務所に弔旗を掲げ、さらにトラックに「私有財産之霊位」と書いた大位牌を乗せて都内をデモしたという(9)。

このため講和以降、在外財産の補償を求める運動は政府に向けて始められた。これを受けて政府は五三年一一月に「在外財産問題調査会」を設けて調査活動を開始し「軍事郵便貯金等特別処理法」などを立法化した。この機関は五四年七月には新たに「在外財産問題審議会」に改組され引き続き在外財産の検討が行われ、五六年一二月には答申が作成された。在外財産を補償するのか、それとも見舞金を支給するのかをめぐって激しい論議が展開された。この答申に基づいて五七年五月に「引揚者給付金支給法」が制定された(10)。しかし生活補助的な支給金に満足しなかった引揚げ者は、さらに政府に財産補償を要求したため、これを受けた政府は六四年に第三次の「在外財産問題審議会」を設置し補償を再検討した。この結果、六七年に「引揚者等に対する特別給付金の支給に関する法律」が制定され、ここにひとまず在外財産の補償問題は終了した。

こうした過程で生まれた企業に、日本債券信用銀行（日債銀）と日本貿易信用株式会社（日貿信）がある。それぞれ朝鮮銀行・台湾銀行の後身である。時期がやや後になるが、本章の最後に少しふれておこう。

日債銀は最初、日本不動産銀行として一九五七年五月に発足するが、これは朝鮮銀行の残余資産をもとにスタートした。その復興に奔走したのは戦前朝鮮銀行総裁から大蔵大臣を歴任した勝田主計の息子、勝田龍夫である。彼は朝鮮銀行特殊清算人となった星野喜代治（元朝鮮銀行副総裁）の補佐として、一九五五年から関係者の間を駆け巡り、中小企業振興対策の一環として不動産金融の専門銀行を作ることを目指したのである。設立資金には、朝鮮銀行の残余資産七〇億余円から、在外店舗の送金為替と外地預金、従業員の退職金、発券業務にかかわる国庫納付金、清算税などを差し引いた資産をあてた[11]。もっとも同行の設立にあたっては、大蔵省内でも、政務・事務次官は賛成、銀行課は反対、市中銀行は債券引受けの負担を考えて反対、肝心の一万田大蔵大臣は手順は異論があるが賛成、といった具合に複雑に分かれていた[12]。

台湾銀行の後身は日貿信である。日貿信がスタートしたのは一九五七年三月、日本不動産銀行に先立つこと二カ月であった。台湾銀行も朝鮮銀行同様戦後は閉鎖機関に指定され、幾多の紆余曲折を経て一九五三年閉鎖機関台湾銀行特殊清算人に元頭取だった上山英三が任命された。その後上山らの奔走によって、在外債務、在外送金、在外預金の支払い、従業員への退職金支払いなどを経て、台湾銀行の残余資産をもとに日貿信の設立へとこぎつけたのである[13]。

（1）「在外財産はどう処理されるか」（『財政経済弘報』第二六五号、一九五一年七月九日）。
（2）同右。
（3）大蔵省財政史室編『昭和財政史』第一巻（東洋経済新報社、一九八四年）第七章参照。

（4）閉鎖機関整理委員会編『閉鎖機関とその特殊清算』（一九五四年）一四頁、および前掲『昭和財政史』第一巻第九章参照。
（5）同右書、一九〜二〇頁。
（6）「在外会社の在内資産の整理について」（『財政経済弘報』第一三九号、一九四九年八月八日）。
（7）同右。
（8）森枝修編著『群馬県海外引揚誌』群馬県引揚者連合会（一九六六年）一七一〜一七七頁。
（9）同右書、一七三頁。
（10）厚生省援護局『続々・引揚援護の記録』（一九六三年）第五章参照。
（11）勝田龍夫「私の履歴書」（『日本経済新聞』一九九一年四月二六日）。
（12）東条猛猪「私の履歴書」（『日本経済新聞』一九八三年二月一八日）。
（13）台湾銀行史編纂室『台湾銀行史』（一九六四年）巻末年表参照。

3　『日本人の海外活動に関する歴史的調査』の作成

1　編集者とその発想

一九四六年九月に設立された在外財産調査会が行った重要な仕事の一つが、『日本人の海外活動に関する歴史的調査』の取りまとめであった。同調査会は「満洲」、朝鮮、台湾、北支、中南支、樺太、欧米、南方（第一、第二）、南洋群島の各地域部会に分かれて活動を行い、四九年一月に廃止されるまで在外財産評価推定の作業を行った。この作業の過程でその副産物として生まれたものが『日本人の海外活動に関する歴史的調査』であった。

この『日本人の海外活動に関する歴史的調査』は総論、朝鮮篇、台湾篇、樺太篇、南洋群島篇、満洲篇、北支篇、中南支篇、海南島篇、南方篇、その他地域篇の一一篇三七分冊からなる大部のもので、旧植民地体験者の視点で戦前の日本人の海外事業活動を総括したものであった。

編纂委員は猪間驥一、鈴木武雄、北山冨久二郎、金子滋男の四名であった。猪間驥一は東京帝国大学経済学部講師から東亜研究所研究員、満洲商工公会常務理事を経て、戦後中央大学の教授を歴任した経済学者であった。鈴木武雄は京城帝国大学法文学部教授から戦後は東京大学教授を経て武蔵大学教授を歴任した財政学の専門家であった。北山冨久二郎は台北帝大教授から東京大学教授となり、後に学習院大学教授を歴任した金融論の専門家であった。金子滋男は台湾銀行支店次長（一九四二年）から日僑管理委員会の日本側代表を務め、戦後は日華信用組合の初代理事長に就任している。「満洲」、朝鮮、台湾といった旧植民地および事実上の植民地の経済関係専門家が編集責任者になって執筆者を集め取りまとめたのである。したがって執筆者はすべて戦前に植民地で日本の統治機関に勤務していた者か、銀行、企業、調査機関で働いていたか、大学、専門学校で教鞭を執っていた者であった。それゆえここに記された記述は戦前の植民地で生活していた者の歴史観を反映している。

同書の「序」において、「日本及び日本人の在外財産は、原則としては、多年の正常な経済活動の成果であったということだけでも、この際はつきりしておくことが是非必要ではないか[1]」とし、「多年の正常な経済活動の成果」の具体的内実を「日本及び日本人の在外財産の生成過程は、言わるるような帝国主義的発展史ではなく、国家或は民族の侵略史でもない。日本人の海外活動は、日本人固有の経済行為であり、商取引であり、文化活動であった。このことは、日本人みずからまづはつきり認識することが必要である。我々がこの仕事を続けながら考えたことは、在外企業体の清算、賠償、補償等、在外財産に関する一切の仕事は、自ら顧みて恥ぢない信念の上にのみ成り立つということである[2]」と述べていた点は、その視点を明示していたといえよう。

2　執筆活動

『日本人の海外活動に関する歴史的調査』の執筆はいつ頃から行われたのであろうか。編者の一人である鈴木武雄によれば、彼に在外財産調査会の仕事の依頼があったのが一九四七年三月から六月までの間のことで、それから人選をし執筆活動を行い、四七年一二月には原稿を完成させていたという。鈴木は「編集委員は、原稿の細部に至るまで目を通していない。半年という短期間の間に仕上げたもので、そのような時間的余裕がなかった。一章は、だいたい一一～一二名で執筆し、各章の調整は全く行われていない。『序』は編集委員四名で書いたものだ[3]」と述べているが、全体を通読した印象から判断しても、半年という作成期間についての、彼の談は正しいと思われる。彼は「『歴史的調査』の執筆者は、東拓ビルで仕事をし、殆んど全員が常勤者であったと思う。……『歴史的調査』作成のために常時百人位は勤務していたようである[4]」とも述べている。しかし同一資料集の中では約三〇〇人が嘱託として勤務していたという発言もあり、おそらく後者のほうが実態を示していたと思われる[5]。一九四七年一二月に原稿が完成すると、取りまとめ役だった鈴木は「直ちに、在外財産調査会に提出した。原稿は、大蔵省と外務省の金庫に入れておくとのことであった[6]」。しかし、同調査会が廃止された後の一九五〇年頃に大蔵省管理局の手で約二〇〇部ほどが刊行されたという。現在われわれが目にするのは、この大蔵省管理局編の『日本人の海外活動に関する歴史的調査』である。上述の旧植民地生活者の体験談のまとめは、戦後の日本人のアジア認識の出発点となった意味で留意する必要があろう。

（1）　大蔵省管理局『日本人の海外活動に関する歴史的調査　総目録』（一九五〇年）「序」一～二頁。
（2）　同右書、三頁。

（3）『日本人の海外活動に関する歴史的調査』の刊行を促進する会事務局編『「日本人の海外活動に関する歴史的調査」復刻刊行中止仮処分執行事件　資料集』第二集（一九七八年）三七七頁。
（4）同右。
（5）同右書、一〇五頁。
（6）同右書、三七頁。

4　引揚げ者の戦後

引揚げ者はいったい日本に帰還してどのような職業に就いたのであろうか。彼らの戦前の職業と戦後のそれとの間にはどのような相関関係があるのであろうか。ここでは『群馬県海外引揚誌』をもとに群馬県に引揚げてきた旧植民地・占領地の日本人の転職の過程を追跡してみたい。ここには海外から群馬県に引揚げてきた五九八一人の、引揚げ前、引揚げ後の職業が記録されている（表1-4参照）。

これを見れば、前歴が満鉄関係者で、戦後国鉄（現、JR）に就職した者は五二二人中わずかに三三人にすぎなかった。満鉄関係者の最大の再就職先は農林業で八六人、次が会社員で七八人、次いで公務が五九人となっていて、国鉄は上位から数えて六位であった。鉄道関係でいえば、華北鉄道、華中鉄道、朝鮮鉄道、台湾鉄道はみな同じ傾向で、日本に引揚げてから四六年一月大陸鉄道従業員援護会を組織し満鉄社員の国鉄採用を求めたものの、だからといって、国鉄をはじめ鉄道関係に就職できたというわけではなかった[1]。群馬県一県だけの事例で結論を出すわけにはいかないが、同一会社への復帰を別にすれば、戦前と戦後の職業には連関性が少なかったようである。

以上は鉄道関係者に限定してみた結果だが、次に全業種に拡大して見てみよう。引揚げ者の中で、帰国後の再就職先で一番多かったのは農業で、以下会社員、商業、公務員、製造業と続く。帰国前に農業従事者で、帰国後も引

表１－４　引揚げ者新旧就業比較（群馬県）

	国鉄	鉄道（国鉄除く）	医師	請負	会社	教員	公務	商業	製造業	農林業	その他	合計
会社員	7	5	0	35	252	17	85	136	65	187	364	1,153
満鉄	33	9	2	34	78	3	59	58	33	86	127	522
官吏	0	0	0	27	69	21	105	45	19	91	236	613
農業	1	1	0	62	56	0	29	56	72	510	347	1,134
教員	—	—	—	3	9	141	18	7	2	22	99	301
商業	—	1	0	12	29	1	7	53	3	33	111	250
製造加工業	1	—	—	14	26	—	11	21	24	32	63	192
その他	49	9	25	93	199	26	145	149	106	304	711	1,816
合計	91	25	27	280	718	209	459	525	324	1,265	2,058	5,981

出所：森枝修編著『群馬県海外引揚誌』群馬県引揚者連合会，1966年，より作成。

き続き農業に従事したものは五一〇人で、農業従事者の半数にも達していない。つまり残りの半数は帰国後に他業種から農業に流入してきた者ということになる。

こうした群馬県の動向は、全国的な動きとそれほど大差はないようだ。一九五〇年国勢調査報告によれば、引揚げ者の就業分布の上位五位をみると農業、製造業、卸売および小売、サービス・運輸その他、公務員と続いており(2)、この就業比は公務員の順位を除けば、群馬県のそれと大差はない。

会社レベルに話を戻せば、満鉄のように本社が中国東北の大連にあったような会社を別にすれば、引揚げ者はまず帰国後郷里に帰還した後、かつて戦前から勤めていた会社へ出頭した。たとえば、日本で最大手の製紙会社だった王子製紙の場合はどうであろうか。敗戦の結果、王子製紙は、樺太や朝鮮、中国、東南アジアに所有していた工場や山林を失い、海外から一万二〇〇〇名の従業員が引揚げてきた。日本国内の会社は戦災に遭って操業できず、海外の工場は接収され満身創痍の状況だった。しかも王子製紙は、財閥解体によって一九四九年には苫小牧製紙、十条製紙、本州製紙の三社に分割された。後に三社を合体した新生王子製紙の社長となる田中文雄は、往時を振り返り、海外引揚げ者を収容できたことを自慢しているが、当時山林を所有していたが故に可能となったことだと思われる(3)。

戦前海外事業展開を積極的に推し進めていた日本窒素の場合はいかがなものであろうか。九州の大牟田が本拠地であるが、朝鮮東北部の興南に巨大コンビナートを建設していた同社は、生産の主力を海外においていた。したがって、外地から帰国した従業員を日本窒素で引き受けることはできなかった。後に日本窒素の関連会社である積水ハウスの社長となる田鍋健は、外地から引揚げた後、日本窒素の受け入れ枠が満杯で、「私もどうなるか心配したが、しばらくして『復員《ママ》して、東京本社勤務』という知らせが届いた。復帰できるのはうれしかった」と回顧している(4)。

同一会社に復帰できなかった場合でも、再就職には何らかのかたちで植民地での会社の先輩や上司、本社の関係者の「ツテ」が働いていた場合が多い。たとえば満鉄の中央試験所のスタッフの多くが戦後に日清製油の技術部門に集まったのも、同試験所長だった佐藤正典の働きによるところが大きい。一九五六年当時日清製油社長だった坂口幸雄は、加工油脂の専門家を探していた。そのころ製油、精製関係の技術者は数多くいたが、加工油脂関係の専門家は少なかった。旧満鉄中央試験所にはその関係者が多数いたのである。坂口は佐藤に「いろいろご協力をお願いし、優秀な専門家を集めた」のである。坂口も「満洲」の大連からの引揚げ者で、彼は一九四七年二月に興安丸で舞鶴に帰国している(5)。佐藤はこのほか満鉄中央試験所のスタッフを日本触媒化学、日本揮発油、日本石油、古河化学、千代田化工建設、旭硝子、新日鉄、鐘淵化学などに就職斡旋した。佐藤自身は、皆を就職させた後、大阪府工業奨励館の館長として該地に赴任している(6)。

川崎製鉄千葉製鉄所の技術スタッフも旧「満洲」の昭和製鋼所の出身者が多かった。岩村英朗の言葉を借りれば彼らを「主力としていた(7)」のである。川崎製鉄が千葉県の蘇我に製鉄所の建設を決定したのは一九五〇年一一月のことであった。五二年二月に通産省から認可がおり、五三年六月に第一高炉が火入れした。技術スタッフを見てみよう。工場長の浅輪三郎は五〇年一〇月に川崎製鉄に入社するが、戦前は昭和製鋼所銑鉄部長であり、満洲製鉄の理事だった。彼のツテで、五〇年一二月には昭和製鋼所の黒田幸治、原田静雄、塩博、永石六雄、軽部孝治といった面々が部長もしくは副部長格で同社に就職した(8)。彼らのうち原田静雄は五二年四月に技術部副部長として高炉に投入する鉄鉱石の事前処理装置をアメリカの製鉄メーカーから千葉製鉄所に導入するために渡米していた(9)。川崎製鉄は、第一銀行の融資を受けてアメリカからホット・ストリップミル（熱間連続圧延機）やコールド・ストリップミル（冷間連続圧延機）を導入し一九五八年から操業を開始している。

満鉄職員のなかには帰国後教育界に入ったものも数多い。満鉄引揚げ者たちは、戦後間もなく満鉄会を組織し補償運動を展開する。[10]その満鉄会では、一九六〇年代初頭に会員の子弟が高校、大学に進学する時期にあたって入学を指導するため、満鉄出身で教職に就いているものを組織して入学指導部を作り相談に応じた。そのリストが残されており、それを中心に満鉄出身で戦後教職に就いたものの一覧を知ることができる。[11]記録による限り満鉄出身で大学関係に就職したものは一七〇名を数えている。ここには大学、短期大学、高等工業専門学校の教員のみが計上されており、それらの事務職員は除外されている。一七〇名の教員の内訳を理系・文系で見れば、理系が九九名と全体の五八・二パーセントを占め、文系が二〇名で一一・八パーセント、所属不明が五一名で三〇パーセントとなっている。全体的に見れば、理系が大きな比重を占めていることがわかる。

これを大学別で見れば、全国九一大学に及んでいるが、トップは北海道大学の八名でこれに次ぐのが大阪府立大学の七名で、以下大阪市立大学、東北大学、千葉工大の六名の順になっていた。先の川崎製鉄への再就職の例で紹介したように、まず最初に就職した者が次々と仲間を呼び寄せるというパターンが、ここ大学社会にも見ることができる。

このほかに政界に進出した者もいる。『満鉄会報』によれば、満鉄出身の国会議員たちの名が散見する。参議院では稲嶺一郎（元東亜経済調査局）、上倉藤一（満鉄錦州鉄道局総務部）、関屋悌三（満鉄遼陽、安東、奉天地方事務所）、田代由紀男（満鉄吉林局）、野田俊作（満鉄参事）、村上義一（満鉄理事）、伊藤顕道（満鉄安東、奉天第二中学教諭、新京弥生高等女学校校長、大連青年学校校長）、平島敏夫（満鉄理事・副総裁）、安井謙（満鉄経理局参事）らの顔が並び、衆議院では足立篤郎（満鉄錦州鉄道局運輸部副部長）、小林絹治（満鉄秘書役、ニューヨーク支店長、庶務課長）、田中龍夫（満鉄総務部）、北条秀一（満鉄社員会事務局長）らの名前があがる。[12]

また、帰国後、独立して実業界に進出した者もいる。満鉄時代の技術を生かし、満鉄時代のネットワークを利用して会社を設立し事業活動を展開した人たちで『満鉄会報』に彼らの事業の宣伝が掲載されているので、その概要を知ることができる。主な業種としては、鉄道関係そのものというより、それと関係はあるが相対的に独立した土木・電気関係をあげることができる。

（1）森枝修編著『群馬県海外引揚誌』（群馬県引揚者連合会、一九六六年）および満鉄会『財団法人満鉄会小史』第三版（一九八五年）。

（2）尾高煌之助「引揚者と戦争直後の労働者」（『社会科学研究』第四八巻第一号、一九九六年七月）。

（3）田中文雄「私の履歴書」（『日本経済新聞』一九八三年一〇月二〇日）。

（4）田鍋健「私の履歴書」（『日本経済新聞』一九八五年一〇月一五日）。

（5）坂口幸雄「私の履歴書」（『日本経済新聞』一九八七年七月一九日）。大連からの引揚げについては石堂清倫『大連の日本人引揚の記録』（青木書店、一九九七年）、柳沢遊『日本人の植民地経験——大連日本人商工業者の歴史』（青木書店、一九九九年）がある。石堂の著作は、体験者ならではの具体的事実が盛りこまれていて興味深い。

（6）前掲『満鉄中央試験所』二五六〜二六〇頁。

（7）岩村英朗「私の履歴書」（『日本経済新聞』一九八八年五月一五日）。

（8）小林英夫・岡崎哲二・米倉誠一郎、NHK取材班『「日本株式会社」の昭和史』創元社、一九九五年、一六〇頁。

（9）岩村英朗「私の履歴書」（『日本経済新聞』一九八八年五月一七日）。

（10）前掲『財団法人満鉄会小史』参照。

（11）満鉄会『満鉄会報』第二五号（一九六一年八月二〇日）、第二六号（一九六一年一〇月一五日）および佐藤正典『一科学者の回想』（一九七一年）二二三〜二二五頁。

（12）「会員名簿」（『満鉄会報』所収）および満鉄会『財団法人　満鉄会小史』（一九八五年）参照。

第2章　日本企業の戦後アジア再進出——インドへの熱い視線——

はじめに

日本企業の戦後の海外進出の対象地はかつての戦前の中心、韓国、台湾、中国東北ではなかった。また最初から戦後の拠点となる東南アジアだったわけでもなかった。最初の戦後の進出対象地はインドを中心にした、今日でいう南アジアの諸国だった。一九五〇年代初頭から半ばにかけて、日本企業のエリート・ビジネスマンはインドからパキスタン、ビルマ、セイロン（現在のスリランカ）の地を舞台に商戦を展開したのである。本章では、その実態を検討してみることとしたい(1)。

（1）一九四五年八月以降東南アジア賠償が本格化する一九五五年までの日本とアジアの関係についての研究はいまだに数少ない。平川均「戦後日本のシンガポールへの経済的回帰」（『アジア経済』第三七巻第九号、一九九六年九月、後に清水洋・平川均『からゆきさんと経済進出』コモンズ、一九九八年、第V章収録）は、この間の日本とシンガポールの経済関係を検討しているが、この時期の日本とアジアの経済交流で最も注目されねばならないのは、東南アジアというより日本とインド、パキスタン、セイロンといった、今日でいう南アジア地域であろう。

1　一九五〇年代前半の日本企業のアジア再進出

1　重視されるインド市場

一九五〇年六月の朝鮮戦争勃発を契機に日本経済は好況にわいた。朝鮮に派遣された国連軍の物資やサービスの調達はドル支払いで、しかも戦場に近い日本で調達されたから、それを一手に引き受けるかたちになった日本はこの巨額の発注で、いわゆる「朝鮮特需ブーム」が引き起こされた。それは朝鮮戦争の三年間に車両修理から軍服、トラック、有刺鉄線、セメントの調達にまでおよび、特需額はピーク時の五三年でおよそ八億ドル前後に上った(1)。

この結果、日本の産業はドッジ・ライン以降低迷していた景気を一挙に回復し、滞貨を一掃し逆に好況へと押し上げることとなった。しかし、それはあくまでも「特需ブーム」にすぎず、一九五三年七月に休戦協定が締結されると、好況は一転して戦後不況に見舞われることとなった。この間五一年九月にはサンフランシスコで対日講和条約が締結され、日本は資本主義陣営の一員として国際社会で活動することとなった。

一九五三年以降の不況のなかで日本は、国家の産業政策と企業の合理化投資により高度成長を準備すると同時に、海外に市場を求めて国際化の道を模索することとなった。

またこの間の五〇年一〇月には、朝鮮戦争に中国が参戦することで中・米が交戦状態に入った結果、日本の対中国貿易は著しい制限を受ける結果となり、事実上中国市場は日本にとって期待できない地域へと転換していった。

では一九五四年頃「自立経済」の実現を目指して輸出振興を掲げた日本は、中国に代わる新しい貿易相手国としてどこを重視したのだろうか。まず日本政府の見解を見てみよう。日本政府が考えていた貿易振興策は五四年以降五年間の間に輸出を五三年実績一二億四〇〇〇万ドルから一七億四〇〇〇万ドル（地域的にはスターリング地域六・〇九億ドル、ドル地域六・〇二億ドル、その他五・二九億ドルで、製品別には繊維六・三五億ドル、機械三・三億ドル、農産物二・三三億ドルなど）まで約五億ドル増大させようというものであった(2)。つまりは、スターリング地域を中心に繊維および機械を軸に輸出を拡大していこうという構想だった。また東南アジア市場の輸出伸高額は一億八〇〇〇万ドルで、横ばいと想定されていた。

こうした政府の計画に対して財界はどのような見通しをもっていたのか。主要財界人の見解を聞こう。まず、日本貿易会会長の稲垣平太郎の意見はどうか。彼は、東南アジア市場の伸びは横ばいという政府の見通しに対して異を唱え、ここは将来有望としたうえで、「日本は近くポンド地域の後進国開発を狙いとするコロンボ計画に参加できる気運にあるようだが、東南アジア諸国の経済開発計画と一体となった経済協力をひろく押し進め、相手国における対日購買力の促進に努めるようにするならば、まだ邦品の進出の余地は十分あると考える。これがためには、できるだけプラント類の輸出振興にも全力をつくす必要がある(3)」という意見を述べていた。

また、当時、経団連の副会長だった植村甲午郎は、「ますます可能性ありと考えらるる場合は、距離的に近くまた経済の後進性の強い東南アジア諸国との間に、たとえば技術提携、共同企業等の方法により、さらに深い経済の紐帯が造成せられる場合であって、互恵主義に基づく相互の深き理解によってその速やかなる進展を希求してやまない。かかる観点よりすれば、もっとも重点をおくべき市場は基本的には東南亜地域であり、輸出品構成としては機械その他の重化学製品を重視すべしということになる(4)」との見解を述べていた。

この他、政府の貿易振興策に対する国民経済研究所長の稲葉秀三、日本商工会議所会頭の藤山愛一郎、三菱商事の社長だった高垣勝次郎の見解も出されているが、ほぼ同様の意見なので、ここでは省略する(5)。いずれにせよ、この時期輸出が日本経済の自立化の成否の鍵を握るものになってきていたなかで、政府が主要な輸出先をスターリング地域へ向けていたのに対して、財界は東南アジアへ熱い視線を向けていたことがわかるのである。両者は微妙なズレをみせていたように見えた。

しかし、実際は政府と財界の見解は重なっていた。政府としてはスターリング地域での黒字から獲得したポンドをもって赤字だったドル圏、つまり対米輸入超過の決済に充当しようとしたのである。そのためにはスターリング地域での輸出の伸びは絶対的に必要なことだった。当時のスターリング地域といえば、インド、ビルマ、パキスタン、マレー、香港などがその該当国・地域であった。また当時の東南アジアというのはインド、ビルマ、セイロンといった今日でいう南アジアに分類される地域と、現在の東南アジアと称されるASEAN地域を合体した地域を指していた(6)。したがって、政府がスターリング地域を重視し、財界が東南アジアを重視したというのは、今日考えるほどズレてはおらず、政府がインドをはじめとする英連邦諸国を重視したのに対して、財界はさらにフィリピン、インドネシア、ベトナム、ラオス、カンボジアなどを加えたより広い地域を重視していたにすぎない。

いずれにせよ、一九五〇年代の特徴は、東南アジアのなかでも今日でいう南アジアに該当するインドが、政府にとっても日本企業（財界）にとっても最重要相手国として位置づけられていたことである。

一九五六年九月に訪印機械工業使節団の一員としてインドを訪問した三菱電機社長の高杉晋一が帰国後の座談会で次のように発言したことは、日本財界のインドへの期待を表現している。

「なにしろインドはあれだけ大きな国で、天然資源も相当持っている。しかも日本の最も必要とする鉄鉱石のようなものが十分にある。こういういい餌があるのですね。このほかまだマンガンもあれば、ボーキサイトもある。次に財政的にも割合にバランスがとれている。多少輸入超過にはなっていますが第二次大戦の時のポンド残高として大きなポンド債権を持っている。そういうわけで、現金でものを買えるという国は、東南アジアではインドくらいのものです。とにかくインドは、財政的にも、国際収支の上からも比較的安定した国である。それから政治的にも、ネールがひきいる国民会議派というものが絶対的な力を持っていて安定している。ガッチリと国内政治を指導し、おさえている。その点は日本とはだいぶ違う。まあそういう点をいろいろ考えて、東南アジアにはほかにたくさん国はあるが、将来の経済提携の相手としてインドはやはり最も重点をおいて考えるべき国ではないかと思うわけです(7)」

つまり資源があって、経済的、政治的にも安定している、したがってインドは東南アジアのなかで将来の提携先としては最適である、これが高杉の主張だった。高杉が「東南アジアではインドくらい」と発言したように、戦前にも増して当時の財界人（政府関係者も同様(8)）にとってインドは東南アジアの大国で日本の重要な貿易相手国だった。

2 コロンボ・プランとインド

当時の日本政府はインドに熱い視線を送っていた。そのきっかけとなったのは、一九五〇年代初頭のコロンボ・プランへの日本の参加の動きからであった。コロンボ・プランとは一九五〇年一月にセイロンの首都コロンボで決定された大英帝国自治領・植民地の地域開発計画で、同年九月にロンドンで青写真が発表された。当初の参加国はオーストラリア、カナダ、セイロン、インド、ニュージーランド、パキスタン、イギリス、マレー、シンガポール、北ボルネオ、サラワクといった英連邦諸国だったが、一九五一年にはベトナム、ラオス、カンボジア、アメリカが、一九五二年にはビルマ、ネパールが、一九五三年にはインドネシアが、一九五四年には日本、タイがそれぞれ加盟した。コロンボ・プランは六〇億ドルの資金を予定していたが、大半はアメリカが負担することとなった。地域開発と銘打ってはいたが、計画の内容に立ち入れば援助国と被援助国との個別プロジェクトの集合体であった(9)。こうしたコロンボ・プランに日本が積極的に参加する動きを示した理由は、これをステップに海外進出を試みようというねらいがあったからである。

時あたかも太平洋戦争で中断され一九四五年八月以降はＧＨＱ（連合国軍総司令部）の管理下におかれていた日本の対外貿易が、四九年一二月の「外国為替及び外国貿易管理法」「外国為替管理委員会設置法」「外国為替特別会計法」の制定による民間輸入貿易の再開で、それ以前の「管理貿易時代」は終わりを告げて「民間貿易時代」へと変わっていった時であり、また五一年以降は海外投資が開始される時期に該当していた。

しかし敗戦からわずかに五年、太平洋戦争中の日本軍の行動への批判が強いなかでは、当然のことながら、かつて日本が占領した「大東亜共栄圏」地域への日本の商品・資本進出には強い抵抗があった。

たとえば一九五〇年代前半、当時経済審議庁調査官だった大来佐武郎は東南アジアを訪問した体験を次のように語っていた。

「一昨年北部タイのチエンマイを訪れた時、土地の実業家が、日本軍の理不尽な態度について、悪夢を思い出す様な調子で語つた。昨年春、マニラで開かれたエカツフエの貿易促進会議に出席した際フイリツピン政府は一日観光バスで遊覧旅行をもよおしてくれたが、そのとき戦火で徹底的に破壊された市の中心部や、多数のフイリツピン人が殺された現場をながながと見せられて肩身のせまい思いをしたこともある。敗戦後の日本については、印度、パキスタン等直接日本の占領下におかれなかつたアジア諸国では、敗戦によつておちぶれた日本に対して強い同情の念を抱いていたということは、筆者が一九五〇年の夏に始めて印度を訪れた時に受けた印象であつた。その後の日本が、隆々たる復興ぶり――少くとも表面上は――を示している昨今、東南アジア諸国の日本に対する感情は、期待と危惧の混合した複雑なものと云えるであろう」と語り、たとえば「フイリツピンの場合には、日本の占領による直接の被害者としてはげしい反日感情が残つて居り、筆者の出席したエカツフエの諸会議でもフイリツピン代表はしばしば日本を非難する演説を行い、一昨年のエカツフエ総会でもフイリツピンのみが日本の準会員国としての加盟に対して反対の態度を示した。しかしこれは日本の国際的立場に対する批判的な見方と云うよりも、占領による直接の被害者としての反感であり、昨年のはじめ頃から対日悪感情はだんだんと緩和されつつある傾向がみられる」のだと回想している[10]。

したがって、東南アジアの旧日本軍占領地域での反発を避けるためには、国際機関を通じて活動するのが一番よい、という判断が政府や財界のなかには強かったのである[11]。しかも、こうしたコロンボ・プラン参加国のなかでも、インドやパキスタンは対英感情に比して対日感情は大変よいので経済進出の拠点としては良好である、との判断もこれまた財界のなかで一般的だった。日本は戦争中の対日感情の悪影響を考慮して相対的にその影響が少ないインドやパキスタン、セイロンに戦後最初の経済進出の足がかりを求めたのである。政府はスターリング地域での輸出の伸びをねらう観点から、財界は東南アジアのなかでも相対的に対日感情が良好で資源も豊富で政治的に安定していたインドに的を絞って進出を開始したのである。一九五〇年代の日本企業の東南アジア観は対インド観に凝集されていた。

3　インドに進出する日本企業

したがって一九五〇年代においてはインドを筆頭にパキスタン、セイロンが日本の貿易相手国として重要な位置を占めたし、また企業進出も製造業ではインド、パキスタンが多かった。

まず、貿易動向を見てみよう。表2-1を参照願いたい。一九四八年以降五八年までの一一年間の貿易動向を見るとインド、パキスタン、ビルマ、セイロンの四カ国（現在の南アジア、当時は東南アジアに含まれていた）への日本の輸出は中国や東南アジアと並ぶ重要性をもっていた。特に一九五二年には「中国その他」や「東南アジア」を凌駕してアジアで第一位を占める輸出対象地域へと成長したのである。日本の企業家達が熱い視線をこの地域に

表2-1　輸出入市場別構成

（単位：%）

暦年	アジア				アメリカ合衆国
	合計	中国その他	東南アジア	インド，パキスタンビルマ，セイロン	
〔輸出〕					
1948	47.3	16.9	19.0	4.9	32.5
49	49.8	10.3	17.1	16.4	18.1
50	46.3	15.6	15.8	12.0	21.7
51	51.5	9.8	21.4	15.0	13.6
52	51.5	15.1	14.8	15.2	18.0
53	51.3	18.4	18.3	7.0	17.8
54	48.9	14.2	17.0	10.0	17.0
55	41.9	10.9	14.4	9.3	22.3
56	40.9	13.7	13.5	7.3	21.7
57	40.1	11.6	13.8	8.1	20.9
58	37.4	4.9	12.7	6.5	23.7
〔輸入〕					
1948	16.1	4.4	4.7	3.0	62.6
49	21.4	5.8	8.4	4.2	62.2
50	32.6	9.5	12.9	7.6	43.2
51	28.9	4.3	11.3	9.1	33.9
52	31.2	5.5	11.0	9.3	37.9
53	33.2	4.6	12.4	9.8	31.5
54	30.7	4.6	12.3	6.4	35.3
55	36.6	7.2	15.0	7.0	31.3
56	32.5	4.9	13.2	6.2	33.0
57	29.1	4.4	10.8	4.3	37.8
58	32.4	4.3	11.2	4.2	34.7

出所：浅井良夫「ドッジ・ラインの歴史的意義」（『土地制度史学』第135号 1992年4月）33頁。

投げかけたのも無理はない。また輸入面でも朝鮮戦争を契機に急速に落ち込んだ中国に代わってインドをはじめとする地域は「東南アジア」に次ぐ重要な地域へとクローズアップされてきた。もっとも輸入に関していえばアメリカ合衆国が圧倒的比重を占めており、そうした対米赤字を減少させるための地域としてインドをはじめとするポンド地域は東南アジア同様重要な役割が期待されたのである。

　では、投資動向はどうであったか。

　投資においても一九五〇年代のインドは大きな比重を占めていた。表2-2にみるように一九五一～六四年までに限定してみると、インドはタイ、香港、台湾に次いで重要な投資市場を形成していた。しかも六五～七五年までと比較すると、他の国に対する日本の投資の圧倒的部分がこの時期に集中しているのに対し、インド投資の五一パーセント余りが五一～六四年の時期に集中していたのである。いかにこの時期に日本の対インド投資が集中して

表2-2　日本の対アジア投資動向

（単位：件）

	1951～64年	1965～75年	合　計
香港	98	938	1,036
インド	44	42	86
インドネシア	9	636	645
韓国	0	894	894
マレーシア	44	412	456
フィリピン	17	340	357
シンガポール	42	465	507
台湾	51	686	737
タイ	105	416	521
アジア合計	462	4,917	5,379

出所：大蔵省『財政金融統計月報』1975年12月より作成。

いたかは、他の国々のそれと比較すれば一目瞭然であろう。ところで、一九五〇年代の中盤における日本の投資の流れは大きく三つに分類することが可能だった。一つは資源確保のための投資である。その典型例は一九五六年に鋼管鉱業がポルトガル領インドのゴアに対して鉄鉱石開発のために行った投資であった。このほか主だった資源確保を目的とした投資としては、フィリピンのラップ鉱山、マレーのテマンガン鉱山開発、香港の九竜に位置する馬鞍山鉱山への鉄鉱石確保の投資やアラスカの森林・パルプ事業への投資などをあげることができよう。

二つは製造業への投資である。この分野ではインドの占める比重が大きい。たとえばインドに対しては電線、電機、機械、紡織機、碍子、魔法瓶や万年筆製造への投資が見られた。この他セイロンでのシャツ製造、台湾への造船、電線、蓄電池、織物業への投資が見られた。三つは水産業や建設業への投資であった。水産業では主にインド、セイロン、台湾、香港、ベトナム、アルゼンチンなどへの漁業投資およびビルマの真珠養殖などをあげることができた[12]。またこの時期の技術提携でもインドは日本の中で比較的高いウェイトを占めていた。

一九五〇～五九年までの技術提携件数をみても（表2-3）インドはトップで、この一〇年間に三一件を記録し、全体の一八・七パーセントを占めていた。

戦前には中国東北に求めていた資源確保や企業進出の対象地をこの段階では東南アジア、とりわけインドへと向け始めたのである。製造業への投資についていえば、コロンボ・プランの加盟国への進出が中心的に行われた。それは一般的には、保護政策により輸入禁止になりやすい商品でも投資を行うことでたとえ輸入禁止になっても市場を確保できるこ

表2－3　主要国別技術提携件数

年度	インド	台湾	ビルマ	その他	合計
1950	1	—	—	—	1
1951	—	—	—	1	1
1952	2	—	—	2	4
1953	4	3	—	3	10
1954	3	8	3	2	16
1955	7	—	3	13	23
1956	1	—	—	11	12
1957	2	5	1	22	30
1958	4	6	2	21	33
1959	7	4	1	24	36
累計	31	26	10	99	166

出所：通産省『通商月書』各論1961年，235頁。

とがあげられるが、(13)とりわけコロンボ・プラン加盟国が投資対象国となったのは、コロンボ・プラン加盟国が経済開発六カ年計画の立案を要望されており投資分野が明確であること、コロンボ・プラン加盟国のなかでインドやセイロンに集中したのは日本が直接軍事占領した東南アジアと比較し戦時中のマイナス・イメージがさほど大きくなかったことが影響していたからである。

ともあれ、日本は対米貿易では慢性的な赤字であり、アジア貿易でそれを埋めなければならなかったから、日本財界がインドに代表される南アジアに熱い視線をそそぐのは当然のことだった。すなわち南アジア貿易の黒字、ポンド獲得をもって、対米貿易のドル赤字を埋めることを目指したわけだから、それだけに日本の政府も会社もインド貿易には真剣だった。

後に東芝の社長になる佐波正一は、入社して間もない一九五八年にインド、パキスタンに出張している。父親の葬儀直後のことであわただしいなかでの旅立ちだった。約一カ月間、照明器具、電力計、変圧器の売り込みのため一人でインド中を駆け巡り、過労のためカルカッタでは行き倒れ寸前になったと回想している。(14)

東急の五島昇も同じ経験をしている。一九五二年三月に車両の売り込みのためインドを訪れた際、父親の五島慶太危篤の報に接し、ニューデリーから急遽帰国したと回想している。彼は英国製の最新鋭ジェット旅客機コメットを駆って帰国したが、この飛行機は、当時事故でよく墜ちていた。父親の一身上のことゆえ危険も顧みずこの飛行機を使ったが、案外快適だったと述べている。もっとも七〇人乗りの座席を占めていたのは彼を含めてわずかに二人だけだった、という。(15)後に日本財界トップに立つ企業戦士たちがインドで商戦を競い合ったのである。

（1）井村喜代子『現代日本経済論』（有斐閣、一九九三年）一〇一頁。
（2）「輸出振興はどうすればよいか」（『通商産業研究』第二巻第一〇号、一九五四年一〇月、六五～六六頁）。
（3）同右書、六七～六八頁。
（4）同右書、六九頁。
（5）同右書、六八～六九頁、七一頁参照。
（6）東南アジアの地域と術語の形成については石井米雄「東南アジアの史的認識の歩み」（石井米雄編『講座東南アジアの歴史』四、弘文社、一九九一年）参照。
（7）「対印経済協力の方向と問題点」（『経団連月報』第四巻第一二号、一九五六年一二月、三七頁）。
（8）一九五五年当時通産省官房長だった岩武照彦氏は、筆者のインタビューに当時を回顧して「今日の南アジアに該当する地域を東南アジアと呼んでいた」と述べていた（一九九六年九月二一日談）。
（9）Colombo Plan Bureau, *The Colombo Plan Facts and Figures*, Colombo, 1960、経済審議庁調査部『コロンボ・プラン第一年次報告』（一九五二年）参照。
（10）大来佐武郎「東南アジアから見た日本の印象」（『アジア問題』第三巻第五号、一九五四年五月、三七～三八、四〇頁）。
（11）たとえば日本が国連のエカフェで活動するのも「日本一国だけのアプローチをやると、誤解を生ずる国もあるので、やはりなんらかの国際協力の旗の下に進んで行かなければならない」（通産省通商調査課長石丸忠富「座談会　インドネシアの現況と経済提携の問題点」『経団連月報』第一巻第四号、一九五三年四月、二四頁）と考えていた。
（12）石丸忠富「わが国民間海外投資の現状と問題点」（『経団連月報』第四巻第三号、一九五六年三月、四一～四五頁）。
（13）「日本の企業が、タイに進出するについては、進出以前から、タイとのあいだに交流があったものと、まったくなかったものとに分かれる。後者は……その数は少ない。製造工業の場合は、大部分が、進出以前からタイと交流があった。すなわち、その企業が直接、または、日本商社あるいは華商などを通じてタイに製品を輸出していたものが非常に多い。そして、当該企業の製品は、タイで相当の販売網をもっていたのがふつうである。製品のブランドがタイでよく知られていたものも少なくない。このように、製品の輸出市場であったタイ国で、政府の産業奨励政策が推進され、現地に工業化機運が強くなった。そして、ある程度の自給が行なわれるようになると、製品輸入が制限される公算が大きくなった。そうなるとタイ市場を失うことになるので、むしろ積極的にタイに企業進出して、現地で自社製品をつくろうという考え方が強くなり、その場合、製品の最終加工工程を現地で行なって、半製品を供給することによって、半製品の輸出市場としてタイ市場を確保する。……以上のような動機と意図に出た企業が少なくなかった」(神谷克巳『タイの産業開発と合弁企業』アジア経済研究所、一九六五年、一二三頁)。

(14) 佐波正一「私の履歴書」(『日本経済新聞』一九九八年六月二三日)。

(15) 五島昇「私の履歴書」(『日本経済新聞』一九八九年三月一一日)。

2 日本企業のインド進出――ゴア鉱山と旭硝子――

1 ゴアの鉄鉱石取得

一九五〇年代の日本のインド進出を語る典型の一つに、ゴアの鉄鉱石確保と後述する旭硝子のインド進出がある。ゴアは当時ポルトガル領インドと称されたようにポルトガルの植民地であり、これがインドの手に帰するのは一九六一年のことであるが、日本企業の南アジア進出の動きを示す一事例としてここでは取り上げることとしよう。

インドの西海岸に位置するゴアは、一六世紀から一七世紀中葉にかけてポルトガルの軍事的・経済的・宗教的拠点として重きをなしていた。ゴアを拠点にポルトガル船がインド洋やアジアの中継貿易に活躍したのである。ゴアの歴史を語る時、誰もが思い浮かべる書物に松田毅一『黄金のゴア盛衰記』がある。彼はこの本のなかで、ゴアの歴史の最後を日本人の鉄鉱石供給地として締めくくっていた(1)。

たしかにゴアは戦後の一時期、日本鉄鋼業にとって欠くべからざる地域となった。しかし、その起源をたどると、ゴアは戦前から鉄鉱石の産地として業界人の間でその名が知られていた。

戦前来インドからの銑鉄と鉄鉱石輸入は、日本鉄鋼業の重要な一部を構成していた。この貿易を担当していたのは日本の岸本商店などであった。一九二〇年代、第一次世界大戦でその設備を拡充した日本鉄鋼業は、大戦後の不況下で経営難に陥り、加えて低廉なインド銑の輸入が日本銑鉄業を一層苦境に追い込んだ。インド銑の輸入は岸本商店だけにとどまらず、一九二二年頃からは三井物産も加わり一層激しいものになった(2)。この一環で岸本商店は、すでに一九三五年以降カルカッタのイギリス系のバード商会と組んでゴア鉄鉱床の調査も実施していた。戦後のゴア鉄鉱石の開発輸入の前提はすでに戦前から準備せられていたといっても過言ではなかった。

2　戦後の日本鉄鋼業とゴア

一九四九年に民間貿易が再開されると、戦前来ゴアと関連をもっていた岸本商店はゴア鉄鉱石の輸入に着手した。当時ゴアのシリガオ鉱山のシッパー（荷主）だったチョーグル商会は手掘りで採掘していたため、鉄鉱石輸出量には限度があった。

一九五一年に日本輸出入銀行が設立されると、その第一号案件としてゴア鉱山の機械化と日本への開発輸入が決定された。これは、一五〇万ドルの鉱山開発用機械、トラック、各種運搬施設を輸銀融資でゴアに輸出し、その代金は開発された鉄鉱石の輸入価格を値引きすることで決済するというもので、鉄鉱石一トン一ドルとして年間五〇万トン、融資金利を含め約三年間で返済するというものであった。これは、輸出金融というかたちではあるが、実質的には開発輸入案件第一号ともいうべきもので、チョーグル商会の名称をとって「チョーグル方式」と称され、その後の資源開発の際に多用された(3)。ちなみにチョーグル氏はその後、ゴアの鉄鉱石輸出で財を成し、鉱山、海運、セメント、ビール、爆薬、海産物、紡績に手を出し、インド実業界のリーダーの一人となる(1)。

このゴア鉄鉱石の開発を担当したのは当時岸本商店にいた山内利男だった。彼は一九五一年、削岩夫、機械運転手、鳶職などのゴア鉱山開発要員五〇名とともにゴアで開発事業を行ったが、次のように回想していた。

「我々の眼を射たのは、広大な椰子林に囲まれて、烈日の下に輝く赤鉄鉱山の新天地であった。後にインドの各鉄鉱山を踏査したり、ブラジル鉱山視察など、私の回顧による比較では、Ｇｏａ（ゴア）鉱山群は海岸に近いという利点はあるが、質量共にやや見劣りする。しかし戦争中に日本国内の、貧鉱の鉄鉱山で苦労して来た日本の鉱山技師連にとっては、狂喜乱舞の感激であった。そこで私は商社人としては珍しく、鉱山小屋・建設現場で一年余の貴重な体験をした。建設完遂と言う唯一の目標のため、連日全ての人力・物量を鉱山機械化の工事に、集中貫徹する凄まじさは戦場と変わらず。ただ戦線と違うのは、生命の危険に晒されて居ない事。食糧難の日本内地と異なり、腹一杯メシが喰える事。人里離れた鉱山宿舎で、私が手配する現地コックによる変化に乏しい賄い食事は、貧しい内容であったが、量さえあれば誰も文句を言わない時代であった[5]」

さらに、一九六〇年代に入ると大型機械を導入し積込施設を整備した埠頭を完成し、ゴア鉄鉱石の輸出は本格的状況を迎えることとなる。

一九五〇年代初頭、いまだ大戦の傷痕が癒えぬ日本から企業戦士として遠くインドの東海岸にきて、仕事に生きるビジネスマンの厳しいなかでの生きざまが浮き彫りになっている。

3　ゴア鉄鉱石輸入量

こうしてゴアからの鉄鉱石輸入は急速に増加を開始した（表2-4参照）。ゴアからの鉄鉱石輸入は一九五〇年にはわずかに六万トン、日本の全鉄鉱石輸入量の二・六パーセントにすぎなかったが、五五年には四八万八〇〇〇トン、全輸入量の六・八パーセントに上昇し、五九年には一八八万九〇〇〇トン、全輸入量の一四・五パーセントを占めるにいたった。こうした急上昇の背後には、日本からの輸銀融資による採鉱施設の近代化、搬出機構の効率化があったことはいうまでもない。この間鉱山の機械化、バース荷役施設の新設、鉄鉱専用船入港に必要な港の浚渫などが実施された(6)。こうしてゴアは、一九六〇年代になって日本の主要鉄鉱石供給地としてオーストラリアが台頭するまで主要供給地の座を保持したのである。

表2－4　日本の地域別鉄鉱石輸入

（単位：千トン）

年度	マレー	フィリピン	(内ララップ)	インド	ゴア	その他	計
1950	526	576		71	61	1,135	2,369
1951	724	1,060		158	317	2,419	4,678
1952	849	1,184	(672)	326	281	3,265	5,905
1953	885	1,277	(793)	472	524	2,585	5,743
1954	1,091	1,522	(956)	690	440	2,011	5,754
1955	1,687	1,642	(1,035)	1,232	488	2,084	7,133
1956	2,462	1,523	(1,024)	1,274	1,100	3,007	9,366
1957	2,805	1,336	(941)	1,495	1,158	3,325	10,119
1958	2,523	1,262	(904)	1,680	739	2,812	9,016
1959	4,020	1,235	(804)	2,120	1,889	3,808	13,072
1960	5,680	1,145	(924)	2,358	2,016		

出所：ララップ鉱山よりの輸入量は海外製鉄原料委員会資料による。
　　　他の輸入量データは大蔵省『通関統計』による。

4　旭硝子のインド進出

製造業の分野で、比較的早期にインドに進出したのは旭硝子だった。旭硝子は、一九〇七年創業でガラス産業の老舗である。第一次世界大戦中には中国、インド、オーストラリアを中心に急速に輸出をのばし、一九年にはインドを筆頭にアジア一円の地域に輸出を拡大し、二五年以降は「満洲」(中国東北)、華北に工場を設立し、現地生産にも手がけ始めていた。しかし太平洋戦争の勃発と同時に輸出は停滞し、生産も軍需主体に行われることとなった。

敗戦後の数年間は、工場が賠償施設に指定されたり、あるいは過度経済力集中排除法の指定工場になったりで混乱するが、五〇年六月には旭硝子株式会社として再発足することとなる。敗戦後は、輸出はGHQの管理下で貿易公団にゆだねられていたが、主にインドを中心に細々と輸出が行われている状況だった。

一九四九年に民間貿易が再開されるにともない、旭硝子はインドへの輸出を再開した。おりしもインドのビハール州ビルクンダで板ガラス生産を行っていた業界大手のソドポール・グラス・ワークス社の経営状態が悪化し、五三年からインド産業金融公社の直接管理下に置かれることとなった。同公社は、優秀な経営能力と技術を有する企業に経営を委託することを企図してワークス社を公売に付した。五四年一二月、インドに工場を建設することを考えていた旭硝子は入札に応じ、五六年二月に新会社の設立許可を得て、八月に日印合弁の印度旭硝子を設立したのである。日印合弁とはいっても実際にはインド側の合弁相手が見出せなかったため、旭硝子の一〇〇パーセント単独出資となった(7)。

操業開始は一九五七年七月で、当初は約四〇人が出向し技術指導を行った。日本的な生産方式をインドで実施した初期の事例と考えることができよう。派遣社員は、当初インド人に日本の経営方式が理解されず苦労したという。現在でこそ、工場内では全員が安全靴を履くようになったが、操業当初は「硝子屑の上を歩くためのサンダルを与えれば売りとばし、裸足で平気で歩くというのはごく一例で、カースト制度は厳しく維持され、工場の基本も守られず、工場内の物の混乱などに苦労した(8)」という。印度旭硝子で生産ボーナス制度が取り入れられたのが一九六〇年頃で、日本的な表彰制度が導入されたのが一九七一年のことであった(9)。しかし日本的経営が印度旭硝子で積極的に推し進められたのは、同じ旭硝子系列の旭印度安全硝子会社がニューデリーの近くのハリアナ州パウル地区に一九八五年七月に設立され、八七年四月に操業を開始し、そこで大々的に日本的経営が導入され、インドで話題になって以降のことであった。この旭印度安全硝子会社では、創業当初から三年間日本人社長のもとで整理、整頓、清潔といった基本が徹底され、共通の制服、開放的な大部屋スタイルが採用された。また生産ボーナス制度、医療手当、有給休暇制度、通勤手当の支給といった日本企業に見られる給与制度も採用された(10)。組み立てラインもきちんと整備され塵一つない状況だった。同じ時期に印度旭硝子も全員に制服を支給することを決定したところ、職員は合成繊維で工員が木綿製だったことから両者の対立が生じ、他の労働問題がこれと結びつき労使紛争の火種になってしまったという。

こうした努力が続けられたものの、印度旭硝子は一九八七年までは公称設備能力以下の生産しかあげられなかった。それは、炉の機能が悪く、かつ供給される石炭の質がよくないためであった。そもそも印度旭硝子が、ビハール州ビルクンダに工場を設立した理由は、この周辺が、当時「インドのルール」と称された炭坑地帯で、燃料となる石炭が豊富に得られるためであった。もっともこの石炭は、炭質がさほどよくないため工場の炉に大きな負担を与えていた。しかも低賃金に起因する炭坑ストによる石炭供給の不安やインフラの未整備からくる停電による電力供給のストップが相次いだため、生産能率が著しく低下していたのである。それが大幅に改善されるのは一九八七年のことであった。この年に炉の修繕が実施され、かつこの地区の電力事情改善工事が実施されたからである。(11)

戦後比較的早い時期にインドに進出した旭硝子は、戦前中国や「満洲」で展開してきた労働慣行をインドで実施するが、それが一定の成果をあげるのには長期にわたる労使間の協議を必要としたのである。

(1)「交易のゴアは不死鳥のように蘇った。しかもそれは近々二〇年あまり前からのことであり、主として日本の地下資源調査団の功績によることは、往昔、この地が日本とも交渉が深かっただけに、吾人の感慨は一入《ひとしお》なるものがある。リスボンへの機中、同行した日本人商社マンは、著者に向かって、『ゴアは、まるで鉄鉱石とマンガンの巨大な岩盤の上にあるようだ』と語っていた。今や、日本船をはじめ、各国の船舶は、ズワリ河口にひしめいている」(松田毅一『黄金のゴア盛衰記』中央公論社、一九七四年、七八頁)。

(2) 飯田賢一ほか編『現代の日本産業発達史 Ⅳ．鉄鋼』(一九六九年) 二七〇～二七四頁。

(3) 日本輸出入銀行『十年のあゆみ』(一九六三年) 三三頁。

(4) 槙田久生「私の履歴書」(『日本経済新聞』一九八五年一月一四日)。

(5) 山内利男『インドを書く』(論創社、一九九七年) 二七～二八頁。

（6）海外製鉄原料委員会『海外製鉄原料委員会四十年史』（一九九三年）七三〜七六頁。
（7）旭硝子の歴史については、旭硝子株式会社『五十年の歩み』（一九五七年）、旭硝子株式会社臨時社史編纂室『社史　旭硝子株式会社』（一九六七年）参照。
（8）「板硝子産業」（三角祐一郎『海外・人づくりハンドブック　①インド』海外就業訓練協会、一九九七年、一二〇頁）。
（9）同右、一二一、一二四頁。
（10）バスカー・チャタージー、野口英二郎訳『インドでの日本式経営』（サイマル出版会、一九九三年）一〇八〜一一二頁。
（11）前掲『海外・人づくりハンドブック　①インド』一三一頁。

3　一九五〇年代後期の日本企業の対アジア進出の実態

1　インドのかげり

しかし、一九五〇年代半ばになると前半までのインドへの熱い想いは次第に低下していく。インドが当初予測されたほど強力な経済力があるとは思われなくなってきたからである。

一つは、インドが実施している五カ年計画が円滑に進行していないことが明らかになってきたことである。当時経済企画庁経済協力室長だった佐瀬六郎は「アジアの経済開発と日本の立場」という論文のなかで一九五六年から始まるインドの第二次五カ年計画を評して「昨年（一九五六年――引用者）下期より急速に行詰りの様相を濃くし、もし本年の食糧作物が不作におわりアメリカの大幅の援助が得られないときには、第二次五カ年計画の大改訂は不可欠とみられるに至った」と述べ、その前途に悲観的な観測を提示した。第二次五カ年計画の主眼は第一次五カ年計画と比較して重工業に重点がおかれていた。具体的には、農業を犠牲にして鉄鋼、セメント、硫安、工作機械などの生産拡充を目標に掲げていた。ところが資金不足に直面したのである。おりから進んでいた中国の五カ年計画の影響やカシミールをめぐるパキスタンとの抗争のなかでインドも重工業化を推し進めることを余儀なくされたが、第一次と比較して三倍にのぼる財政赤字は、スエズ運河閉鎖による輸入材の値上がりと連動して開発コストを大幅に引き上げる結果となった。したがって、計画の改訂を余儀なくされたことはインドへの日本の期待を著しく減退させる結果となった(1)。

一九五七年三月から二週間インドを含む東南アジアを視察した日本輸出入銀行副総裁の加納百里は「東南アジア各国をめぐりて」のなかでインドを評して「現在もっとも国際収支の悪化、外貨資金の枯渇に悩んでいるのはインドである。その原因は、現地の人々の意見によると、第二次五カ年計画の実施による基幹産業―鋳鋼・輸送・電力などの機械需要の増加、農産物の不足、スエズ紛争による海上運賃の上昇、そのほか、一般には発表されていないが、カシミールでパキスタンと対立しているため軍備の充実に力を入れており、そのための軍需品の輸入増加などにあるようだ(2)」と述べてその経済見通しの暗さを予測していた。

加えて、コロンボ・プランも当初のようには円滑には進行してきていなかった。コロンボ・プランの重点はインド、パキスタン、セイロンにおかれていたが、それらの国々での経済成長は必ずしも円滑ではなかった。たしかに一九五〇年六月の朝鮮戦争の勃発とその拡大は食糧や原料の輸出価格を高め、コロンボ・プラン加盟国の輸出条件を好転させ対外収支を改善させたが、五三年七月に休戦協定が成立するとたちまちブームは去って、逆にきわめて不安定な状況に陥った。そうしたなかで一九五五年にインドのシムラでコロンボ・プラン加盟一一カ国が集まって開催された会議、いわゆる「シムラ会議」ではアメリカの意向を代弁したインドや日本の地域的協力機構に改編しようという意向は多数派にならずに、コロンボ・プランはそれ以前の援助国と被援助国との個別プロジェクトの集合体という従来のスタイルを継承した(3)。

こうしたインドの経済的・政治的指導力の減少は、日本やアメリカのインドへの期待の減少を生み出した。しかし他方で一九五〇年代後半具体化した賠償を契機に、日本はインド以外の東南アジア地域への進出の模索を始める。

2　東南アジア賠償の進展

一九五〇年代半ばになると日本の東南アジア賠償が具体的に進展し始めた。一九五一年九月にサンフランシスコで対日講和会議が開催され、日本は国際社会に復帰すると同時に西側陣営の一員に位置づけられた。多くの連合国が賠償請求権を放棄していくなかで、戦場となった東南アジアの国々は講和条約のなかに第一四条を付与することに成功した。それは、連合国が希望するときは日本はその賠償交渉に応じなければならない、というものであった。

このサンフランシスコ講和条約第一四条に基づきビルマ、フィリピン、インドネシア、南ベトナムの四カ国が対日請求権を放棄せず継続して交渉し、一九五四年一一月にはビルマが最初に対日賠償協定を締結した。賠償二億ドル、無償経済協力一・四億ドル、一〇年間にわたり資本財で支払うというものだった。前掲四カ国のうちビルマが真っ先に対日賠償協定締結に踏み切ったのはこの国の外貨事情の悪化からであった。五三年の世界的食糧不足のなかで米穀輸出国のビルマの外貨事情は好転したが、ブームが去るとふたたび外貨事情が悪化を開始したからである。ビルマ賠償協定の締結を契機に他の国との賠償協定も次々と締結された。五四年四月に締結間近まで交渉が煮詰められたがフィリピン上院の反対で流産した日比賠償交渉も五六年五月にはマグサイサイ大統領のもとで交渉が成立し、五・五億ドル、二〇年払いで協定が締結された。インドネシアでは交渉の進展をさまたげていた日本の対インドネシアの焦げ付き債権一・七億ドルの処理の問題が、後述する五七年一一月の岸信介総理の東南アジア訪問の際に行われた岸・スカルノ会談で政治決着がつけられ、五八年一月には焦げ付き債権の棒引きと純賠償二・二三億ドルの一二年払い、経済協力四億ドルの二〇年払いの協定が成立したのである。ベトナムとの交渉が本格化するのは五〇年代に入ってからであった。五七年一一月に東南アジア訪問の際、南ベトナムに立ち寄った岸総理大臣は、ゴ・ジン・ジエム大統領と会談し、賠償の解決を約束し、以降幾度かの政治折衝を経て五九年五月に三九〇〇万ドル、五年払いの賠償協定が成立した。(4)

図2-1　賠償支払額・支払期間一覧

(単位：百万ドル)

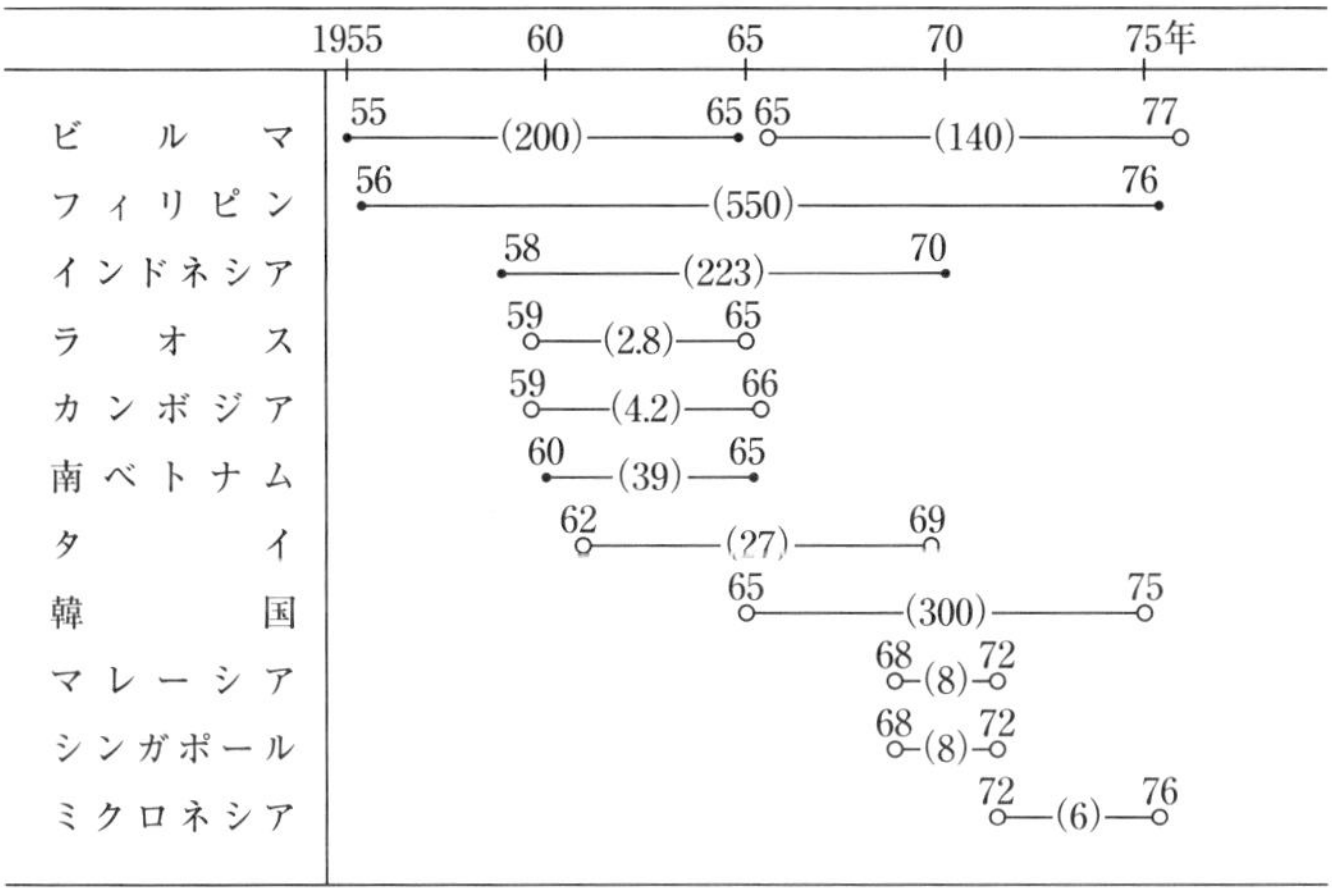

注：•は賠償，○は準賠償，(　) 内は賠償支払額を表示。
出所：『外務省資料』，その他より作成。

以上の経緯を簡単に図示すれば、図2-1の通りである。

この賠償協定は日本企業の東南アジア貿易を急速に拡大させた。ビルマ賠償の目玉ともいうべきバルーチャン発電所は発電容量八・五万キロワット、首都ラングーン地域の電力需要の八〇パーセント、全国の六〇パーセントの電力需要量をまかない、ビルマ賠償総額の一六・八パーセントを投入した一大プロジェクトであったが、この水力発電事業で必要となる水車・水力発電機各三台は、いずれも日立製作所製であった。これらは、製作した五九年時点で、落差・発電容量ともに、これまでの記録をぬりかえる高落差、大容量の水力発電機である。(5)

同じことは、南ベトナムのダニム発電所についてもいえる。南ベトナム賠償は、そのままダニム発電所建設だといわれるほどであり、最大発電容量一六万キロワット、首都であったサイゴンへ電力を供給し、さらにカムラン湾一帯に電力を供給することが予定されていた。実際、対南ベトナム賠償総額三九〇〇万ドルのうち、その九五パーセントを占める三七〇〇万ドルが投入されたのである。カムラン湾岸もサイゴンも、ベトナム戦争当時は米軍の重要軍事拠点の一つであり、ベトナム戦争の帰趨を決める戦略的位置を占めていた。このダム建設では水車四台が東芝製、水力発電機四台は三菱製であった。しかもダニム発電所の場合、三相変圧器四台とサイゴン変電所の主要配電盤、送電用設備はすべて日本の電機企業から供給されたという(6)。

この結果、日本の重電機機械輸出は東南アジアを中心に急増した。一九五五年にわずか七〇〇万ドルにすぎなかった日本の重電機機械の輸出は、一九六〇年には三二〇〇万ドルに増加し、六五年には一億二六〇〇万ドルへと急上昇した。こうして従来欧米企業の独壇場だった重電機市場は、賠償を契機に急速に日本市場へと転換していったのである。

船舶も賠償がらみで輸出を拡大させた。ビルマ賠償では運搬用機械が全体の二七・七パーセントを占めていたが、その内二一・九パーセントは船舶で、一万トンの外航貨物船二隻、七六〇トンの内航貨物船二隻、二五〇トンのトロール船一隻、巡視艇などが含まれていた。フィリピンでは、太平洋戦争期にフィリピン近海で沈んだ沈没船の引揚げのほかに、外航貨物船一四隻、九・五万総トンが供与された。ただし賠償で供与された外航船には高速貨物船は含まれていない。これは、アメリカ航路や太平洋、大西洋といった日本海運のドル箱路線での競合を防ぐためであったという。インドネシアでも賠償項目での船舶の比重は大きく、貨物船二四隻、ドレッジャー五隻、その他六隻を数えていた(7)。

もっとも造船業の場合には、一九五〇年代初頭の朝鮮特需から大型船ブームに乗って一九五七年にはイギリスを抜いて世界第一位の造船大国になった日本は、技術革新を推し進めて国際競争力を身につけることで輸出を急増させていた。日本に最初の輸出船発注がきたのは一九四八年六月、三井造船と播磨造船がノルウェーから受けた捕鯨用のキャッチャー・ボートである。この評判がよくてその後も引き合いが続き、三井造船にはデンマークから一挙に六隻の注文がきた。当時はまだアメリカ占領下で、GHQが権限を持っており、そのGHQが「六隻全部を三井がやるというのは強欲だ。受注のない他社に分けろ」[8]と横やりを入れてきたという。いかにも当時の雰囲気を物語るエピソードである。その後も輸出が順調に伸びて一九五四年から五七年までは輸銀貸付けの八〇パーセントは船舶で、そのころのオファーは凄まじかったという。「船価、トン数、エンジン馬力、速力、納期、支払い条件を申し出るだけで、『四十八時間以内に回答せよ』と通告するケースもあった」[9]という。まさに売り手市場の最たるものであった。したがって五〇年代後半急速に拡大した輸出の陰に隠れて、賠償による船舶輸出は、隻数、トン数ともにさほどの比率は示していない。しかし量的にはともあれ、賠償は、東南アジア市場への参入のテコとなり、国際受注の変動を埋める役割を果たし、景気調節弁の機能を持ったのである。

3　日本企業の賠償の位置づけ

では、こうした東南アジア賠償の進展を日本企業はどのように見ていたのだろうか。

当時経団連副会長だった植村甲午郎は「貿易の前途と今後の対外経済政策」と題する経団連の座談会に出席し、今後の東南アジアへの援助のやり方について次のような見通しを述べていた。

「東南アジア地域に対して、大きな国際的な投資機関といったようなものを、我が国と一体になって作るというような時期ではないような気がするので、そういう大きな網をかぶせるという形じゃなくて、ケース・バイ・ケースで処理していく。ある一つのプロジェクトについて、アメリカは資本を出し、日本も若干は出すが、同時に主として技術者を協力させる、というような形で、一つ一つ積み上げていくことを考えたらどうだろうか」「もう一つは、賠償とICAのプロジェクトとを結びつけるのです。そういうことでもしないことには、その地域の開発というものは、なかなかむずかしいと思うのです。ですから、最初プランニングをやるときに、そのことを考えてやる。そしてアメリカと日本との関係も連絡を密にして、日本の賠償でこれをやるが向こうもそれに協力する、という形で一連の開発計画を立てる、というぐあいに持っていけば、その国としても一番いいんじゃないか[10]」と。

植村が言いたいことは、東南アジアの開発のためには、さしあたり巨大プロジェクトでことを推し進める時期ではない。個別プロジェクトを積み重ねていく、そしてその進め方の要諦は、アメリカの経済援助と日本の賠償の結合で具体化していくことなのである、という点にあった。

経済協力と賠償をより的確に表現したのは通産省企業局賠償室長の谷敷寛が執筆した「賠償と経済協力」だった。彼はこの論文のなかで「賠償と経済協力」を結びつけたことをもっとも熱烈に歓迎したのは日本の経済界だった、としたうえで次のように述べていた。「東南アジアの新興諸国は経済協力の観点からみれば最も魅力に富む処女地である。しかしこの処女地には排他的ナショナリズムや日本の侵略に対する疑惑の念などという強風が吹きすさんでいる。その中へ安全に乗り込むには賠償という大義名分と結びつけるより以上の良策はないのではないか。こういう意味で『賠償と経済協力』に対するわが朝野の期待は絶大なものがあるといえよう[11]」と。

一九五〇年代初頭に日本がインド市場に着目した理由の一つに、この地が東南アジアと異なり深刻な日本占領体験を有しておらず、したがって反日的な動きを考慮する必要が少ない点があった。しかし、一九五〇年代も半ばにいたり、インド経済が必ずしも順調には進んでおらず、日本の将来市場としては他の地域を開拓する必要が出ていたのである。まさにその時期に、インド以外の東南アジア市場が賠償との関連で有望になってきたことは日本企業にとって明るい展望となったのである。

4　岸信介の東南アジア歴訪

日本が賠償を契機にインド以東の東南アジア地域へその将来市場を模索していた一九五七年二月に、岸信介が石橋湛山に代わって内閣総理大臣に就任した。岸は就任三カ月後の五月に東南アジア六カ国（ビルマ、インド、パキスタン、セイロン、タイ、台湾）訪問の旅に出発し「アジア開発基金構想」を打ち上げた。その後彼は六月にはアメリカに、一一月には東南アジア九カ国（南ベトナム、カンボジア、ラオス、マラヤ、シンガポール、インドネシア、オーストラリア、ニュージーランド、フィリピン）歴訪の旅にふたたび出たのである。五月の東南アジア歴訪の旅では、翌六月のアメリカ訪問の前提として日本の核問題の立場を説明しさらに「アジア開発基金構想」をうたって、日本・アメリカ一体で開発機関を設立することを計画した。

岸の「アジア開発基金構想」とは新聞発表によれば次のようなものであった。

「一　アジア諸国およびコロンボ計画参加国をもって構成する。

二　アジア諸国の経済開発を援助し、またアジア諸国の特産物の需給調整、これによる価格調整を行い、これら諸国の長期経済計画の遂行に資する。

三　これをアジア経済開発構想と名付ける。同機構に委員会を設け、その委員長または議長はアジアの国から選ぶ。参加各国から基金の供出は求めるが、これを強制はしない」[12]

この案の特徴は、コロンボ・プラン参加国を中心にアジア各国に広く門戸を開放した点にあった。しかもコロンボ・プランには英米など欧米諸国も含まれていたわけだから、門戸は欧米に広がっていたわけである。現にアメリカは出資者として大きな期待がかけられていた。

岸は、それに先だつ前年の五六年一二月に発足した石橋内閣で外相に就任、はやくも「アジア・太平洋地域は日本外交の中心地である」とうたい、対共産圏に対しては厳しい態度で臨み、アジア・アフリカ地域に対しては「経済外交」を展開することを提唱していた[13]。彼は、こうした構想を打ち上げる背景を次のように述べていた。

「アジアは経済的基礎を確立することが必要だが、それには資本と技術が足りない。資本は従来、主として米国と世界銀行が出していたが、それでは足りない。世銀の対アジア投資の比率は小さい。だからアジア特有の金融機関が必要だ。その出資者としては自然米国が大きな比重を占めることになろう。それだけでなく中立的な国、たとえば日本や西独も金を出して、世銀の手が回らなかったことを行う一つの広い機関をつくろうというのだ」[14]

岸は、周知のように戦前は「満洲国」にあって総務庁次長兼産業部次長を歴任し満洲産業の軍事化を推進する責任者となり、その後日本に帰国して東条内閣時代の商工大臣を歴任し、敗戦後は戦犯に問われている。その彼が敗戦後一〇年足らずの時の経過のなかで上記のような発言になるのである。戦前との大きな違いは、植民地主義を念頭において東南アジアに向かっていることである。戦前と戦後の岸の発想の違いは、民族意識の高揚を考慮のなかに入れているかいないかということだろう。彼は「アジアの経済開発とナショナリズム」と題する高碕達之助との対談のなかで、東南アジアの経済開発を行うには日本が明治時代のはじめにやったようなナショナリズムを考慮に入れなければならないことを強調していた[15]。こうした戦前からの経験をふまえ、一対一の援助が東南アジアのナショナリズムを刺激するという見通しのうえに「基金」構想を打ち出したのである。これは言い換えれば、経済進出を戦前のように進出国の政治主権を踏みにじるようなかたちでするのではなく、これに配慮を払って行うということだった。その意味では戦前の「満洲」や中国での体験が岸という個人を通じて「内省」され、戦後ふたたび国権主義的ナショナリズムと結合して東南アジアで展開され始めたといえなくもないのである。

(1) 佐瀬六郎「アジアの経済開発と日本の立場」(『アジア問題』第七巻第二号、一九五七年八月)一六〜二四頁。また、この時期のインド経済の低迷については数多くの研究書がある。V・N・バラスブラマニアム、古賀正則監訳『インド経済概論』(東京大学出版会、一九八八年)、伊藤正二編『インドの工業化　岐路にたつハイコスト経済』(アジア経済研究所、一九八八年）はこの時期を戦後インド経済の流れのなかで概観した好著であるし、絵所秀紀『現代インド経済研究』（法政大学出版局、一九八七年）は、この時期の輸入代替に基盤をもつインド型開発戦略をＮＩＣＳ型戦略との対比で再検討したものとして注目される。その他 F. R. Frankel, *India's Political Economy 1947-1977*, Princeton U. P., 1978 および P. R. Brass, "The Politics of India since Independence", in *The New Cambridge History of India*, IV. 1, Cambridge U. P., 1990, 参照。

(2) 加納百里「東南アジア各国をめぐりて」（『経団連月報』第五巻第七号、一九五七年七月、三九頁）。

(3) 山本登「コロンボ計画の世界経済的意義」（『アジア問題』第三巻第一号、一九五五年七月、一〇～一一頁）。

(4) 拙著『戦後日本資本主義と「東アジア経済圏」』（御茶の水書房、一九八三年）第一部第一章参照。

(5) 日本電機工業会『日本電機工業史追加資料』（一九六四年）三一～三三頁。

(6) 岩崎景春編『日本電機工業史』第二巻（日本電機工業会、一九七〇年）一三七頁。

(7) 賠償問題研究会編『日本の賠償』（世界ジャーナル社、一九六三年） 九〇頁以下参照。

(8) 山下勇「私の履歴書」（『日本経済新聞』一九八七年五月二五日）。

(9) 諸橋晋六「私の履歴書」（『日本経済新聞』一九九六年一一月一六日）。

(10) 「〈座談会〉貿易の前途と今後の対外経済政策」（『経団連月報』第五巻第三号、一九五七年三月、二七頁）。

(11) 谷敷寛「賠償と経済協力」（『通産産業研究』第五巻第六号、一九五七年六月、五七頁）。

(12) 『朝日新聞』一九五七年五月二八日。

(13) 「アジア日誌」（『アジア問題』第五巻第六号、一九五六年一二月、八頁）。

(14) 『朝日新聞』一九五七年一一月一八日夕刊。

(15) 「〈対談〉アジアの経済開発とナショナリズム」（『アジア問題』第三巻第一号、一九五四年一月、二一～三一頁）。末廣昭「経済再進出への道」（中村政則他編『戦後改革とその遺産』、「戦後日本　占領と戦後改革」第六巻、岩波書店、一九九五年）。

4　戦後賠償と日本企業

東南アジア賠償と関連して急速にその事業活動を東南アジアに拡大した典型的企業に日本工営がある。ここでは、戦後の日本工営の事業展開を通じて、日本企業が賠償問題にどのようにかかわったのかを、まず見てみることとしたい。次に戦前来東南アジアで操業し、そして敗戦とともに撤退したフィリピンでの鉱山開発が戦後どのように復活したのか、その際賠償がどのように関連していたのかを検討してみることとしたい。

1　日本工営の活動

①久保田豊と日本工営前史

日本工営の創立者久保田豊の事業活動のスタートは朝鮮にある。一九二六年に設立された朝鮮水電は、当時朝鮮北東部の興南を拠点に一大化学コンビナートを作ろうとしていた野口遵の率いる朝鮮窒素に電力を供給するために、朝鮮東北部の電源開発を次々と推進していった。以後一九四五年八月に日本が敗戦を迎えるまでの二〇年の間に、久保田は赴戦江、長津江、虚川江、鴨緑江の電源を開発し、その開発電力量は総計一五七万キロワット、工事中のものをあわせると二五八万キロワットにも及んでいた。敗戦時の日本国内の水力発電量が約六五〇万キロワットであることを考えるとその規模は巨大で、日本国内の水力発電量の約半分（工事中を含む）近い量をわずかに二〇年間で実現したのである。(1)

敗戦後の引揚げのなかで、久保田が旧朝鮮水電の部下を集めて四六年一一月に創った団体が日本産業再建技術協会で、これを母体にコンサルタント会社として日本工営が誕生したのは翌四七年一〇月のことであった。

②日本工営と賠償事業

久保田が戦後海外コンサルタント業で最初に手がけたのは前述したインドのゴア鉄鉱石調査で、彼は鉄鋼原料委員会の依頼を受けて一九五二年にインドのゴア鉱山の調査を実施している。ここで彼は戦前から培ってきた土木技術が国際的に通用するという自信を持ち、翌五三年九月にはタイ、インドネシア、ビルマ、インド、パキスタンからメキシコまで足を伸ばして開発プロジェクトの視察を行っている。

この視察の旅で、彼はビルマのバルーチャンに開発有望地域を発見し、早速調査に乗りだすと同時に、おりから交渉が進行していた日本のビルマ賠償にこのプロジェクトを入れる可能性があるか否かを日本政府に打診したのである。(2)「賠償は、海外貿易の前払い金」(3)だとする久保田にすれば、この事業を賠償適用事業にするのはいたって自然のことだった。日本工営がこのプロジェクトをビルマ政府と契約したのが五四年四月のことで、発電所建設経費は一一一億円、送電線建設を加えると総額一九〇億円に上った。その後五四年一一月に日本とビルマの賠償協定が締結され、賠償総額七二〇億円を支給することが決定されると、賠償総額のうち一九四億円がこのバルーチャン発電所の建設費用に充当されることとなった。工事は困難をきわめた。気象条件が悪いうえ、反政府運動が激しく作業が思うようにはかどらなかったからである。(4)当初予定されていた三つの発電所のうち、最大規模の第二発電所が完成したのが一九六〇年のことで、(5)その後賠償終了後は海外経済協力基金を使って工事が進められたが、ビルマの財政事情の悪化や政治的混乱のため工事が思うようには続かず、第一、第三発電所が完成し、このプロジェクトが最終的に終了するのは一九九二年一二月のことであった。(6)

日本工営が手がけた第二の海外プロジェクトは、日本の南ベトナム賠償資金を使ったダニムの発電事業であった。前述したようにベトナム中部のダラット近郊にダムを造り、高落差を利用した発電所から得られる電力をサイゴンに送電するというもので、日本の南ベトナム賠償の九五パーセントに該当する三七〇〇万ドルが充当され、第一期工事が完成したのは六四年一月のことで、ベトナム戦争が米地上軍の介入で激化する直前のことであった[7]。その後この工事は継続されるが、このダム工事も戦争の激化とともに米軍と解放戦線との攻防の的となった。

その後、日本工営はインドネシア賠償と関連してジャワ島東部の大河ブランタス河総合開発も手がけている。五八年以降日本工営はインドネシア政府の要請で、日本からの賠償資金を使ってこの河の沿岸地域の開発を始めたが、それは、ブランタス河の支流のグロウ川をせき止めトンネルを掘って流れを変え直接インド洋に落とすことで、この地域を水田地帯に変えようというものであった。これは、通常南トルンガグン排水プロジェクトと称された。この工事は鹿島建設が請け負って六一年に完成している[8]。このブランタス河の開発はこのほか全部で二一個のプロジェクトからなっていたが、この南トルンガグン排水プロジェクトを除くと他はＯＤＡ（政府開発援助）か海外経済協力基金かのいずれかであった[9]。

日本工営が手がけたプロジェクトの多くが流域変更により高水量高落差を得る工事方法を採用していたが、これはすでに戦前赴戦江、長津江などの朝鮮北部での開発で実験済みであった。また一つの河川を下流では堰堤式発電で、上流ではダム式発電でというように多様に用いる開発形式も、これまた朝鮮の鴨緑江で実験済みであった。いわば、戦前の朝鮮、「満洲」での経験者が日本に引揚げ、彼らがふたたび戦後東南アジアの開発工事を手がけることで、戦前の朝鮮、「満洲」での技術が東南アジアに適用されたのである。ここに戦前と戦後の土木技術面での連続性を垣間見ることができる。久保田は戦前と戦後を「満洲」から東南アジアに技術面でつないだことになる。

（1）　永塚利一『久保田豊』（一九六六年）、佐藤時彦『土木人生五十年』（一九六九年）、日本工営株式会社『日本工営三十五年史』（ダイヤモンド社、一九八一年）。

（2）　久保田豊『私の履歴書』（経済人9、日本経済新聞社、一九八〇年）三一六〜三一七頁。

（３）田村喜子「久保田豊」（『ＦＲＯＮＴ』一九九四年五月、五八頁）。
（４）ビルマ賠償工事の体験談を綴った伊藤博一『トングー・ロード』（岩波新書、一九六三年）は、当時の工事の厳しさを知るうえで格好の記録書である。
（５）前掲『日本工営三十五年史』八一頁。
（６）NEWJEC INC, Japan, *Baluchaung Hydroelectric Project No 1 Power Station Completion Project*, VOL. 1, March 1993, 1-6.
（７）同右書、八七頁。
（８）日本工営『ブランタス河の開発』山海堂、一九九七年、一二〇頁。
（９）同右書、五一頁。

５　借款とフィリピン鉱山開発――ララップ鉱山を中心に――

一九五〇年代から日本の賠償と並行して借款による東南アジア資源開発が徐々に進行し始める。本節では戦前に石原産業が接収し、後も日本の借款で鉄鉱石の開発輸入を実施したフィリピンのララップ鉱山に焦点をあてて、その戦後の動きを見てみることとしたい[1]。

１　戦前のララップ鉱山の経営実態

実はララップという名の鉱山はない。ララップ地方に散在するいくつかの鉱山の総称である。ララップ地方とはルソン島南東部の北カマリネス州西部に位置し、ホセ・パンガニバンに隣接する地域を指す。この半島の先端にカランバヤンガン島があり、ソリアノ財閥と米系のアトランティック・ガルフ・アンド・パシフィックの共同出資で一九三〇年 Philippine Iron Mines Inc.（以下ＰＩＭと省略）が設立された。払込資本金は二〇〇万ペソであった。

表2-5　ララップ鉱山の産出量

年度	輸出量（t）	採掘鉱石（m³）
1934	13,302	—
1935	305,611	479,747
1936	594,975	804,095
1937	592,482	1,310,726
1938	768,365	1,364,295
1939	706,563	1,861,688

出所：拓務省拓務局『比律賓に於る鉱物資源』36頁。

一九三四年以降操業を開始し、日本への輸出業務を行ってきた。[2]以降ララップの鉱石採掘量と鉄鉱石輸出量は表2-5の通りであった。一九三〇年代の後半に五〇万トンから七〇万トンの鉄鉱石を輸出していたことがわかろう。

これで明らかなように、ララップ鉱山の創立は一九三〇年九月だが操業開始は一九三四年のことで、この時期から鉄鉱石を輸出し始めた。主に岩井商店を通じて鉱石の大部分を日本の八幡製鉄所に輸出した。[3]当時のララップ鉱山の操業概略図を示せば図2-2に見る通りである。この図は一九五三年に当時八幡製鉄営業部原料課鉱石掛長として戦後初めてララップを訪問した吉成晋一氏が記憶を頼りに当時の状況をえがいたものである。その際、日本のフィリピン占領期に関する史料調査フォーラム編『日本のフィリピン占領』所収の堀田正一氏の書いたカランバヤンガン鉄山地区（以下本章ではララップ鉱山と総称する）の地図[4]を参考に、この上に鉱山の施設を書き加えてもらった。当時鉱山は露天掘りと坑内掘りに分かれていたが（図2-2）、ここで掘り出された鉱石が軽便鉄道で半島先端のカランバヤンガン島の鉱石積み出し埠頭まで運ばれ、ここから船積みされたのである。軽便鉄道に沿って小学校や映画館、従業員集落が集まり、クラブやゲストハウスもここに集まっていた。[5]この施設のうち、(I)の鉱石処理工場は戦後日本に輸出する際にこの鉱山の鉱石の硫黄分が多いため、それを除去する必要から新たに設立されたものであるが、これを除けば他は戦前通りの状況ではなかったかと推察される。

太平洋戦争勃発と同時に日本軍はフィリピンに侵攻した。そして一九四二年二月にララップ鉱山も日本軍により接収された。そして同じ二月には早くも石原産業が軍の委託を受けて操業を開始したのである。[6]

石原が委託を受けたララップ鉱山の戦争の被害はさほど大きくはなかったようで、比較的早期に生産を再開している。しかし戦争中は資材や労働力の不足からさしたる生産実績は上げていない。表２-６を参照願いたい。戦前の貯鉱量は一〇万四〇〇〇トンで一九四二年度の採鉱量は一三万五〇〇〇トン、一九四三年度が一五万一六〇〇トン弱であった。これがピークで、以下は減少の一途をたどり一九四四年度には三万三〇〇〇トン強へと落ち込んだ。

図２-２　ララップ鉱山周辺図

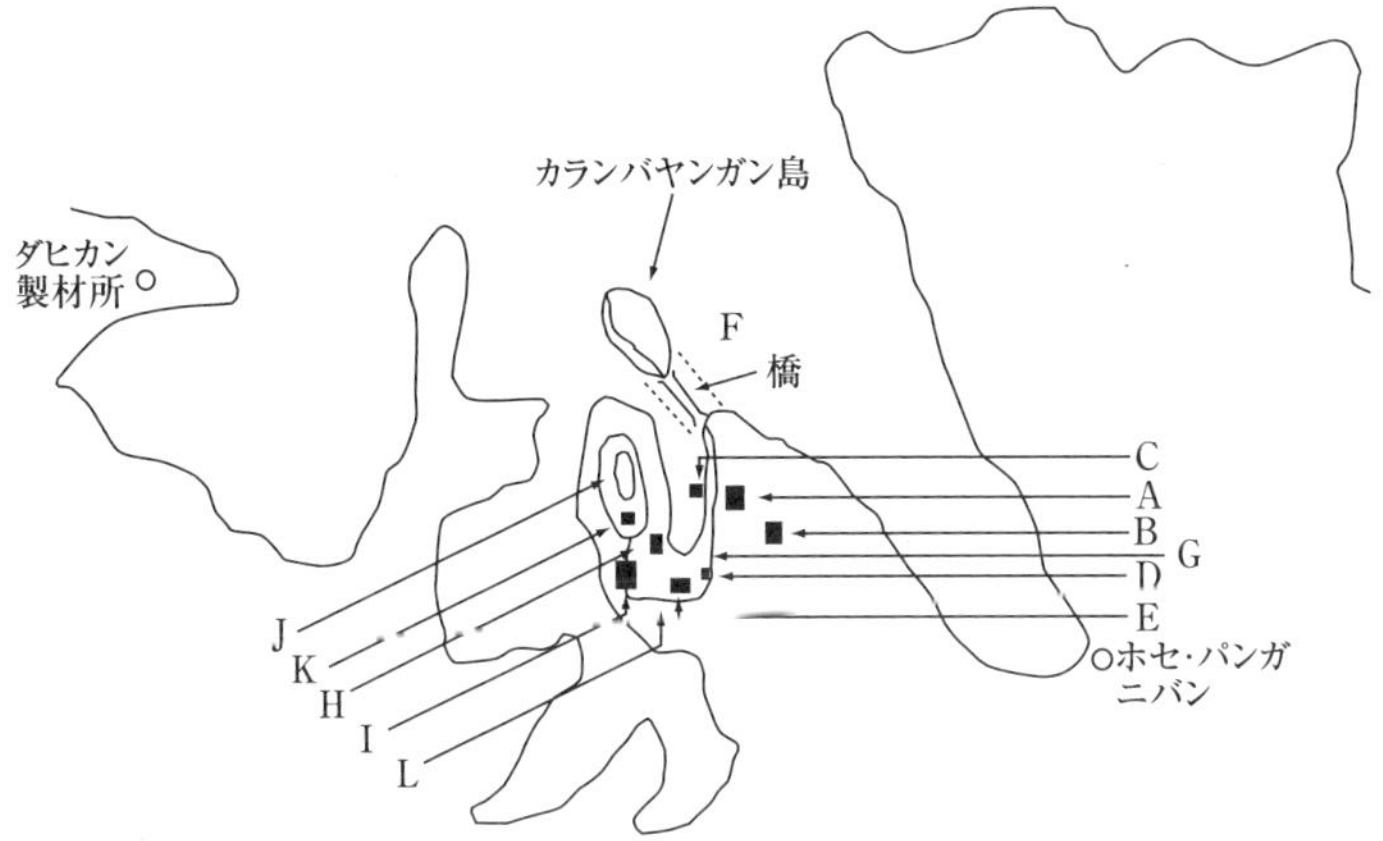

(A)クラブ・ゲストハウス・食堂　(B)宿舎　(C)海浜休憩所　(D)映画館
(E)小学校　(F)鉱石積出埠頭　(G)従業員集落　(H)現場事務所
(I)鉱石処理工場　(J)露天掘ピット　(K)坑内掘地点　(L)軽便鉄道(鉱石輸送)

これに対して本船積の実績を見てみると四二年度が三万七四〇〇トン余、四三年度が一四万八七六〇余トンに達し、四四年度には二万二二五〇トンへと減少している。一九四二年八月の第一船から四四年六月まで三六回にわたり輸送船が入港し鉄鉱石を積み出したという[7]。四三年度からは木炭銑がわずかではあるが記録されている。つまり四三年度には九八〇トン、四四年度には四七三トン生産されている。これは、おそらく輸送状況の逼迫と関連して鉄鉱石を銑鉄に変え、半製品にかえることで輸送量を増加させようと考えたのであろうと推察される。ただし、元来溶鉱炉で行うべき銑鉄生産を木炭で行うわけだから生産効率は悪く、大量の銑鉄生産は望むべくもなかった。戦局の悪化とともに輸送船が入港できなくなったことと関係してララップ鉱山は一九四四年九月をもって採掘作業を中止し、同年一二月には木炭銑の生産も中止している。

表2-6　ララップ鉱山の生産実績

（単位：トン）

年　度	採鉱量	積み出し量			貯　鉱
		本船積	木炭鉄	計	
戦前の貯鉱	104,000	—	—	—	104,000
1942年度	130,500	37,406	—	37,406	—
1943年度	151,582	148,763	980	149,743	—
1944年度	33,033	22,250	473	22,723	—
合　計	419,115	208,419	1,453	209,872	209,243

出所：石原産業株式会社社史編纂委員会『創業35年を回顧して』1956年，223頁。

2　戦後の鉱山経営

①ララップ鉱山の戦後

敗戦後、ララップ鉱山は放置されたままの状況に置かれていた。日本人スタッフは引揚げ、鉱山はそのままのかたちで、二〇万トンにも及ぶ鉄鉱石は採掘されたままの状況で山元に放置されていた。

こうした鉱山に復興の動きが出てくるのは一九四八年のことであった。戦後この会社を経営したのは戦前来のＰＩＭであり、これは前述のようにフィリピンのソリアノ財閥とアメリカのアトランティック・ガルフ・アンド・パシフィックの合弁会社で、同社によって戦後の操業は再開されたのである。資本金は五〇〇万ペソで、ソリアノ財閥が二〇パーセント、アメリカのアトランティック・ガルフ・アンド・パシフィックが五〇パーセントを所有し、残りは一般株主が所有していた(8)。一九四八年に操業が再開されたのは、この鉱石がＧＨＱ（連合国軍総司令部）を通じて日本の貿易庁に売却される見通しが前年の四七年に成立したからである。貿易庁というのは商工省の外局として設立されたもので、ＧＨＱの指揮命令下で輸出入業務を遂行するものであった。この組織は一九四九年五月に通産省の発足によりそこに吸収されるが、それまでは日本の貿易業務を一元的に統轄していたのである。

戦後日本の鉄鋼業が生産を再開するにあたって海外の鉄鉱石の輸入が必要であったが、それに応えるために貿易庁は一九四八年に海南島の鉄鉱山とこのララップ鉱山からの鉄鉱石輸入に踏み切ったのである。ララップ鉱山からの輸入量は九〇〇〇トンで、当時の全鉄鉱石輸入量のわずかに〇・八パーセントにすぎなかった(9)。ララップ鉱山側は日本への鉱石の供給の見通しが出始めたので、四八年以降復興作業を進めながらその輸出業務の再開に努め始めた。一九五〇年になると戦前の主要坑であったピット（縦坑）一号の復旧を終了した。これはそれまで水没していたが坑内を排水することで復旧したのである。これによって貯鉱石の売却から採鉱石の売却へと進むことになった。この間の復旧に要した費用が約五七万ドル、探鉱開発費に支払った金額は一五万ドルに達していた。この資金を使ってアトランティック・ガルフ・アンド・パシフィックは大型のパワーシャベルやトラックなどをアメリカから導入して機械化に努め始めていた。戦後初めてこのラワップ鉱山を訪れた八幡製鉄の吉成晋一は当時を回顧して、使用していた機械は「全部米国製で何れも新しいもので、当時の日本の鉱山では全く見られない新型のものであった」[10]と述べていることからも、その技術革新のさまが理解できよう。

②対日輸出の開始

こうした技術革新と関連して一九五〇年代に入るとフィリピンからの鉄鉱石輸入は急増を開始する。再度前掲表2-4を参照願いたい。一九五二年度に日本は五九〇万五〇〇〇トンを輸入したが、そのうちフィリピンからの輸入量は一一八万四〇〇〇トンで全体の二〇・一パーセントに達した。そのうちラワップ鉱山からの輸入量は六七万二〇〇〇トンで日本の全輸入量の一一・四パーセント、フィリピンからの輸入量の五六・八パーセントに達した。その後、同表が示すように日本の鉄鉱石総輸入量に占めるフィリピンからの鉄鉱石輸入量は一九五四年には二六・五パーセントに達し、五五年までは二〇パーセント台を保持していたが五六年になると一〇パーセント台に減少し、五九年になると一〇パーセントを切ることとなった。ラワップ鉱山も一九五五年以降はその生産量を減少させていった。しかし、少なくとも一九五〇年代の前半まではフィリピンからの鉄鉱石輸入は日本の鉄鋼業にとって、ひいては日本産業にとって死活の重要性をもったのである。そのなかでもラワップ鉱山はその主力鉱山としてフィリピンから日本への輸入の根幹を握った。

③操業状況

では一九五〇年代のララップ鉱山の操業状況はどのようなものであったのか。一九五三年にここを訪れた八幡製鉄の吉成晋一の証言に依りながらその実態を再現してみよう。

まず鉱山は露天掘りと坑内掘りに分かれていた。両者ともに各切り羽に爆薬を仕掛け爆破したのち、鉱石を大型パワーシャベルでトラックに積み込み、これを処理工場へと運ぶ。そこで使用されていた機械はすべて米国製で最新鋭のものであった。処理工場から出た精鉱は、貨車積みされ鉄道によりカランバヤンガン島にある積み出し埠頭へと運ばれ、そこで各貨車から大きなバケットに移された。本船のウインチがこのバケットをつり上げ、これを本船のハッチに移すことで積み込みが完了した。

鉱山労働者は全部が鉱山内の住宅に居住していて、その数は一九五三年当時で家族を含めておよそ一万人であった。もっともこの地域は戦前同様、他と隔絶しており海路を除くと自由に往来することが難しく、したがって購買部や映画館、小学校が整備されていて、この鉱山町で自給できる体制になっていた。必要な生活物資は海路で定期的にマニラから運び込まれていた。

マネージメント・スタッフは鉱山長がアメリカ人、採鉱主任、総務担当主任もアメリカ人でトップはすべてアメリカ人が占めていた。その下の現場主任クラスはフィリピン人で、彼らが直接ワーカーを指揮して採鉱作業を行っていた。彼らは労働者とは別の場所にあるクラブハウスや宿舎に居住していた。

戦後の対日感情は良好とはいえず、鉱山を視察した八幡製鉄の吉成晋一に対してもフィリピン軍の護衛部隊がつくという状況で、視察している最中にもワーカーのなかから日本語で「バカヤロー」という罵声がとぶ状況だったという。しかし、それも回を重ねて鉱山を訪れるうちに次第にその数も減少したという。[11]

④輸出を促進した条件

ではララップ鉱山の輸出を促進した条件はいったいなにか。

第一の条件は戦後のアメリカの技術力と経営力であった。大型のパワーシャベルやトラック、さらには削岩機など最新鋭の技術がアトランティック・ガルフ・アンド・パシフィック社によってアメリカから導入された。またこの会社はララップ鉱山の経営も担当していたため最新鋭の機械とともにユタ鉱山の試掘技術を導入し、ボーリング調査に基づく鉱床品位の把握を徹底化させた。これはこの鉱山にとって大変重要なことであった。というのはフィリピンの鉄鉱山に一般的にいえることであるが、その成分は磁鉄鉱で硫黄分が高いのである。したがって鉱山側は日本からの鉄鉱石購入規格に合わせて高硫黄分のところを避けて硫黄分の低いところを掘る、セレクト・マイニングを実施せざるを得ない問題があった。それを行うためには精度の高いボーリングが不可欠だったのである。[12]

第二の条件は日本という有望な市場が開けたことだった。一九五〇年代に入り戦後復興が軌道に乗り始めると鉄鋼需要は急速に高まり、鉄鉱石輸入は緊急の問題となった。その際日本側が期待した条件はコストの削減であった。今日のように大型鉱石運搬船が開発されていない時期であったため、コストに占める運賃の比率が非常に高くアメリカからの鉄鉱石輸入は非常な割高であった。したがって日本の周辺地域からの鉄鉱石輸入が求められたのである。

一九五〇年代中期のトン当たり鉄鉱石価格は概算次の通りであったという（表2-7参照）。ララップ鉱山の鉄鉱石価格は当時の日本の購入先鉄山のなかでは最低だった。こうした低価格の秘密は、その距離的近さにあった。加えてこの鉱山は先の図2-2からもわかるように直接本船の接岸荷役ができるという利点をもっており、その分コストを削減することが可能であった。こうした条件がララップ鉱山の輸出意欲を高める結果となった。

表2-7　主要鉱山品位および入荷平均価格(1955年)

(単位：%，ドル)

主要銘柄	入荷平均品位	入荷平均価格
ララップ鉱	55.6	13.7
ツングン鉱	58.4	15.3
米国ユタ鉱	56.5	20.8
バンクバー鉱	60.0	16.3
印度鉱	65.1	21.4
ゴア鉱	59.3	19.4

出所：吉成晋一氏よりの聞き取り調査（1995年11月3日）。

第三の条件は、鉱石の対日輸出と見返りに鉄鉱石代金の先借りを日本から行うことでララップ鉱山の合理化を推進することができたことだった。一九五二年に日本の八幡、富士、日本鋼管の三社はララップ鉱山に対して三〇〇万トン輸入の長期契約を締結するが、その条件として日本側が一〇〇万ドルの合理化融資を行うことが決定された。この資金は日本側代理店の木下商店が輸銀および協調融資団から借り入れ、製鉄三社が債務連帯保証を行うことでフィリピン側へ渡された。フィリピン側はこの資金を使って露天掘り以外に坑内掘りを開始し、両者を合わせて年間一二〇万トン生産体制を整備したのである(13)。

さらに一九五五年になると、それまで放置していた高硫黄分の鉱石の再利用のための設備投資が日本側の資金援助で行われた。これは採掘した高硫黄分の鉄鉱石を破砕、水洗し、磁力選鉱でより品位の高い鉄鉱石を得ようというもので、カランバヤンガン鉱山の経済性を著しく高めるものであった。この処理工場の建設に日本から一八〇万ドルの資金融資が行われた。このときも前回同様木下商店が輸銀と協調融資団から借り入れ、製鉄三社から債務連帯保証を得るかたちをとった。これらの融資金は鉱石代金から差し引き返済されていった(14)。

こうして操業していたララップ鉱山も、六〇年代に入るとオーストラリアが日本の鉄鉱石や石炭の原料供給地となっていくことで、その重要性は薄れていく。なお、ララップ鉱山が最終的に閉山したのは一九七四年六月のことであった。

(1)　戦前・戦中・戦後のララップ鉱山そのものについての本格的研究書は未見である。しかしララップ鉱山を含むフィリピンや東南アジアの鉱山経営について、戦時中に石原産業が委託経営を受けた鉱山については、石原産業株式会社社史編纂委員会『創業三十五年を回顧して』（一九五六年）および拙著『「大東亜共栄圏」の形成と崩壊』（御茶の水書房、一九七五年）、同『日本軍政下のアジア』（岩波新書、一九九三年）、疋田康行編『「南方共栄圏」』（多賀出版、一九九四年）、日本のフィリピン占領期に関する史料調査フォーラム編『日本のフィリピン占領』（龍溪書舍、一九九四年）、池端雪浦編『日本占領下のフィリピン』（岩波書店、一九九六年）がある。また、東南アジアの日本占領期の鉱山経営に関連する見聞記、回顧談については、菅原宏一『戦中比島嘱託日誌』（青蛙書房、一九八三年）、三井鉱山株式会社編『男たちの世紀――三井鉱山の百年――』（一九九〇年）参照。フィリピンの鉱山史に関してはSalvador P. Lopes, *Isles of Gold: A History of Mining in Philippines*, Singapore: Oxford University Press, 1992を参照。

戦後のラワップ鉱山に関しては、吉成晋一『鉄鋼原料一筋に』（私家版、一九九六年）、前掲『海外製鉄原料委員会四十年史』がある。しかし、戦後のララップ鉱山の本格的研究はまだ出版されてはいない。今後の課題であろう。本論文がその契機になれば幸甚である。

（2）大谷純一編『比律賓年鑑（昭和一六年度版）』（マニラ、一九四二年）二三一頁および久住久吉『比律賓の鉱山資源』（南方資料館、一九四二年）八一頁。『比律賓の鉱山資源』によれば、ラワップ半島のカランバヤンガン鉱山はスペイン時代から採鉱されていたというが、同鉱山が注目されたのは第一次世界大戦の時で、一九一八年には日本人企業家が同地域の鉱区を租借し四八〇〇トンの鉱石を採掘したが、大戦後の不況で放棄のやむなきにいたったという。一九三〇年にAtlantic Gulf and Pacific Co. は本格的鉱床調査を実施し、稼動と同時に都市計画を行い、住宅を建設し、労働者に対しては学校、病院、映画館、購買店などを作り採鉱を開始したという。一九三八年末には三〇〇〇人の労働者と一二人の監督人、常務理事がいたという（八一～八三頁）。

（3）前掲『比律賓年鑑（昭和一六年度版）』二三二頁。

（4）前掲『日本のフィリピン占領』三六九頁。

（5）拓務省拓務局『比律賓に於ける鉱物資源』によれば、一九三〇年代は、ダイナマイトで爆破した後、鉱石は蒸気機関車による各一〇〇トンの列車（各車両四五立方フィート）で埠頭まで運搬する。鉱石は自動制御バケットのなかに投入し、船のウインチで船積みした。八時間で通常一五〇〇トンを積むことができたという（三七～三八頁）。

（6）前掲『創業三十五年を回顧して』一四八頁。なお、『陸亜密大日記』によれば「鉱山開発担当者一行四九名二月四日マニラ到着」し、フィリピン行政府鉱山局もほぼ時機を同じくして活動を再開し、資材の調達や散逸防止に動き始めたという（第一四軍司令部「軍政実施概況報告」第三号、自一月三〇日至二月一〇日、一九四二年二月一二日、『陸亜密大日記』第七号、防衛庁防衛研究所）。

（7）前掲『創業三十五年を回顧して』一四七頁。

（8）川崎製鉄株式会社（大原久之筆）「比島鉄鉱山調査報告書」一九五四年（吉成晋一氏より提供）。

（9）ララップ鉱山からの鉄鉱石輸入量は吉成晋一氏のメモによる（一九九五年一〇月一日）。

（10）吉成晋一氏よりの聞き取り（一九九五年一一月三日）による。

（11）操業状況の記述は、吉成晋一氏よりの聞き取り（一九九五年一一月三日）による。

（12）前掲「比島鉄鉱山調査報告書」。

（13）同右。

（14）同右。

6　一九五〇年代後期の東南アジアをめぐるソ・中の動きと日本企業

1　ソ連の進出

一九五〇年代後半になると東南アジア市場をめぐる動きのなかにソ連が登場し始める。ソ連が東南アジアへの援助を開始したからである。その動きはすでに一九五三年三月のスターリンの死去以降始まっていた。スターリンのテーゼにしたがえば、すべての世界は帝国主義陣営と社会主義陣営に分かれておりそれ以外の陣営が存在する余地はない、とされた。ところが一九五〇年代に入るとスターリンのテーゼを裏切る事実が次々と出てきた。ソ連にもアメリカにも等距離を保つ「非同盟中立運動」がインド、エジプト、インドネシア、ユーゴを中心に展開され始め、それが一定の力を持ち始めたのである。一九五六年のソ連共産党第二〇回大会以降非スターリン化が進むなかで、ソ連政府は積極的にこれらの「非同盟中立国」に援助を開始した。表2-8を見てほしい。一九五〇年代以降アフガニスタン、ビルマ、エジプト、インド、インドネシア、シリア、アルゼンチンといったアフリカ、アジア、ラテンアメリカ、中東の国々に援助を行っていった。

こうした状況を見て、『アジア問題』五七年五月号は「ソ連の対アジア経済援助活動」なる論文を掲載し、一九五七年時点での特徴としてソ連の援助が急速にのびてきた事実をあげて、世界貿易に占める割合はとるにたらないが、発展途上国に対するソ連の援助の拡大は貿易の拡大の引き金となり、これらの国々とソ連との貿易は急速に拡大していると指摘していた。ソ連は発展途上国に対して外貨不足を考慮して、ビルマには米、エジプトには綿花、セイロンには天然ゴムと米といった具合に、それぞれの国の特産品とソ連の兵器、資本財、工業原料とのバーター（物々交換）を認めていたのでその拡大のテンポは大きく、加えてソ連の供与するクレジットはアメリカよりもはるかに条件が良いことを指摘し、これらは「自由諸国側にとってはやがて重大な脅威となるであろう」と述べていた[1]。

表2-8　発展途上国に対する米・ソの援助推移

年度	ソ連					アメリカ合衆国
	アフリカ	アジア	ラテン・アメリカ	中東	合計	合計
1955～57	0	496	0	183	679	9,104
1958	0	37	45	278	360	2,126
1959	137	577	0	141	855	2,688
1960	69	255	0	270	594	2,683
1961	193	354	0	0	547	3,408
1962	24	27	0	2	53	3,919
1963	100	53	0	83	236	3,741
1964	206	262	0	530	998	3,652
1965	0	64	15	574	653	3,676
1966	75	660	85	139	959	4,262
1967	9	5	55	200	269	4,038
1968	140	127	2	178	447	3,806

出所：Roberts Walters, *American and Soviet Aid: A Comparative Analysis*, University of Pittsburgh Press, p 80, 87.

ほぼ同じ時期に『経団連月報』もソ連のアジアへの進出に言及していた。通産省経済協力課長の山崎隆造は「各国の対東南アジア経済援助の実情」と題する論文のなかでアメリカ、ソ連、オーストラリア、カナダ、ニュージーランド、ドイツ、その他の国際機関に分けて東南アジアの援助の実態を検討し、わけてもソ連の援助について「ソ連ブロックは五五年以降かなりの成果を挙げていることは事実で、東南アジアへの進出がこのテンポで発展していくならば、自由諸国にとって大きな経済的脅威になることが予想される」と述べていた。こうした評価の上に立って、山崎は日本の援助の実態と今後の課題について「むすび」で次のように記述した。

「翻って我が国の東南アジア諸国への援助をみると、資本的援助は、民間ベーシスでの合弁企業等の形で、一五百万ドルが鉱山開発および漁業開発を中心に行われたのみで、技術援助は、五五年で一一万ドル、五六年で一六万ドルの予算で、コロンボ・プラン関係を中心に技術者の派遣、研修生の受け入れ等を行っているにすぎない。世界経済の地域化（regionalism）の趨勢に対処して、東南アジア諸国との経済的紐帯の強化をはかってアジア共同市場創設への努力を傾けてゆかねばならぬわが国としては、経済協力関係をかかる低調な段階に放置しておくことはゆるされず、諸施策を早急に積極的に実施していく必要がある(2)」と。

この諸施策は、次章で述べるように一九六〇年代以降「アジア太平洋経済圏」構想として結実していくこととなる。

2　中国の東南アジア進出

一九五〇年代後半に入り積極的に経済外交を展開したのはソ連だけではなかった。中国も同じように東南アジアに進出を開始したのである。中国はソ連との対立を次第に深めながらも他方で民族解放勢力への支持を広げつつ重工業化を推し進める方針を固め始めており、その一環として独自の経済外交を展開し始めていた。

『経団連月報』はソ連とともに積極化する中国の対外援助政策の実態を「米国国務省報告書より」としてその概要を翻訳紹介していた。ビルマに対する繊維工場の建設費金クレジットの供与やカンボジアに対する商品供与と技術援助、インドネシアへの技術援助や貿易援助、セイロンへの技術援助、ネパールへの贈与援助などがその主だったものであった。インドに対しては「中共が進出していないことは注目すべきである」し「中共は技術団をインドに送ったが、これは技術を与えるよりも、むしろインドより技術を習得するためだったようだ」とも記述していた(3)。いずれにせよ、中国の積極的な対外援助政策にアメリカをはじめとする国々が注目したのである。

外務省経済局の赤谷源一も「中共の東南アジア市場進出の実情」のなかでその実態を紹介するとともに、中国の東南アジア進出に強い警戒感を表現していた。彼は進出の概況、進出の目的、進出の方法、東南アジア市場向け輸出商品の順でその実態を追うとともに、その進出の概況では「中共の東南ア市場への進出は、だいたい一九五五年春のバンドン会議を契機として本格化している」と述べ、また目的ではその対外貿易の主要任務は「中共の西方陣営に対する、東南ア市場獲得競争を通じての対決であると解せられ、東南ア市場への進出が、純粋に経済的見地からのみでなく、長期的外交政策の一環として進められているものと考える」と論じていた。進出の方法では、民族主義への共鳴を基盤にプロパガンダや経済援助、商品開発を絡めた進出をとっていることに注目し、最後の輸出商品では「中共の東南ア市場向け輸出商品は、国策的に一貫して工業製品の伸長をはかっているものとみられるが、依然その大半は農鉱産物や土産品等いわゆる伝統的商品が占めており、工業製品の輸出は、ここ二〜三年来伸長してきてはいるが、未だ中共の輸出主力を占めるに至ったといえる段階ではない」と述べていた(4)。

貿易額そのものはさほど多額ではないが、その進出スピードとその目的の政治性に筆者は注意を喚起したのである。

こうした状況下での日本の対東南アジア政策はどのようなものであったのか。

一つは、この時期になると賠償が日本の経済外交にとって欠かせぬ手段であるという主張が前面に登場し始める。たとえば外務省の賠償部長の吉田健一郎は「賠償の実施状況をめぐって」と題する論文のなかで、賠償と個人に支払われる補償とは異なり、日本が実施しているのは賠償であると言い切った後で、賠償の実施過程を素描し、結語において、この賠償が国民にとっては大変な負担であるが「わが国以上に貧しい東南アジアの国々にとって、毎年これだけの賠償が流れこむということは、国際収支の面からも、国内資本形成という面からも、極めて大きい意味を持っている」とその経済的意味を強調した後、「これだけの日本品が、通常貿易のほかにこれらの国に入りこみ、先方経済の中にしみこんでいくということも大変なことである。賠償実施にたずさわるものとして、この賠償を対東南アジア経済外交の一環として少しでも生きるものにしたいのが念願」と結んでいた(5)。

このように、この時期になると賠償を東南アジアに対する経済外交という位置づけで論じ始めている。また一九五九年一月の経団連主催の座談会でも中国やソ連の東南アジア進出が話題となり、これに対抗するためにも、アメリカの資金と日本の技術を結びつけて東南アジア諸国の資源を開発しそれを輸入してあげれば、東南アジアの国々は中国からではなく日本から物を輸入するようになるだろう、と結論づけていた(6)。

こうした状況下で岸がぶち上げた「アジア開発基金構想」は、アメリカの同意を得られぬままに立ち消えになっていく。その最大の理由は、岸の構想がアメリカのコントロールを超える可能性があったことだった。「岸が日本独自の指導力を発揮しようとして、個別プロジェクトを越えたあらたな国際機関による経済開発計画を追求しようとしたのに対し、これを拒絶したアメリカ政府の対案は、要するに既にアメリカがこの地域で展開している援助計画の一環に日本の計画を組み込むというものにすぎなかった」(7)からである。したがって岸はアメリカの反対の前にこの構想を撤回せざるを得なかったのである。しかし、この構想は池田内閣のもとで海外経済協力基金として花開くこととなる。(8)

(1)片岡貢「ソ連の対アジア経済援助活動」(『アジア問題』第六巻第五号、一九五七年五月、七四〜八三頁)。
(2)山崎隆造「各国の対東南アジア経済援助の実情」(『経団連月報』第五巻第一〇号、一九五七年一〇月、五一頁)。
(3)「紹介　中ソの東南アジアに対する経済攻勢」(『経団連月報』第六巻第八号、一九五八年八月、四九〜五三頁)。
(4)赤谷源一「中共の東南ア市場進出の実情」(『経団連月報』第六巻第九号、一九五八年九月、五〇〜五三頁)。
(5)吉田健一郎「賠償の実施状況をめぐって」(『経団連月報』第六巻第八号、一九五八年八月、三七〜四一頁)。
(6)〈座談会〉「好転しつつある海外情勢と貿易の進路」(『経団連月報』第七巻第一号、一九五九年一月、二二〜三五頁)。
(7)樋渡由美「岸外交における東南アジアとアメリカ」(近代日本研究会『協調政策の限界』山川出版社、一九八九年、二二九頁)。
(8)同右書、二三三頁以下参照。

第3章　アジア太平洋経済圏の形成と日本企業の対応

本章では、一九六〇年代から七〇年代にかけての日本企業の海外発展に焦点をあて、その展開過程を跡づける。七〇年代以降の本格的な日本企業の海外展開に先だって、六〇年代後半に日本ではアジア太平洋経済圏構想が政・財・学界で叫ばれ始める。折りからベトナム戦争が激しさを増し始めたなかで、一方でヨーロッパ統合の動きに影響されながら、他方でポスト・ベトナム戦争をにらんでアジア太平洋経済圏構想の実現が準備されていったのである。本章の目的は、こうした構想とその実現の過程を一九六〇年代後半から七〇年代にかけて跡づけることにある。この過程で一九七〇年代前半の日本企業の大量進出に対し、現地での反発が反日運動の高揚というかたちで発生する。本章では、このなかで日本企業は何を学び、こうした反日運動にどう対応し、いかにアジア太平洋経済圏時代の到来を迎えたのかを検討する。

1 アジア太平洋経済圏構想の出現

1 アジア太平洋経済圏構想とヨーロッパの動き

アジア太平洋経済圏という発想はいつ頃から芽生え始めたのか。それはどのようなアジアにおける政治・経済・国際関係の変化に着目して言われ始めたのか。

本節ではアジア太平洋経済圏という言葉の歴史をたどりながら、日本人のアジア認識の変化とそれを生み出したアジアの実態を分析する[1]。

ここでは、一九六〇年代後半以降に焦点を絞りながらその概念の成立と内実化を検討したい。そもそもアジア太平洋経済圏という発想はいつ頃から登場し始めたのか。ちなみに該当する時期の『経団連月報』の毎月号を繰っていると、一九六〇年代初頭からこれに類する発言が随所に現れていることが解る。比較的早い例をあげれば、一九六〇年一月の『経団連月報』の新年座談会では「欧州経済共同体」（ＥＥＣ）に模して「太平洋沿岸諸国同盟」の可能性が論議されていた。アジアやアメリカよりはヨーロッパの動きを意識して、これと同じようなものをアジアに作ることができないか、という発想が日本の財界に登場してきていたのである。当時はＥＥＣのめざましい経済成長が日本の新聞に報じられ、「鳥の鳴かぬ日はあってもＥＥＣの記事がない日はない」とまでいわれたのである[2]。このように一九六〇年代になるとアジア太平洋経済圏の原型ともいうべき地域経済圏の発想が、新聞や雑誌上に登場し始める。

2　アジア太平洋経済圏構想——大来佐武郎らの構想——

アジア経済研究所編『発展途上地域日本語文献目録』各年度版によりながら出版物のタイトルをみてみても、一九六〇年代に入る頃からアジア太平洋経済圏と題する論文や著書が散見し始める。しかし、日本人で比較的早い時期にこの発想をものにしていた研究者は、大来佐武郎や小島清であったように思われる。

大来佐武郎は、日本の経済官僚のなかでは珍しく東京帝国大学工学部電気工学科の出身である。彼は一九三七年に卒業すると逓信省に入り、その後興亜院華北連絡部に派遣されて電気事業を担当している。戦後は外務省の調査局に移り、四六年には『日本経済再建の基本問題』と題する報告書の取りまとめにかかわっている。その後経済安定本部の調査部にあって経済白書の作成にあたり、第一次の『経済白書』(『経済実相報告書』)の作成を行っている。その後国連エカフェ事務局、経済企画庁局長、海外協力基金総裁を経て七九年、第二次大平内閣の外務大臣を歴任している(3)。大来は、「南北問題は私の年来の関心テーマ(4)」と言うように、一九六三年一一月に経済企画庁の総合開発部長を退官した後、経済研究センター理事長として開発途上国の援助・経済協力問題に関して積極的に活動していた。

大来の動きは、永野たち財界人の動きと比較するとその動きは地味であったが、小島清らと協力して一九六八年に第一回太平洋貿易開発会議を東京で主催し、以降ほぼ毎年太平洋地域の主要都市で会議を開催するなど、太平洋地域の貿易ネットワークをはじめとする経済交流の拡大を検討していった。

他方、小島も一九六五年に「太平洋共同市場と東南アジア」を発表し太平洋先進五カ国(アメリカ、カナダ、日本、オーストラリア、ニュージーランド)間で太平洋自由貿易地域を創れば、地域間の貿易増加による所得拡大と同時に東南アジア諸国の輸出拡大を図ることができると推定していた(5)。ここでは明らかに太平洋沿岸地域の先進国を包み込んだ経済圏の形成が提唱されたのである。小島がこうした提唱を行うにいたった経緯は、『一橋論叢』所収の「太平洋貿易開発会議」「小島清名誉教授自作年譜」に詳しいが、(6)直接の契機は、ケネディ・ラウンドによる関税引き下げ交渉や「国連開発の一〇年」が提唱され、一九六四年から六五年にかけて国際会議に参加し積極的に海外視察を重ねるなかで、太平洋貿易の具体的問題の重要性に着目したことにあるという。

具体的には、一九六一年秋にケネディ大統領による国連総会での開発途上国の経済援助を盛り込んだ「国連開発の一〇年」の提唱があり、六四年三月に開催された第一回国連貿易開発会議（ＵＮＣＴＡＤ）は、南北経済格差の解消を求めて活動を開始し、六七年九月には第二回会議が開催された。同じ六七年六月にはケネディ・ラウンド（関税一括引き下げ交渉）が妥結して発展途上国の貿易拡大が期待された。七月にはＥＣ（ヨーロッパ共同体）が成立し、八月にはＡＳＥＡＮ（東南アジア諸国連合）が結成されていた。ベトナム戦争の影響を受けつつも、徐々にではあるがアジア太平洋地域の域内貿易拡大が予想され始めたのである。

小島たちは、この構想を具体化するため同じ発想をもって活動していた大来佐武郎らと研究会をもち、アジア太平洋地域の経済関係の検討を始めていた。一九六八年一月に日本経済研究センター主催で開催された「太平洋貿易開発会議」で、小島は「太平洋自由貿易地域」というペーパーを発表し、太平洋地域の域内貿易の拡大傾向とさらなる発展の必要性、そのための諸政策の提言を行った。この会議の成果は、一九六八年に『太平洋経済圏』と題して日本経済新聞社から出版された。(7)さらに小島は、大来佐武郎らとともに一九七〇年に日本国際問題研究所の委嘱を受けて「アジア太平洋問題」プロジェクトを発足させ、その成果報告である「一九七〇年代の対外経済政策」というペーパーのなかで、日本の産業構造の高度化、直接投資の拡大、南北貿易の再編成の必要性を指摘し「アジア太平洋経済圏の構造調整」を訴えたのである。(8)

3　アジア太平洋経済圏構想——政界の動き——

こうした小島らの動きとは別に、ほぼ同じ時期にアメリカの国連協会からアジア・太平洋問題について一緒に研究会をやろうという申し入れが経済同友会専務理事の山下静一になされた。これに対して山下は、外務省出身でNHK解説委員だった平沢和重、慶応大学の石川忠雄、野村総研の佐伯喜一、後には大来佐武郎らを集め、民間レベルで日米関係、特にアジア太平洋地域を含む日米関係の研究会を毎年一回開くことを始めた。したがって、そもそものアジア・太平洋（Asian-Pacific）という言葉はアメリカから持ち込まれたものだという。(9) もっとも、小林庄一たちは、アジア太平洋地域研究の一環として南太平洋地域の研究も行っていた。(10)

一九六六年一二月から六八年一〇月まで、第一次、第二次佐藤内閣の外務大臣を務めた三木武夫も、アジア太平洋地域の連繋に着目した政治家の一人であった。彼は六七年三月、第五五国会における外交演説で、アジア太平洋地域の連繋の必要性を強調し、「私はアジア太平洋地域に動きつつあるこのような歴史的な流れを自覚し、当面、既存の二国間および多数国間の会議の場はもとより、あらゆる機会を利用して、アジア太平洋地域諸国間の相互理解と連帯協力の精神を、地道に培ってまいりたいと考えております。すでにわが民間においても、日豪経済合同委員会、太平洋産業会議をはじめとして、この線に沿った話合いが行われるに至っておりますことはまことに歓迎すべきことであり、政府としてもこれらの動きに側面的支援を惜しまない考えであります」(11) と述べたのである。

さらに彼は六七年四月、帝国ホテルで開かれた「当面する外交の諸問題」と題する講演会のなかで、発展途上国への援助増加の必要性を述べるとともに、「アジアの開発というものは日本だけではどうにもなりません。アジア・太平洋という広さで物を考えることが必要であります。アジア・太平洋地域における先進諸国は、いずれもアジアの安定とアジアの繁栄を願っております。もしアジアの安定がくずれ、アジアの貧困が改善されないということになれば、みずからの安定、繁栄に関係すると、太平洋地域の先進諸国は考えております。だからアジア・太平洋の諸国は運命を共有しているといってよろしいかと思います[12]」と述べて、アジア太平洋地域の協力機構の設立を訴えた。

続いて同年七月には「私のアジア・太平洋構想」を『政策研究』に発表する。彼は、ここで「啓蒙」「地域協力」「アジア・太平洋先進五ヶ国の協力」「アジア援助の倍加」という四側面からこの問題に取り組んでいく姿勢を示したが、とりわけ注目されるのは、「先進五ヶ国の協力」という視点であろう。「日本、オーストラリア、ニュージーランドの民間経済人がイニシアティブをとってアメリカとカナダに呼びかけ、この分野の開拓に乗り出してくれている」として、前述した日豪経済合同委員会から太平洋経済委員会の動きに触れ、「政府は当分応援席でよいと思っているが、ただ少なくともＤＡＣ（Development Assistance Committee：開発援助委員会――引用者）の太平洋版ぐらいは検討してみたいと考えている[13]」と結んでいた。

一九六〇年代後半といえば、アメリカがベトナム戦争へとのめり込み、解放勢力との戦闘は激化の一途をたどる時期に該当する。そうした東アジアの激動のなかで、日本の政財界はあげてアジア太平洋地域の経済成長の必要性を打ち上げたのである。

4　アジア太平洋経済圏構想――財界の構想――

財界もこうした方向を積極的に支援した。財界でもっともこの動きに積極的に対応したのは、富士製鉄社長の永野重雄や伊藤忠取締役だった瀬島龍三らの面々だった。当時永野は、さらなる日本鉄鋼業の発展のためにフィリピンやゴアに代わる一層豊かな鉱区を探していた。彼らが着目したのがオーストラリアの鉄鉱石だった。永野が最初にオーストラリアに行ったのは一九六一年のことであった。彼は西オーストラリアの鉄鉱石に着目して、これを輸入する交渉に入った。(14) 当時の模様を永野は次のように回顧している。

「私が最初にオーストラリアを訪れたのは昭和三六（一九六一）年だが、当時はまだ対日感情が悪く鉄鉱石の輸出は禁止されていた。しかし折衝しているうちに、同じオーストラリアでも西オーストラリアは、シドニーが日本の特殊潜航艇に攻撃されたりした東部とはかなり事情が違い、別の国のような感があることがわかった。西オーストラリアは州所有の鉱区が多く、鉱量も多く品位もいい。それに東部にはＢＨＰという大きな製鉄会社があるが西部にはない。西部の鉱石を東部のシドニーやメルボルンに運ぼうとすると、オーストラリアは広いから日本に運ぶより時間がかかるくらいだ。それで西オーストラリア州では収入源にもなることであり、日本へ鉱石を売りたいという気持ちが強かったようである(15)」

原料を長期的に確保するためには、まずもって現地の対日感情に配慮する必要があるという事業家としての周到な目配りがうかがえる一文だ。永野の努力によって、一九六三年から六五年にかけて、富士製鉄と八幡製鉄はオーストラリア側と大型契約を締結し、六五年以降年間二〇〇〇万トンの供給を受けることが可能となった。

もっともこうした永野の構想が実を結ぶには、いま一つ、輸送面での画期的な変化があった。鉄鉱石専用船の大型化である。一九六二年、五万トンの鉄鉱石専用船、興津丸が竣工し、それまでの相場であった一万トンレベルを大きく凌駕する。もっとも、この大型船の登場は、積み荷量がそれまでの船会社間シェア（積み取り比率）の枠をはみ出すため、船舶業者から猛烈な就航反対運動が起きたほどである。結局、遠距離用でしかも高能率の船なのだから古いシェアに拘束されない、という主張によりようやく同業者の納得を得た、という(16)。ともあれ、これを契機にチップ専用船、ＬＰＧ専用船などが次々と建造され、距離のハンディを克服して原料を遠方から取り寄せることが可能となった。興津丸はその最初であった。

永野はさらに、日豪経済合同委員会設立を呼びかけ、日本とオーストラリアの関係を強化していく。

「私はオーストラリアを訪れたそのとき、同国の経済人と話し合って、両国の経済的きずなを強め、貿易を盛んにするための日豪経済合同委員会の締結を話し合い、その議定書に調印した。この委員会は毎年主催地を交互にかえて両国の間で会議が開かれてきた。経済の交流が主目的だが、その交流を通じて両国の相互理解に益するところも少なくないと自負している」[17]と、永野はその動機を語っている。

日豪経済合同委員会は、一九六三年五月、東京で第一回の両国委員会合同会議を開催し、その後日豪相互で開催した。永野は一九六三年の第一回会議以来、毎年の会議のすべてに出席したという[18]。

この日豪経済合同委員会が引き金となって、一九六七年四月、新たにアメリカ、カナダ、ニュージーランドをまじえて太平洋経済委員会が東京で発足し、六八年五月にオーストラリアのシドニーで第一回総会が開催された。日豪に始まる太平洋地域での民間企業家の協力のネットワークは、環太平洋へと拡大を開始したのである。

一九六九年に永野重雄が日本商工会議所会頭に就任すると、東急の五島昇は東京商工会議所の副会頭として、永野から対外経済協力会議をまかされる。五島は、フィリピン、インドネシア、台湾、韓国の経済人としばしば会合を持つなかで、海外事業の展開にとって人脈がいかに重要であるかを学んだという。「海外の政財界人に深い人脈ができ、結果として東急グループの事業拡大にも役立った。この経験から合弁や生産拠点の海外移転などで相手側に入り込めるのは財界人だけで、最後は自分の事業で対外経済協力を実現して行けるものでなければ相手に信頼されない、と確信するようになった」[19]とは、五島の述懐である。

そこで彼らは太平洋を中心としたアジア地域の経済開発と民間企業家の協力を検討したのである[20]。彼らは、ベトナム戦争の日本経済への影響を軽視はしなかったが、さほど重視はしていなかった。

たとえば一九六八年一月に南ベトナム全土で解放勢力が総攻撃をかけたいわゆる「テト攻勢」以降、戦局が解放勢力側に傾き、ベトナム反戦の動きが米本土で盛り上がるなかで、一九六八年二月の『経団連月報』の座談会にもベトナム戦争の話題が登場する。出席した財界首脳の一部にはベトナム特需の影響を重視するものがいるものの、大半は「予想外にその影響は小さい[21]」と判断し、むしろ対東南アジア貿易の拡大に期待をかけていた。すでに一九六七年六月の『経団連月報』の座談会のなかで、三井物産社長の水上達三は、域内貿易の拡大を主張し、これを受けて野村證券会長の奥村綱雄は「ＥＥＣでは域内貿易が四四パーセントを占めている。ところがアメリカを除く太平洋経済圏では域内貿易は九・四パーセントしかない[22]」としたうえで、「水上さんがかねてからおっしゃっているように、やはりアメリカとカナダの資本を借りてきて、日本がそれをうまく運用して後進国の経済開発を進めるとか、いろいろ工夫して域内貿易をふやす[23]」ことの重要性を強調したのである。

一九六〇年代後半になると、アメリカの開発途上国援助の動きが本格化し、アジアへの関心が深まるなかで、日本でも政・財・学あわせてアジア太平洋時代の到来が叫ばれ始めたのである。

5　円借款の増加とアジア事業関連諸機関の増加

日本の東南アジア賠償は、一九六〇年代に入るとその多くは終了してしまい、先細りの状況になる。これに代わり東南アジア輸出を増大させるために重要な役割を演じたのが円借款であった。賠償で始まったプロジェクトで完成していないものもまた、その多くが円借款事業にひきつがれていく。

たとえば、一九五六年から開始されたビルマのバルーチャン発電所建設工事は、六二年から円借款の建設事業として継続、また五〇年代末から始まった南ベトナムにおけるダニム発電所建設計画も、ベトナム戦争が激化し始めた六五年から円借款事業に切り換えられた。インドネシアのジャワ島東部のブランタス河プロジェクトも同様で、六七年以降、賠償から借款にかたちを変える。東南アジア賠償は六〇年以降、次々と円借款に引き継がれることによって、東南アジア市場開拓の先駆けの役割を果たしたのである。

賠償から借款へと拡大していくなかで、すでに準備されていたアジア事業関連諸機関の活動が活発になり、また新たな機関が設立されていく。日本輸出入銀行の設立が一九五二年、海外貿易振興会の設立が一九五四年（一九五八年、日本貿易振興会に改組）、海外建設協会と日本プラント協会の設立が一九五五年、海外技術者研修協会の設立が一九五九年、アジア経済研究所の設立が一九六〇年である。

日本輸出入銀行は、その名の通り輸出入金融や海外投資金融を行う目的で全額政府出資で、日本貿易振興会は、日本の貿易振興を図る専門機関として、通産省の肝いりで設立された。海外建設協会は、海外の建設事業を調査し、建設工事をあっせんすることで日本の建設事業の海外展開を目指すものであった。

表3－1　日本の対アジア輸出動向

（単位：百万円）

年	総　計	中国，韓国，台湾，香港	東南アジア
1949	169,843	17,495	30,246
50	298,021	46,485	52,050
51	488,777	47,812	107,343
52	458,243	69,050	72,020
53	458,943	40,545	92,910
54	586,525	83,111	111,323
55	723,816	79,175	104,631
56	900,229	123,576	133,769
57	1,028,887	119,640	158,468
58	1,035,562	107,065	147,413
59	1,244,337	101,531	180,937

注：東南アジアは，インドシナ３国，タイ，マレーシア，シンガポール，フィリピン，インドネシア，ビルマの合計額。

出所：大蔵省『日本外国貿易年表』（各年度版）および同『日本貿易年表』（各年度版）より作成。

日本プラント協会は、重機械輸出プラントの技術相談、電源開発、工業化計画などを行うことを目的とした。海外技術者研修協会は海外からの産業技術研修生の受け入れのためのものである。これら諸団体は、日本の海外電源開発やプラント輸出と関連して、それを補助し推進するために設立された。最後のアジア経済研究所は、直接的な経済活動とは結びつかないが、こうした諸活動のベースとなる基礎データを収集することを主眼に発足した。なお同研究所は一九九八年七月、日本貿易振興会と合併して日本貿易振興会アジア経済研究所となった。

ともあれ、東南アジア市場に対し、賠償によって足がかりを作り借款でその基盤を整備した日本企業は、その後急速に輸出を増大させていった（表3－1）。そして、何より特徴的だったのは、すでに述べたように、海外建設事業の展開であった。賠償の多くが発電事業や港湾整備、道路建設などで土木建設事業に関連した大型工事だったため、これが呼び水となって東南アジアの土木建設事業を積極的に推し進めることとなったのである。

当時ジャカルタにそびえるように建ち、多くの日系企業の事務所が軒を並べていたウイスマ・スサンタラビルも一九六四年に鹿島建設が日本の資金で建設したものだったし、その後借款などで多くの類似の建物が建てられた。ジャワ島中部のジョクジャカルタのアンバルクモ・パレスホテルやジャワ島西部のリゾート、フレハバンラトウのサムドラビーチホテルなども一九六六年に日本の賠償で大成建設が建てたホテルである。

しかし借款と関係し、もっとも顕著な変化を示した国は韓国であった。

（1）アジア太平洋経済圏がいつ頃から発想され具体化されたのかについての研究は、その数が大変少ない。本節の考察と関連して論じられている論文として、「アジア太平洋経済圏」という概念そのものではないが『アジア太平洋地域」に関する概念の系譜に関しては、大庭三枝「アジア太平洋地域概念の系譜――地域協力機構、機構・組織の呼称と内容の変遷を通じて」（『大阪外国語大学アジア太平洋論叢』第七号、一九九七年三月）参照。

（2）『日本経済新聞』一九七六年一月一三日。

（3）浅井良夫「経済安定本部調査課と大来佐武郎」（『成城大学経済研究所研究報告』No.11、一九九七年三月）。

（4）大来佐武郎「私の履歴書」（『日本経済新聞』一九七六年八月一三日）。

（5）大来佐武郎『低開発国の貿易と開発』（日本経済新聞社、一九六六年）。

（6）「太平洋貿易開発会議」「小島清名誉教授自作年譜」（『一橋論叢』第九二巻第四号、一九八四年一〇月）。

（7）小島清編『太平洋経済圏』（日本経済新聞社、一九六八年）。

（8）大来佐武郎・小島清編『アジア太平洋経済圏』（日本国際問題研究所、一九七三年）。

（9）小林庄一氏談話（一九九七年七月一一日、プレスセンター・ビル九階、日本記者クラブでのヒヤリング）。

（10）斉藤鎮男ほか編『南太平洋の現実と国際協力』（アジア太平洋研究会、一九八〇年）。

(11) 三木武夫出版記念会『議会政治とともに』上巻(一九八四年)二八八～二八九頁。
(12) 同右書、三〇三～三〇四頁。
(13) 同右書、三一二頁。
(14) 「私の履歴書　永野重雄」(『私の履歴書』経済人12、日本経済新聞社、一九八〇年、七五～七六頁)。
(15) 同右。
(16) 菊池庄次郎「私の履歴書」(『日本経済新聞』一九八四年七月一二日)。
(17) 前掲『私の履歴書』経済人12、七六頁。
(18) 「永野重雄回想録」編集委員会『永野重雄回想録』(一九八五年)六三五頁。
(19) 五島昇「私の履歴書」(『日本経済新聞』一九八九年三月二一日)。
(20) 永野重雄「太平洋経済委員会第一回総会に出席して」、山縣勝見「太平洋経済圏と日本の地位」(経済団体連合会『経団連月報』第一六巻六号、一九六八年六月、三七～四六頁)。
(21) 「輸出の動向と貿易振興策　座談会」(前掲『経団連月報』第一六巻第二号、一九六八年二月、三八頁)。
(22) 「変転する世界情勢と日本経済の進路　座談会」(前掲『経団連月報』第一五巻第六号、一九六七年六月、三四頁)。
(23) 同右。

2　日韓条約と対韓借款

1　日韓条約の締結

東南アジア諸国との賠償は一九五〇年代後半に急速に進行したが、韓国に関しては一九五二年二月に始まった第一次会談以降交渉は難航して国交は正常化しないままに時間が経過した。遅滞の理由は、日本側に過去の植民地支配に対する反省が欠如していたことが第一だが、韓国の李承晩政権が会談に消極的であったことがこれに拍車をかけた。

しかし一九六〇年四月に韓国民衆の手で李承晩政権が打倒され、八月に張勉内閣が発足すると日韓会談は進展を開始した。李承晩政権下で副大統領を務めた張勉は日韓会談に積極的だった。六一年五月の軍事クーデターで軍部出身の朴正煕が政治実権を掌握すると、その動きは一層強まった。

もっともクーデター勃発当初は、事態がよく理解できず、このクーデターは日本でいう一九三六年の二・二六事件と類似したもので、間もなく米軍に鎮圧されるであろうという観測が日本では一般的だったし(1)、米軍も張勉支持であると伝えられたが、時の経過とともに次第に朴政権支持へと変わっていった(2)。朴正煕の名前が日本の議員たちに知られるようになるのは、クーデター開始後二カ月過ぎた七月の張都暎に代わる朴正煕の国家再建最高会議議長就任以降のことであった(3)。

朴政権下での日韓会談の最大の対立点は、日本が韓国に支払う金額とその名目にあった。六二年一〇月の金鐘泌中央情報部長と大平正芳外相とのトップ会談で、額は無償供与三億ドル、有償援助二億ドル、資金協力一億ドル、名目は請求権と経済協力を使い分けるという点で妥協が成立し、この線で六五年六月に両国の共同声明が発表された(4)。

この時期に急速に妥協した背景には、ソ連や中国の援助で北朝鮮が経済成長を遂げており、韓国はどちらかといえば、その後塵を拝しているという状況があった(5)。これに対抗して朴政権は六二年を初年度とする第一次五カ年計画を打ち出し、贈与を減らし国内資金と借款を主体に工業化を進めるという新しい外資導入システムを作り出そうとしたのである。そのためには借款の導入が不可欠であった。いま一つは、おりからベトナム戦争が激化し始めるなかで、アメリカは韓国軍のベトナム派兵を強く要請しており、その代償として、日韓会談の妥結と日本資金の対韓導入を強く求めていたのである。

2 対韓借款の増大

日韓条約締結を契機に日本の借款が急増する。一九五〇年代の韓国経済の特徴は、アメリカの贈与が決定的意味を持っていたことであり、それなくしては国としての体裁をなさないことだった。アメリカは四五年以降六一年までに総額二五億ドルに上る援助を投下することで、輸出が輸入の一五から二〇分の一にすぎなかった貿易赤字国であった韓国の軍事と経済を支えたのである。

こうした余剰農産物を主体にした贈与による繊維・食糧産業の育成、軍事費の捻出といった李承晩時代の経済協力システムを大きく変えたのが朴正熙であった。彼の政策は、前述した六二年度を初年度とする第一次五カ年計画を打ち出し、贈与を減らし国内資金と借款を中心に工業化を推し進めるという新しい外資導入システムを作り出そうというものだった。

このやり方が李承晩時代とどこが違うかといえば、一つは贈与が国内資金と借款に替わったこと、いま一つは、第一次五カ年計画の目標を交通・エネルギー部門の拡充を主体にした工業基盤の整備においたことである。このことは、同政権が、自国の財政負担を軸に工業化を押し進めることを明確なスローガンに掲げたことを意味していた。もっとも李承晩時代に資産を不正に蓄積した不正蓄財者に資金を放出させ、これを五カ年計画に投入しようとした不正蓄財処理政策が必ずしも成功を収めていないなかで、朴政権は、五カ年計画の財源を借款へと収斂させることとなる。

借款主導の工業化は、六五年の日韓条約の締結を契機に一層加速される。無償三億ドル、有償二億ドルの合計五億ドルの借款は、国内資金の動員を断念し借款に比重をかけてきた朴政権の要求を満足させるものだったし、借款による貿易拡大を企図してきた日本の希望にも沿うものだった。その後韓国に対しては商業借款が公共借款を追うかたちで商・公両借款は急増を遂げることとなる（表3-2参照）。

借款は、贈与と異なり一定の期限を経れば元金、利子を返却せねばならない。六〇年代後半からうなぎ上りに上昇する韓国の借款に対する元本・利子の支払いは可能だったのか。一九七〇年一・七一億ドル、七一年一・一六億ドル、七二年三・一五億ドルと年々増加を開始する借款の元本・利子の返済請求[6]に対して、七〇年代初頭に輸出が八億ドルを超えた段階だった韓国はどのような返済手段を考えていたのか。この返済を可能にしたものこそベトナ

表3-2　韓国の外資導入の推移

（単位：百万ドル）

年　度	公共借款	商業借款	外国人投資	援　助
1945～61				3,122(米2,537)
1962				235(米　191)
1963			47*	218(米　208)
1964	11	19		151(米　168)
1965	11	28		
1966	63	110		
1967	80	138		
1968	112	252	219**	
1969	148	361		
1970	147	283		
1971	325	320		
1972	438	299		
1973	404	461	879***	
1974	385	603		
1975	476	802		
1976	713	839		
1977	638	1,241	83	
1978	818	1,913	149	
1979	1,089	1,578	191	
1980	1,516	1,402	143	
1981	1,690	1,247	153	
1982	1,868	914	189	
1983	1,493	973	269	
1984	1,424	858	422	
1985	1,024	964	531	
1986	880	1,620	354	
1987	1,109	1,958	1,060	
1988	891	988	1,284	
1989	472	860	1,090	

注：　*1962～66年
　　**1967～71年
　　***1972～76年

出所：経済企画院『主要経済指標』1977年，1988年版，統計庁『韓国主要経済指標』1994年より作成。

ム戦争によるベトナム特需であった。後述するように、韓国がベトナム戦争とかかわって一九六五年から七三年までに戦地に派遣した兵力は延べ四〇万人に上るという。韓国はこの代償としてベトナム特需を受けることができたのである。韓国がベトナム戦争にかかわってどの程度の外貨を稼ぎ出したのかは、研究者によって異なる推定値が挙げられている。しかしベトナムへの物品軍納、用役、軍務などの送金を合算すればその額は約一〇億ドルといわれている。(7) 韓国は、このベトナム戦争で得た貴重な外貨を借款の返済に充当したのである。

3　浦項総合製鉄所の建設

韓国での五カ年計画の順調な伸びを象徴するものは、浦項製鉄所の拡充と、七〇年代における銑鋼一貫生産体制の確立とその後の事業の拡大である。

浦項製鉄所の出発は、第一次五カ年計画半ばの一九六八年にさかのぼる。韓国産業の基礎を作るために、朴政権の重点企業として設立された浦項製鉄所は、当初は経済的採算が合わないという理由から、バンク・オブ・アメリカや世界銀行から融資を受けられないなかで、その設立があやぶまれていた。ところが、この危機を救ったのが、前述した日本からの有償・無償の資金援助と日本製鉄業の技術援助であった。一九六五年に日韓条約が締結され、日本から韓国へ無償三億ドル、有償二億ドルの計五億ドルが支給されたが、その内訳を見れば、鉄鋼業の育成に重点が置かれ、先の五億ドルのうち五五・六パーセントはこの部門に投下された。(8) さらに、この鉱工業部門のうち、約半分の四三パーセントに該当する一億二〇〇〇万ドルが、浦項製鉄所の建設に充当されたのである。(9)

七〇年代に入ると、浦項製鉄所は急速な拡張をつげた。「第三次五カ年計画」（一九七二～七六年）さなかの七四年一月に第一高炉操業開始、粗鋼一〇三万トン生産体制を確立して以降、生産は上昇し、七六年には第二次拡張工事の結果二六〇万トン体制を作り上げ、「第四次五カ年計画」（一九七七～八一年）さなかの七八年には第三次拡張工事の結果五五〇万トン体制を完成させた。そして「第四次五カ年計画」が終了する八一年には第四期拡張工事の完成によって八五〇万トン体制を確立した。そして創業一〇年後の八五年には、粗鋼生産高九二六万トンを記録した。ちなみに日本鉄鋼業が粗鋼一〇〇〇万トンに達するのが一九五六年、二〇〇〇万トンに達するのは一九六〇年のことであった(10)。

韓国では、さらに第二浦項と別称される光陽製鉄所の建設が八〇年代初頭に計画され、八七年五月には、粗鋼一〇〇〇万トン生産能力をもつ製鉄所として操業を開始した。いかに急速に韓国が日本に迫いついたか理解できよう。ではこうした韓国の順調な伸びはなぜ可能だったのか。浦項総合製鉄所の創立時の社長だった朴泰俊は、富士製鉄の社長だった永野重雄を追悼する文章のなかで、「韓国の総合製鉄事業は同年（一九六九年——引用者）八月東京で開かれた第三次韓日閣僚会議で、日本が協力することで決着を見たが、この時も、永野社長は弊社の事業計画の妥当性を認め、積極的に協力して下さった(11)」と述べている。ここで、彼は積極的協力の中身を語ってはいない。しかし後に彼が『新東亜』に載せた回顧録によれば、先の日韓条約で締結された五億ドルの援助は当初農業改善に使用される予定で、製鉄業に充当される予定はなかったという。この対日請求資金である有償・無償資金の四分の一近くを浦項製鉄所の建設に使用するため、彼は永野をはじめ鉄鋼関係者と折衝を行い、当時の大平正芳通産大臣を説得して浦項製鉄所の建設に充当するよう変更させたというのである(12)。

結局日本は韓国に協力し有償・無償資金を使い製鉄所建設に乗り出すのだが、一九六九年九月に日本政府の要請を受けた鉄鋼調査団が渡韓し、その調査結果をもとに同年一二月に浦項総合製鉄と富士、八幡、日本鋼管三社との間で基本エンジニヤリング契約を締結し広範な技術協力に踏み切っている。八幡は、総括・原料処理・焼結・製銑・動力・酸素・水道・土木建設・輸送・港湾を、富士はコークス・化成・分塊・熱延を、日本鋼管は酸素発生装置を除く製鋼を担当した(13)。技術協力は、生産技術から経営技術にまで及んだ。製鉄所の建設は短期間に終了し建設コストも低廉だった。たとえば粗鋼年産一トン当たりの製鉄所建設コストを見ても、浦項製鉄所がトン当たり四〇〇~四六〇ドルであったのに対して、日欧共同でブラジルに建設したウジミナス製鉄所のそれは一七五〇ドルであったという。[14]さらにオーストラリア、カナダからの鉄鉱石と石炭の輸入は日本と同じ価格で契約することに成功したため大変低廉で、しかもオイルショック以前に長期契約を締結したため、コストも非常に低く、[15]同じ方法をとる日本に対する競争力の向上に寄与したという。

韓国鉄鋼業は政府の手厚い保護のもとで、日本製鉄業の全面的バックアップを受け、日本からの高度の技術と韓国の優秀な労働力を結合させることで高い生産力を有することに成功したのである。

(1) 石井光次郎を座長とする日韓問題懇談会の第三回(一九六一年五月一六日開催)の議題は「韓国に突発したクーデターについて」であった。この席で井関アジア局長は、米軍が賛成していないので「まもなく平定される」という見通しを述べ、「突発的な点から見て二・二六事件と似ているのではないか」との観測を述べていた。

(2) たとえば、第四回日韓問題懇談会(一九六一年五月二二日開催)ではアメリカは「早晩これを支持せざるを得なくなると判断し」と報じ、第五回懇談会では「歓迎」との態度であったと報じている。

(3) 第八回日韓問題懇談会(一九六一年七月一〇日)。

(4) 日韓会談の経緯については、高崎宗治『検証日韓会談』(岩波新書、一九九六年)参照。

(5) この時期の北朝鮮経済の状況については、拙稿「日本・中国の経済発展と南北朝鮮経済」(前掲『アジア太平洋研究』創刊号)参照。

(6) 朝鮮問題研究所編『朝鮮問題研究』(一九七五年五月)二九三頁。

(7) ベトナム戦争にかかわって韓国が獲得したベトナム特需の額はさまざまな推計が行われている。ベトナム戦争と韓国経済との関係については、佐野孝治「韓国経済へのベトナム戦争の影響――韓国における『NIEs的発展』の基礎形成――」(『三田学会雑誌』第八四巻第四号、一九九二年一月)および朴根好『韓国の経済発展とベトナム戦争』(御茶の水書房、一九九三年）参照。朴の推計によれば、韓国がベトナム戦争で得た特需はおよそ一〇億ドルである（一九頁）。
（8）経済企画院『請求権資金白書』（一九七六年、ソウル）三七頁。
（9）同右書、三八頁。
（10）日本鉄鋼連盟編『鉄鋼統計要覧』各年度版。
（11）前掲『永野重雄回想録』六三〇頁。
（12）朴泰俊「불처럼 살다（3）」（『新東亜』一九九二年六月）四三九～四八四頁。
（13）社史編纂委員会『炎とともに　富士製鉄株式会社社史』（一九八一年）七七七頁。
（14）三菱総合研究所『一九八〇年代における日韓国際分業の動向に関するケース・スタディ』（一九八一年）九四頁。
（15）前掲「불처럼 살다（3）」。

3　海外進出の本格化

1　海外進出の端緒——一九六〇年代——

経済圏形成の担い手として従来の貿易、借款に加え企業進出による直接投資が重視され始めるのは一九六〇年代末のことであった。たとえば、日本企業の海外進出が『経団連月報』の紙面を賑わし始めるのは一九六〇年代末になってからである。この時期、貿易黒字の累積のなかで円切り上げの動きが強くなり始め、企業の海外進出が具体的課題になり始めたのである。『経団連月報』が誌面に海外進出企業の体験を載せた比較的初期のものは、一九六九年一一月の座談会「海外進出企業の現状と今後の方向」[1]であったが、これなどは企業の海外進出の動きを先取りしたものということができよう。

この座談会に出席したのはアラスカパルプ、旭硝子、日産自動車、武田薬品、味の素の五社で、これらはいずれも日本における海外進出の草分け的な企業で、一堂に会した彼らは、誌上で彼らの進出経緯と進出後の苦労話を語ったのである。そして結論として、彼らは「為替管理の撤廃」と「対外投資の自由化」の必要性を訴えた。

彼らの海外進出の契機は多様であるが、アラスカパルプが戦後のGHQとの人間関係をパイプに進出したのを除けば、いずれも戦前来の人間関係を媒介に従来の輸出市場を防衛するために海外進出に踏み切ったケースが大半だった。

たとえば旭硝子の場合は、戦前来のインド板ガラス市場を戦後も防衛するために一九五六年にインドに進出したものだし[2]、武田薬品も台湾への医薬品輸出が困難になったことを契機に戦前来の工場の人員を引き継いで一九六二年に同地で操業を開始した[3]。味の素も前二社と同様の理由から一九六一年にタイで、翌六二年にはフィリピンで、六五年にはマレーシアでそれぞれ操業を開始した。タイを例にとれば、戦前来味の素はタイで絶対的シェアを確保していたが、一九五八年にサリット・タノム政権が誕生し「国内産業奨励に関する新政策」を発表し外資導入による工業化政策を展開し始めたことと呼応して、現地華僑と組んで現地生産を開始したのである[4]。

2 「投資元年」——一九七二年——

しかし「為替管理の撤廃」や「対外投資の自由化」がなされなかった一九七〇年代初頭までは日本企業の海外進出は数が少なく、進出した業種も上記のような市場確保型の企業が主流であった。しかし一九七一年八月のニクソン・ショックから一二月のスミソニアン体制の成立によって円高の方向が決定されると、七二年以降日本の海外投資が積極化した。輸出条件の悪化を回避して海外市場を防衛するためには、企業進出する以外に方法はなかったのである。

現に一九五一年に再開された日本の直接投資は、一九七一年の八億五八〇〇万ドルから七二年には一挙に二三億三八〇〇万ドルに、七三年には三四億九四〇〇万ドルへと上昇し、海外直接投資残高も七二年末には六二億五五〇〇万ドル、七三年末には一〇二億七〇〇〇万ドルと一〇〇億ドルの大台に乗せた。「投資元年」と称された海外投資の拡大の始まりである。この時期の日本の対外投資はまずもってアジアに向かって流れ出た。一九七三年度地域別投資額実績をみると、アジアが全体の二八・六パーセントを占めて北米の二六・一パーセント、中南米の二六・一パーセントを抜いて第一位のポジションを占めていた(5)。

海外進出した企業の多くは労働集約的産業で、市場防衛的な目的で行動した企業が多かった。しかしそうした動きだけでなく、数は多くないが、なかにはこれを市場拡大の絶好のチャンスと考えて進出したケースもあった。横河電機の場合のように、国内でシェアを伸ばすよりは海外で伸ばす方が容易である、という発想から積極的に海外進出を試みたケースもある。「フォックスボロ（アメリカの大工業計器メーカーで当時は業界トップの座を占めていた――引用者）は世界一といっても米国でのシェアは一〇パーセント。横河は日本一で三〇パーセントのシェアがあるといっても、これ以上伸ばすとライバルとぶつかってばかり。世界で一パーセントのシェアを伸ばす方が容易だろう。こんな発想だった」とは横河電機社長、横河正三の言である(6)。

また東急のように、今後の海外旅行の拡大を見こして一九七二年に東急ホテル・インターナショナルを設立し、ホテルと海外サービス業に乗り出したケースもある。「当時、太平洋経済圏はエネルギーをはらみ、急成長する予感があった。そこで一九七二年三月に海外ホテルチェーンを統括する新会社、東急ホテル・インターナショナルを設立、本格的な展開に乗り出すようゴーサインを出した。太平洋地域にはこれといったホテルがなく、適地を探すのには困らなかった。進出を打診すると相手側も大歓迎といった状況だった。グアム島、バンコク、ジャカルタ、ハワイと矢継ぎ早に建設した(7)」という。しかし海外進出した多くの企業にとって「できれば、従来通り日本で生産してこちらから輸出したかった。ところが、輸出を続けていくうちに、なんらかの格好でその国の輸入が制限されることが多く、うちの製品を売っている人たちから『思うように品物が手に入らないので、是非こっちに出てきて、ものをつくってくれ』と熱心な誘致を受けることが多かった」ため進出した(8)というケースが大半であった。

3　海外進出の問題点

急激な企業の海外進出はさまざまな問題を引き起こした。企業進出が本格化し始めた一九七二年初頭に経団連は関連する企業を集めて座談会を行った。題して「海外進出企業の成果と問題点」。この座談会には東レ、旭硝子、日産自動車、日本鉱業、石川島播磨重工、東芝、三井物産といった海外進出の実績を有する会社の社長や会長が参加した。彼らは自社の進出の歴史と概況を語った後、「企業進出をめぐる諸問題」として、「相手パートナーの善し悪し」「中間技術者の不足」「進出手続きの煩雑さ」「日本企業同士の過当競争」「為替管理の不自由」「政府、民間あげての国際感覚の欠如」「ジェトロのあり方の再検討」などをあげ、その改善の必要性を訴えたのである。(9)

表3-3　日本側出資比率

（単位：カッコ内は％）

年　月	50％未満	50％以上
1968年8月末	220社(42.6)	297社(57.4)
1970年10月	441　(57.6)	324　(42.4)
1973年2月	608　(58.4)	433　(41.6)

出所：日本輸出入銀行調査部『輸銀情報』Vol. IX, No. 2(1969年3月), Vol. XI, No. 1(1971年4月)および，前掲『わが国海外投資の現況と展開方向』82頁より作成。

海外経営の経験が乏しい日本企業は、当初これまでに味わったことのない事態に直面し、しばしば苦汁をなめる結果となったのである。表3-3から明らかなように、一九六〇年代後半における日本企業の多くは現地企業と合弁のかたちを取っており、一九六八年八月末現在において日本側出資比率五〇パーセント未満の企業は二二〇社で、全体の四二・六パーセントを占めていた。したがって合弁相手との経営方針をめぐる対立や軋轢は予想外に大きいものがあった。日本側の合弁相手の大半は現地華僑（もしくは印僑）であったが、彼らは市場の動向に敏感で投下資金資本の早期回収、株価配当を第一義的に考えたのに対し、日本側経営者は「日本的経営」を主張し長期的な展望に立って資金を運営するケースが多かった。両者の対立はしばしば合弁の解消、日本側の撤収という姿をとったのである。先の座談会で、「相手パートナーの善し悪し」が海外事業経営の成否に大きな影響を与えたという所以である。

4　タイでの民主化の動き

しかし、急激な日本企業の東南アジア進出は、現地の社会経済構造を予想以上に速いスピードで変え始めていた。その典型はタイであった。一九五八年のクーデターで登場したタイのサリット・タノム政権は、経済ナショナリズムの旗のもとで外国資本に対して門戸を閉じていたそれ以前の歴代内閣の基本方針を否定し、外国企業の誘致による工業化路線を採用したのである。同政権は六一年以降「経済開発六カ年計画」を立案・実施すると同時に六〇年に「産業投資奨励法」を制定し、六二年にはこれを大幅改定して外資導入を図ったのである。こうした外資導入による工業化の動きに乗って、日本企業は大挙してタイに進出した。六一年の日タイ準賠償協定締結もその動きに拍車をかけた。

企業進出にともないさまざまな問題が発生した。一九八〇年代から九〇年代初頭にかけてもてはやされることになる「終身雇用」「年功序列賃金」「企業別組合」に代表される「日本的経営」も、この時期は伝統的なタイ社会の雇用慣習と対立し、軋轢の原因となった。また、合弁相手の華僑とも経営理念をめぐってこれまた衝突した。日本企業はタイ社会の中に入り込んだ異分子だったのである。タイ社会内部に蓄積された日タイ間の対抗が、日本企業排斥というかたちを取って現れるのは時間の問題だった。七二年暮れ、タイでささいなことがもとで急速に排日運動が燃え広がった。それは野口キックボクシングジム開設反対運動だった。コーヒーを飲みながらガラス越しにキックボクシングとタイの国技ムエ・タイ（タイ式ボクシング）の試合を観戦するというこの試みは、タイの国技を侮辱するものとして学生たちの批判を浴びた。学生運動は当時道を隔てて立っていたデパートのタイ大丸に飛び火し、たちまち日本商品不買運動に発展していった。この運動は、後述するように田中角栄総理の東南アジア歴訪の旅のなかで一層高揚することとなる。

（1）「座談会　海外進出企業の現状と今後の方向」（前掲『経団連月報』第一七巻第一一号、一九六九年一一月、一四〜三九頁）。
（2）前掲『社史　旭硝子株式会社』三四五、八一四〜八一五頁、本書第2章2の4参照。
（3）武田二百年史編纂委員会『武田二百年史（本編）』（一九八三年）六五九、一一一六頁。
（4）味の素株式会社『味の素株式会社社史　2』（一九七二年）三一五頁。
（5）『'74海外進出企業総覧』（東洋経済新報社）五頁。
（6）横河正三「私の履歴書」（『日本経済新聞』一九九六年九月二一日）。
（7）五島昇「私の履歴書」（同右紙、一九八九年三月一九日）。
（8）吉田忠男「私の履歴書」（同右紙、一九七七年九月一五日）。
（9）「海外進出企業の成果と問題点」（前掲『経団連月報』第二〇巻第三号、一九七二年三月、二二〜三九頁）。

4　アジア太平洋経済圏の内実化——日貨排斥運動とそれへの対応・企業倫理の重視——

1　田中角栄の東南アジア訪問

しかし、『経団連月報』誌上での日本企業の経営者の自力による改善の前に、一九七三年になると日本企業の行動に反省を求める運動が東南アジアで急速に高揚し、七四年には大規模な民衆運動に発展した。総理大臣田中角栄の東南アジア訪問がその引き金となった。

一九七四年一月に田中総理はフィリピンを手始めにタイ、シンガポール、マレーシア、インドネシアのASEAN五カ国歴訪の旅に出発した。七二年に日中国交回復を行って外交面で点数を上げた田中総理が、再度、外交関係の調整を図りオイル・ショックを切り抜けるために計画したのが「ASEAN歴訪」の旅だった。折りしも第一次石油危機以降の物価高騰のなかでの買いだめパニック、狂乱物価のさなかのことであった。

最初の訪問国のフィリピンでは「熱烈歓迎」を受けた。タイ、インドネシアでの動きから考えれば、フィリピンで田中訪比反対運動が起きても不思議ではなかったが、当時のマルコス政権の「戒厳令」下では反対運動は厳しく禁止されていた。田中はフィリピンを後にタイへ向かったが、ここで激しい反日運動に直面した。彼は大学生が指導する反日運動の嵐に直面し、立ち往生したからである。

田中が訪問した一九七四年一月といえば、前年からタイでは日系企業の進出ラッシュに対する反対運動が盛り上がりを見せていた。一九七三年一〇月に起きた学生蜂起とタノム軍事政権の崩壊、その後の学生運動の高揚は、タイに民主化の時代を到来させた。この学生運動の高揚は、これまでの軍人・官僚支配を打破し、土地改革・労働法改正を生み出し、この動きは三年後の七六年一〇月の軍事クーデターで崩壊するまで継続したのである(1)。田中はその真っ只中に飛び込んだことになり、反対運動の火に油を注ぐ結果となったのである。タイの後に訪問したのはシンガポールとマレーシアであった。ここでも反日運動の動きがなかったわけではないが、事前に取り締まられていた。

田中がタイと同様厳しい反日運動に直面したのは最終訪問地のインドネシアであった。一万人近い群衆が田中の泊まる大統領官邸を取り囲み、街に流れ出た群衆は日本車に放火し、トヨタ自動車と提携して急成長をとげたアストラ・モーターの本社に投石、放火しショーウインドーに飾られていた自動車を引きずり出して破壊した。世にいう「ジャカルタ暴動」の発生である。後に時のインドネシア大統領だったスハルトは「国賓のための晩餐会へはほとんどの招待客が出席できず、私と田中首相らごく限られた人たちだけの異様な光景になってしまった」と回顧している。(2) 田中は群衆に包囲されて大統領官邸を一歩も出られないままにジャカルタ滞在三日後、ヘリコプターで官邸を脱出、空港到着後、即座にジャカルタを後にして日本に帰国したのである。

2　反日運動の根底にあるもの——日本的経営への反発——

以上、タイとインドネシアに例をとりながら七四年初頭の反日暴動について述べた。

暴動の原因や経緯は、一口に東南アジアといった場合でもさまざまであるが、総じていえば、工業化が生み出した社会変動と階級構成の激変のなせる結果だといってよかった。

たしかに、この一〇年間、外資導入とそれをテコとした工業化政策の推進の結果、東南アジア各国の主要都市の市場には消費物資があふれ、モータリゼーションの波が押し寄せ車の数が激増した。その結果表面的には富裕化したように見えた。しかし、現実には豊かな企業家や商人、高級官吏や高級技術者と貧困な労働者、農民の所得格差が拡大した。工業化の担い手でありながらも、なお東南アジアの社会に入りこんだ異分子である日本企業と日本的経営が、工業化の不満の標的とされる可能性が高まっていた。

田中総理の東南アジア訪問は、まさに、そうした不満の鬱積のさなかに行われた。充満したガスに火がつくように反日運動は爆発的に燃え広がったのである。

3　日本側の対応策

①財界の対応策

日本企業が、田中歴訪と関連した東南アジア各地での反日暴動の発生を深刻に受け止めたことはいうまでもない。すでに、タイで反日運動が高まり始めた一九七二年一二月二五日、経団連は日タイ協力委員会を開催して対策を検討しあい、相前後して経済同友会も対策を協議し、翌七三年六月はじめには経団連など五団体が「発展途上国に対する投資行動の指針」を発表し、反日運動に対する日本企業の投資行動の「あるべき姿」を示したのである。

この「指針」によれば、「受け入れ国に歓迎される投資としてそこに定着し、長期的な観点に立って企業の発展と受け入れ国の開発・発展とが両立する方向で進める」、「受け入れ国の社会にとけ込むようにその経済、社会との協調、融和を図りつつ行う」という二大方針のもとで、㈠相互信頼を基盤とした事業活動の推進、㈡雇用、登用の推進、㈢現地派遣員の選定、権限移譲など、㈣教育、訓練の推進、㈤地場産業の育成、㈥再投資の促進、㈦受け入れ国産業との協調、㈧受け入れ国社会との協調、融和の八点を具体的方針として提示した(3)。その内容を一言でいえば、「現地人登用」、「現地奉仕」、「現地融和」に集約される三大方針の確立であった。

この方針は、東南アジア各国の工業化の歩みと実によく照合した的確な方針であった。タイにしろ、インドネシアにしろ、自国を工業化し、もっと近代的な国家を作り出そうとする動きは一九六〇年代以降明確なかたちをとって現れた。強固な工業基盤をもち少々の景気変動では国民が動揺しない国家を作り上げることは、新興独立国家が多い東南アジア地域の国々の悲願であった。その動きは、一九五〇年代を通じてアジアにおける民族解放運動にどう対応すべきかを模索していたアメリカの意向にも沿うものであった。アジアの工業化を推進する動きは、一九五〇年代からアメリカの政権内部に醸成されていたが(4)、六〇年代になるとケネディ政権の主要政策となっていった。

日本は、こうした東南アジアの工業化構想に対し資金供給国として重要な役割を演じたのである。しかし日本のこの動きが東南アジアの反日運動を生む結果となったため、その対応に前の三大方針が打ち出されたのである。

表3-4　アジア現地法人の役員・管理者に占める日本人派遣社員の割合

（単位：％）

年度	現地法人の役員に占める日本側派遣者の割合	現地法人の管理者に占める日本側派遣者の割合
1974	41.1	23.2
1975		
1976	46.0	21.1
1977	40.8	17.4
1978	42.4	16.4
1979	41.3	17.7
1980	34.2	17.9
1981	41.8	17.3
1982		
1983	35.8	15.0
1984		
1985		
1986	36.4	10.9
1987		
1988		
1989	40.7	18.9
1990		
1991		
1992	41.0	16.7

出所：通商産業省産業政策局国際企業課『海外活動基本調査海外投資総覧』（第1回～第5回）。『我が国企業の海外事業活動』（第5回，7回～第13回）より作成。

②その実施過程

では、この「指針」は実現していったであろうか。いまここでは㈠現地人登用の実態、㈡教育・訓練状況、㈢現地融和、㈣現地再投資の状況の四点に絞りながら一九七〇年代以降の推移を見てみよう。

まず、㈠の現地人登用の実態とその変化から見てみよう。表3-4を参照願いたい。

これは、アジア現地法人の役員・管理者に占める日本人派遣社員の割合である。役員・管理者の範囲が時期によって異なるため、時系列で比較しにくい面もあるが、一九七四年度以降八〇年代にかけて、役員・管理者ともに漸減傾向をたどっていることがわかろう。この動きは、一九七三年二月に掲載された『経団連月報』の座談会で、三菱重工会長の河野文彦が「いま三菱商事が非常にいいことを始めているのです。それは現地人を管理者に採用しようとしていることなんです。これからはどんどん現地の支店なり出張所に、現地人の支店長や所長を置くことになりますが非常にいいことだと思うのです」(5)と述べていたこととも符合する。

㈡の教育・訓練状況もこの間急速に具体化された。それぞれ年度ごとに採る基準が異なっていたり、重複して研

表3-5　アジアにおける研修形態別分布

（単位：社，カッコ内は%）

年度	日本側出資者への派遣	日本国内の研修機関	現地社内	現地の社外の研修機関	その他	合　計
1980	617(53.1)	122(10.5)	231(19.9)	106(9.1)	85(7.3)	1,161(100)
1983	218(73.4)	14(4.7)	46(15.5)	11(3.7)	8(2.7)	297(100)
1986	167(59.4)	46(16.4)	48(17.1)	18(6.4)	2(0.7)	281(100)
1989	548(53.4)	130(12.7)	231(22.5)	89(8.7)	29(2.8)	1,027(100)
1992	668(52.5)	158(12.4)	265(20.9)	144(11.3)	35(2.6)	1,270(100)

注：重複して研修をする企業はそれぞれ数に入れている。
出所：通商産業省産業政策局国際企業課『海外活動基本調査海外投資総覧』（第1回）323頁，（第2回）634-635頁，（第3回）492-493頁，（第4回）377頁，（第5回）369頁より作成。

表3-6　日系企業の現地融和活動（1990年度）

① 教育機関（大学，小中高校等），研究機関への寄付
② 医療機関への寄付
③ 各種団体（ユナイテッド・ウェイ，赤十字，商工会議所等）への寄付
④ 地方自治体への寄付
⑤ スポーツ・文化施設の設備，当該施設への寄付
⑥ PBS（公共テレビ）への寄付
⑦ 現地で発生した災害等への寄付
⑧ 地域経済開発（インフラの整備等）への支援
⑨ 奨学金制度，Adopt-A-School Program 等を通じた教育への支援
⑩ ボランティア活動への取組み
⑪ 交通安全運動等非営利目的のキャンペーンの推進
⑫ コミュニティーの各種イベントへの支援
⑬ 自社施設（グランド，体育館等）の開放，工場見学ツアーの実施

出所：通商産業省『我が国企業の海外事業活動』（第21回）1992年，31頁。

修する場合の加算の仕方が異なるなどして、時系列で統計を取ることが難しいが、表3-5にアジアにおける研修形態別推移を掲げておいた。一九八三、八六年度とその前後では必ずしも連続はしていないが、これまた傾向として研修件数が増加していること、「日本側出資者への派遣」「日本国内の研修機関」への派遣など日本への研修も増加はしているが、「現地社内」「現地の社外の研修機関」への研修も増加していることを指摘しておこう。

㈢の現地融和は、表3-6に見るように、一九九〇年度における現地融和活動をみれば現地の各種団体への寄付、コミュニティーの各種イベントへの支援をはじめさまざまな寄付・支援活動を展開してきた。また表3-7に見るように一九七〇年代に雇用機会の創出や拡大、輸入代替に大きく貢献していた日本企業も、一九八〇年代に入ると熟練労働者・管理者の育成や技

表3－7　製造業企業における現地国（アジア）への貢献

（単位：％）

年度	雇用機会の創出拡大	輸入代替効果	輸出の拡大	現地の一次産品活用	天然資源の開発	地場産業の育成	熟練労働者・管理者の育成	技術伝播の促進	経営管理技術の伝播	その他
1975	45.3	15.1	17.4	2.5	1.3	11.8	3.3	2.8	0.4	—
1983	42.4	9.8	11.7	2.7	0.4	9.3	10.3	9.6	3.3	0.6
1986	30.6	8.8	15.3	2.5	0.7	10.8	17.9	10.5	2.7	0.2

出所：通商産業省産業政策局国際企業課『昭和52年度版我が国企業の海外事業活動』46頁，同『海外活動基本調査海外投資総覧』（第2回）616-617頁，（第3回）472-473頁より作成。

術伝播の促進といった方向にその寄与の方向を変えていった。

③労働組合の対応

日本の労働組合もこうした動きに対応して動き始めた。積極的な動きを示したのはＩＭＦ・ＪＣ（国際金属労連日本支部）で、ここを中心に東南アジアの労働組合組織の連繋が図られ始めたのである。

そもそもＩＭＦ・ＪＣがアジア地域で活動を開始したのは一九六九年のことであった。この年の二月、東京で第一回ＩＭＦアジア地域会議が開かれたのを皮切りに、ＪＣのアジア労組活動が開始された。ＩＭＦ・ＪＣのその後の組織化の動きを示せば以下の通りであった。

一九七二年、ＩＭＦ・ＭＣ（マレーシア協議会）結成。

一九七三年七～八月、ＩＭＦ・ＰＣ（フィリピン協議会）、ＩＭＦ・ＲＯＣＣ（中華民国委員会）結成。

一九七九年一月、ＩＭＦ・ＴＣ（タイ協議会）結成。(6)

各国でのＩＭＦ支部結成は、それぞれの国で労働組合活動の結果として生み出されてきた、というよりも既存の組合の連合体として組織化されたというのが実情であった。たとえば、ＩＭＦ・ＰＣは、フィリピン合同鉄鋼労組（ＵＳＷＡＰ）、フィリピン全国鉄鋼関連労組（ＮＡＳＷＵＰ）、ビサヤ・ミンダナオ労働連合（ＶＩＭＣＯＮＴＵ）の三組織が統合して結成されたし、ＩＭＦ・ＭＣは、既存五組織を合同するかたちで結成された。では七四年一月に起きた反日運動にＩＭＦ・ＪＣがどう対応したかということだが、ＩＭＦ・ＪＣは、この「反日暴動」は、現地進出企業に労働組合が結成されていない点に原因があるとして、同年二月初旬、インドネシアにＩＭＦの下部組織を設置する目的で瀬戸一郎ＩＭＦ・ＪＣ事務局長を送ることを決定した(7)。東南アジアの労働組合をＪＣの下に組織化していく動きは、上述したように七〇年代以降に進み始めたのである。

④「企業と社会の新しい関係」

こうした日本企業の努力とともに、見逃すことができないことは、この時期から企業自らが「企業と社会のあるべき関係」を問い始めたことだった。一九七〇年代に入ってからの公害問題の深刻化、買い占め・物価急騰、ロッキード事件と矢継早に企業の倫理責任問題が吹き出すなかで、「企業と社会の新しい関係」の確立が重要となったのである。一九七六年三月の『経団連月報』の座談会は「企業と社会の新しい関係の確立を求めて」と題するテーマでこの問題に取り組み、「利潤追求は企業の本質、その上で社会的責任を」「弱者対策完備の上で競争原理を」という結論を掲げたのである(8)。座談会では、直接には東南アジアでの反日運動の問題は論議されなかったが、そうした反発が生まれた背後には、日本企業の東南アジアへの集中豪雨的進出があることはいうまでもないが、さらにその基底に横たわる問題として、日本企業の企業倫理の欠如がそうした反発を招いたのではないか、という視点が考慮され始めたのである。先の「現地人登用」「現地奉仕」「現地融和」の三大方針は「企業と社会の新しい関係」の創設活動に他ならなかった。

なお、田中歴訪後の一九七四年六月、野村證券社長の北裏喜一郎らが中心となって日本・ＡＳＥＡＮ経営者会議を提唱し、東京で第一回会議を開催するといった動きも現れた。これにはタンスリー・イスマイル・マレーシア中央銀行総裁、デビット・シーシップ・フィリピンリザール商業銀行総裁などが賛同し、プランニングを行った(9)。ここには、タイなどの反日運動には日本企業の行動に関する宣伝が足りないことも関係しているとの反省があった。「企業と社会の新しい関係」のなかで、いま一つ日本人海外派遣社員の子弟の教育問題が取り上げられ始めたのもこの時期の特徴だったといえよう。一九七六年七月の『経団連月報』は、日本人海外派遣社員子弟の教育問題に焦点をあてて、その対策の必要性を訴えた。一九七〇年代に入り日本企業の本格的な海外進出が始まり、それにともなって海外企業で働く日本人の数が激増すると、彼らの子弟の教育問題がクローズアップされた。帰国子女の受け入れ体制の整備が緊急の問題となったのである。(10)

⑤アジアと日本の調和の模索

こうした動きが東南アジアの人々の対日企業観に影響したのか、一九七七年八月の福田総理の東南アジア六カ国訪問は一変して友好的なものとなった。そして、福田首相は最終地のマニラで、「マニラ声明」を発表する。その内容は、(一)日本は平和に徹し、軍事大国にならない、(二)東南アジアの国々との間に、政治・経済のみならず、社会・文化など広範な範囲で、真の友人として心と心が触れ合う相互信頼関係を築く、(三)日本は対等な協力者の立場から、ASEANおよびその加盟国の連帯と結束強化の自主的努力に対して積極的に協力し、インドシナ諸国との相互理解と東南アジアの平和、繁栄に寄与する、というものであった。(11)「声明」の眼目が、ベトナム戦争終結後のインドシナ三国と東南アジア各国の関係を強化する点にあったことはいうまでもない。こうした「マニラ声明」、いわゆる「福田ドクトリン」は、東南アジアの国々からはおおむね好感を持って迎えられた。

『朝日新聞』の社説は、「福田首相の各国歴訪は、決して熱烈な国民ベースの歓迎をうけたとはいえないにせよ、三年半前、デモと怒号に包まれた田中元首相のそれと比べたら、対照的な温かさといってよい。経済の自立的発展を願う各国と、東南アジアとの連帯のなかで国際的な政治、経済の役割を果たし、かつそこに日本自体の繁栄の足場を持とうと願う日本との、双方の願望が交差した故の変化であろう[12]」と述べている。『朝日新聞』はまた、「福田訪タイ〝音無し〟の学生たち」「大多数がデモ反対――対日意識に変化の兆し」と題する記事をのせ、この三年間の東南アジアに起きた変化を指摘し、「軍事政権が、学生の動きを厳しく制限していることが大きな原因であるが、学生自身の対日意識がやや変りつつあることも確かだ[13]」と述べて、この間の学生の意識変化に着目していた。とくに「三年前には、ことごとく日本の経済進出が問題になったのに『日本との経済協力が、タイの近代化のために必要だ』『経済協力で企業が増えれば、雇用の機会が増える』『日本製品は他の外国商品に比べて安い』などの声が堂々と出てきたともいう[14]」という変化は、日本企業イメージの好転、日本経済への再評価と見て取ることができよう。こうした変化がこの間生まれ始めたのである。

ＡＳＥＡＮからの日本留学生や戦時中日本に留学していた南方特別留学生たちの同窓会が始まったのも、七七年以降のことだった。反日色を一掃するには交流する組織を作るのが一番よい、というのが福田の判断であり[15]、七七年六月にＡＳＥＡＮ各国の元日本留学生たちの手でＡＳＥＡＮ日本留学生評議会（ＡＳＣＯＪＡ）が結成され、これと連動して国会議員のなかでは砂田重夫を中心にアジア留学生議員連盟、民間では永野重雄を中心にアジア留学生協力会（ＪＡＳＣＡＡ）が作られたのである[16]。福田赳夫はＡＳＣＯＪＡの名誉会員、ＪＡＳＣＡＡの名誉会長に選出されている。

しかし反日運動が起きなかったもう一つの条件として、『朝日新聞』が指摘していたように、当時東南アジアの国々が軍事政権下で厳しい言論統制下におかれ、反日的な言論が禁止されていたことを付け加えておく必要があろう。福田が訪問したときのタイは民主化の激しい嵐の時代はすでに終わりをつげ、軍事政権による支配の雲がこの地を厚く覆っていたのである。福田のアジア歴訪の成功は、日本企業のイメージ・アップもさることながら、こうした東南アジアの政治環境の変化があったことを見落としてはならない。

（1） タイ民主化の動きについては、アジア経済研究所『アジア動向年報』一九七四〜七七年版、P・C・チェンダー、T・スパウォン（タイ民主資料センター訳）『革命に向かうタイ——現代タイ民衆運動史』（柘植書房、一九七八年）、David Morell, Chai-anan Samuclaranija, *Political Conflict in Thailand, Reform, Reaction, Revolution*, 1981, Oelgeshlager, Gunu Hain 参照。
（2） スハルト「私の履歴書」（『日本経済新聞』一九九八年一月一九日）。
（3） 「発展途上国に対する投資行動の指針」（前掲『経団連月報』第二一巻第七号、一九七三年七月、二八〜二九頁）。
（4） 佐々木隆爾『世界史の中のアジアと日本』（御茶の水書房、一九八八年）、小林英夫「一九五〇年代におけるアメリカの対アジア援助政策の転換（上）（下）」（『世界経済評論』第三〇巻第七・八号、一九八六年七・八月号）参照。
（5） 「座談会　経済協力の新方向」（前掲『経団連月報』第二一巻第二号、一九七三年二月、一六頁）。
（6） ＩＭＦ・ＪＣ『ＩＭＦ・ＪＣ二十年史』（一九八四年）二六頁。
（7） 『日本経済新聞』一九七四年二月六日。
（8） 「座談会　企業と社会の新しい関係の確立を求めて」（前掲『経団連月報』一九七六年三月号、二六、二七頁）。
（9） 北裏喜一郎「私の履歴書」（『日本経済新聞』一九七九年一二月三日）。
（10） 川村恒明「海外子女教育の推進に関する基本的施策について」（前掲『経団連月報』一九七六年七月号、三四〜三八頁）。
（11） 『朝日新聞』一九七七年八月一八日。
（12） 同右紙、一九七七年八月一九日。
（13） 同右紙、一九七七年八月一五日。
（14） 同右。
（15） 福田赳夫『回顧九十年』（岩波書店、一九九五年）二八三〜二八四頁。
（16） 同右書、二八四〜二八五頁。

5　アジア太平洋経済圏の内実化――見直される「日本的経営」――

1　海外の反応

この時期、日本企業は、人員削減、ME化、JIT（ジャスト・イン・タイム）方式による生産効率の向上と能力主義の導入に邁進しており、それをバネに急速な輸出の拡大と海外への企業進出を図っていた。日本国内の中高年層にとっては厳しい試練だったが、他面で不況下にあえぐ先進国にとっては、日本企業の躍進は目を見張るものがあった。アグレマンが『日本の経営』を著したのは一九五八年と非常に早かったが[1]、エズラ・ボーゲル（Ezra Vogel）が『ジャパン・アズ・ナンバーワン』（一九八一年）を著すことで日本経済再評価論は急速に広がった。日本でも一九七〇年代の後半から八〇年代前半にかけて制度論的研究や集団主義的志向の研究など、続々と日本的経営に関連する著作が登場した[2]。海外でも日本的経営に関する再評価があらわれた。マレーシアの総理大臣のマハティールが、日本や韓国に学ぶことを謳ったルック・イースト政策（Look East Policy）を提唱したのは一九八三年暮れのことだったが、すでにその発想は日本を旅行した一九七〇年代半ばに芽ばえていたという[3]。こうした一連の動きは、日本企業の地位を向上させる結果となり、日本企業が東アジア太平洋経済圏の内実化に大きく寄与することとなった。

2　「日本的経営」の見直し

海外でのこうした動きは、同時にまた国内での「日本的経営」の見直しをも迫ることとなった。「日本的経営」

は、海外進出企業の数の増大、進出地域の拡大、現地への定着化の進行とともに、次第にその評価を変えていくこととなった。一言でいえば、現地での貢献度の増加にともなう「日本的経営」の見直しである。この動きは、一九七〇年代後半の、第一次石油危機以降の不況を日本経済が乗り切る過程のなかから現われた。『経団連月報』は一九七〇年代半ばに「私の自由経済体制論」を掲げるが、そのなかで、三菱総合研究所の社長の中島正樹は「日本的自由主義経済の再評価」(4)を、また日産自動車会長の川又克二は「活力ある福祉国家と企業」(5)を、各々論じている。なかでも、中島論文は「日本の自由主義経済」は欧米と違う、としたうえで、「西欧社会へのキャッチアップ」「貿易立国」「企業中心の集団主義」を高く評価し、「自己責任体制」に基盤をおいた効率性と「企業の社会的責任」のなかに社会主義を凌駕する優位点を求めたのである。こうした「日本的経営」の再評価は、はじめはアメリカやヨーロッパの学者の間で主張され、やがて、日本をはじめアジアの学者たちにも広がっていった。

3　アジア太平洋経済圏の内実化

一九七〇年代末に展開された日本的経営の推進と東南アジア各地で行われた「現地人登用」「現地奉仕」「現地融和」の三大方針の具体化は、アジア太平洋経済圏のなかにおける日本企業の位置と日本の影響を急激に拡大させる契機となった。それは一九六〇年代後半以降構想されてきたアジア太平洋経済圏の日本による具体化に他ならず、アジア太平洋経済圏の内実化につながる内容をもっていた。世界各国がこれを「日本的経営」として注目し、その解明に多くの学者が集中した所以である。

こうした良好なパフォーマンスを持つ日本企業が生み出したものは、巨額の貿易黒字と円高の進行であった。輸出第一主義の動きと深く連動した海外投資の動向は、一面でアジア太平洋経済圏を日本中心のネットワークにする点で大きく寄与したが、他面で対欧米経済摩擦を一段と激化させアジア太平洋経済圏の改変を生み出す条件ともなっていった。

4　アジア太平洋経済圏の新たな変化——日系銀行網のアジアへの拡大とそのもつ意味——

この時期、日本の銀行のアジア展開も本格化する。ところで、日本の銀行が海外進出した戦後最初の地はアメリカで、外貨資金の獲得が主目的だった。たとえば第一銀行が最初に駐在員事務所を持ったのはアメリカのシカゴで、一九五二年のことだった。その後日本銀行の海外進出は、ニューヨークやロサンゼルスなどのアメリカの主要都市を中心に、駐在員事務所や支店を開設していっている。また、これと並行してロンドンなどヨーロッパの金融中心地にも支店や駐在員事務所を作っていった。

一九七〇年代になると、アメリカとヨーロッパを中心にアジア大洋州へとネットワークが広がるとともに、たとえばアジアではシンガポール、香港、韓国、台湾などの主要都市に支店が開設され始める。

しかし、日本の主要銀行が本格的な海外展開を始めるのは一九八〇年代に入ってからであった。一九八〇年以降海外拠点の開設に関する大蔵省の規制が緩和されるにともない、日本の銀行は、世界各地に支店や駐在員事務所を開設していく。特に目立つ動きを示したのはアジアとアメリカだった。アジアではマレーシア、インドネシア、タイをはじめＡＳＥＡＮ各国や中国にその支店網が拡大するとともに、アメリカでもそのネットワークを広げていった。その結果、表3-8によれば、支店、現地法人、駐在員事務所を合した数は、一九八二年以降はそれまで先行していたアメリカ、ヨーロッパを抜いて、アジアが第一位のポジションを獲得している。業務内容もシンジケートローンや開発に関連したプロジェクトローン、私募債への応募などに拡大し、取引先も外国企業、外国政府、金融機関へと拡大している。いまここに東京三菱銀行の一九九七年度末のアジア向けクロスボーダー残高を示しておこう（表3-9参照）。韓国、インドネシア、タイ、マレーシア、フィリピン五カ国のクロスボーダー残高は一兆八五

表3-8　邦銀の海外展開

		1977	1979	1982	1985	1988	1991	1994	1997
北米	支店	41	50	59	68	92	137	132	110
	現法	12	13	20	26	54	80	103	104
	駐在	27	37	40	69	92	61	44	30
	小計	80	100	119	163	238	278	279	244
中南米	支店	3	4	9	9	8	10	7	7
	現法	10	11	5	7	9	21	17	14
	駐在	14	21	44	50	52	47	42	31
	小計	27	36	58	66	69	78	66	52
欧州	支店	40	41	43	50	63	78	82	75
	現法	20	22	38	57	85	107	112	102
	駐在	21	26	40	68	76	94	66	52
	小計	81	89	121	175	224	279	260	229
中近東	支店	0	0	1	1	1	1	1	1
	現法	0	0	0	1	1	2	2	2
	駐在	15	16	24	26	27	25	18	16
	小計	15	16	25	28	29	28	21	19
アジア	支店	25	32	45	60	78	86	132	164
	現法	8	18	22	44	53	81	87	80
	駐在	33	39	66	122	140	156	163	178
	小計	66	89	133	226	271	323	382	422
大洋州	支店	0	0	0	0	0	0	0	2
	現法	0	0	2	13	21	19	19	17
	駐在	14	15	23	34	34	32	26	17
	小計	14	15	25	47	55	51	45	36
その他	支店	0	0	2	4	12	19	18	16
	現法	5	9	8	9	13	18	32	32
	駐在	3	3	3	3	2	2	2	4
	小計	8	12	13	16	27	39	52	52
合　計		291	357	494	721	913	1,076	1,105	1,054

注：(1)「現法」は現地法人，「駐在」は駐在員事務所の略。
(2)「現法」は法人の出資比率が50％を超える外国法人をいう。
(3)「支店」には出張所を含まない。
(4)「北米」はアメリカとカナダの，「大洋州」はオーストラリア，ニュージーランドの合計である。
出所：大蔵省『大蔵省国際金融局年報』各年度版より作成。

一五億円で、そのうち六八八六億円は日系企業向けとなっており、続いて現地企業およびソブリンが六六一四億円、そして現地金融機関の順になっている。ほぼ、日系企業、現地企業、現地金融機関で三分の一ずつとなっている。

こうした日本の金融機関のアジアでの活動を他国の金融機関と比較してみると表3-10にみるように、その対アジア融資額において日本の銀行は、欧米銀行を抜いて第一位のポジションを獲得していたのである。

表3-9　クロスボーダー残高表（1997年度末）

（単位：億円）

	日系企業	現地企業およびソブリン	現地金融機関	クロスボーダー残高合計	コミットメント残高
韓国	178	2,628	3,038	5,844	213
インドネシア	2,001	1,184	480	3,665	357
タイ	3,363	2,037	972	6,372	527
マレーシア	1,068	602	220	1,890	133
フィリピン	276	163	305	744	343
合計	6,886	6,614	5,015	18,515	1,573

注：1．上記5カ国以外では，香港，中国およびシンガポールに対して，それぞれ4,890億円，2,360億円，3,381億円のクロスボーダー残高がある。
2．コミットメント残高とは，東京三菱銀行が取引先に対して供与している実行義務のともなう与信枠のうち，未使用部分の残高のこと。

出所：http:/www.btm.co.jp/

表3-10　主要国銀行の対アジア融資額（1997年6月末）

（単位：10億米ドル）

	主要国合計	日本	米国	ドイツ	英国	フランス
タイ	69.4	37.7	4.0	7.6	2.8	5.1
インドネシア	58.7	23.2	4.6	5.6	4.3	4.8
マレーシア	28.8	10.5	2.4	5.7	2.0	2.9
中国	57.9	18.7	2.9	7.3	6.9	7.3
韓国	103.4	23.7	10.0	10.8	6.1	10.0
台湾	25.2	3.0	2.5	3.0	3.2	5.2
フィリピン	14.1	2.1	2.8	2.0	1.1	1.7
香港	222.3	87.4	8.8	32.2	30.1	12.8
シンガポール	211.2	65.0	5.2	38.4	25.2	15.4
アジア計	791.0	271.3	43.2	112.6	81.7	65.2
（シェア，％）	100.0	34.3	5.5	14.2	10.3	8.2

出所：高橋琢磨・関志雄・佐野鉄司『アジア金融危機』東洋経済新報社，1998年，35頁。

しかし上記の事実をもって日本の金融力のアジアでの強さを語るのは、あまりにも一面的である。まず日本の銀行の主たる業務は海外の日本企業に対する外国為替・貿易金融の取り扱いであることである。つまりは海外展開を遂げた日本企業を金融的にバックアップする目的で進出したのである。支店・現地法人・駐在員事務所の展開が日本企業の海外進出の後追いであることは、その証左である。

それとは対照的に欧米系は、それぞれの銀行ごとに多彩な業務を展開しており、各銀行が自己の分野で圧倒的な力を発揮している。相互の棲み分けも明確で、各金融機関が明確な戦略目標をもって行動している点に日本と異なる特徴がある。たとえばシティバンクは個人取引を中心に、J

Pモルガンは巨大企業への金融サービスを、チェースマンハッタンはコーポレート部門とプライベートバンキングといったように得意部門を分けており、日本の金融機関のような横並び業務は展開していない。

こう考えてみると、日本金融機関の一九八〇年代以降のアジア展開は、六〇年代以降ヨーロッパに始まりグローバルな海外展開を遂げアジアにも急速にネットワークを広げていたアメリカ系銀行の展開を補完する役割を持っていたともいえる。

もちろん円がドルに代わる基軸通貨になれば事情は違うが、そうした可能性は今のところ考えられない。たしかに一九八五年を前後する時期から円の国際化の動きが活発化した。増大する貿易黒字を背景に円の国際化の動きが積極化したのである。もしこれが引き続き積極化したならば、アジア太平洋地域を通貨統合する新しい動きが具体化されたかもしれない。

一九八四年五月の日米円・ドル委員会は一つの報告書を提出した。この報告書には金融自由化、円の国際化のために日本がとるべき処置として「日本の金融資本市場の自由化」「外国金融機関の参入規制の緩和」「ユーロ市場の規制緩和」などをあげていた。大蔵省も八四年五月の「金融の自由化および円の国際化についての現状と展望」で金融自由化のプログラムを出したのである。こうした動きは「金融・資本市場の自由化、国際化に関する当面の展望」(一九八七年六月)といった一連の報告書の中で具体化されていった。(6)

では現実はどうか。この間の世界貿易を経常取引面で見ると、輸出入決済通貨としての円の比率は一〇パーセント以下である。地域別に見れば、ASEANとの輸出入は一九八五年で二〇パーセントを超えたが、それ以降は減少傾向にある。円がアジアの基軸通貨になる可能性は、たしかに一九八五年前後の時期はないではなかった。この時期、日本を中心にアジア域内貿易が拡大し金融市場の自由化が一定程度進み、日本のODA(政府開発援助)資金がアジアを中心に散布されるなかで、アジア諸国が円債務をリスク少なく支払うには円を基軸通貨にするほうが

図3－1　円の準備通貨高としての現状

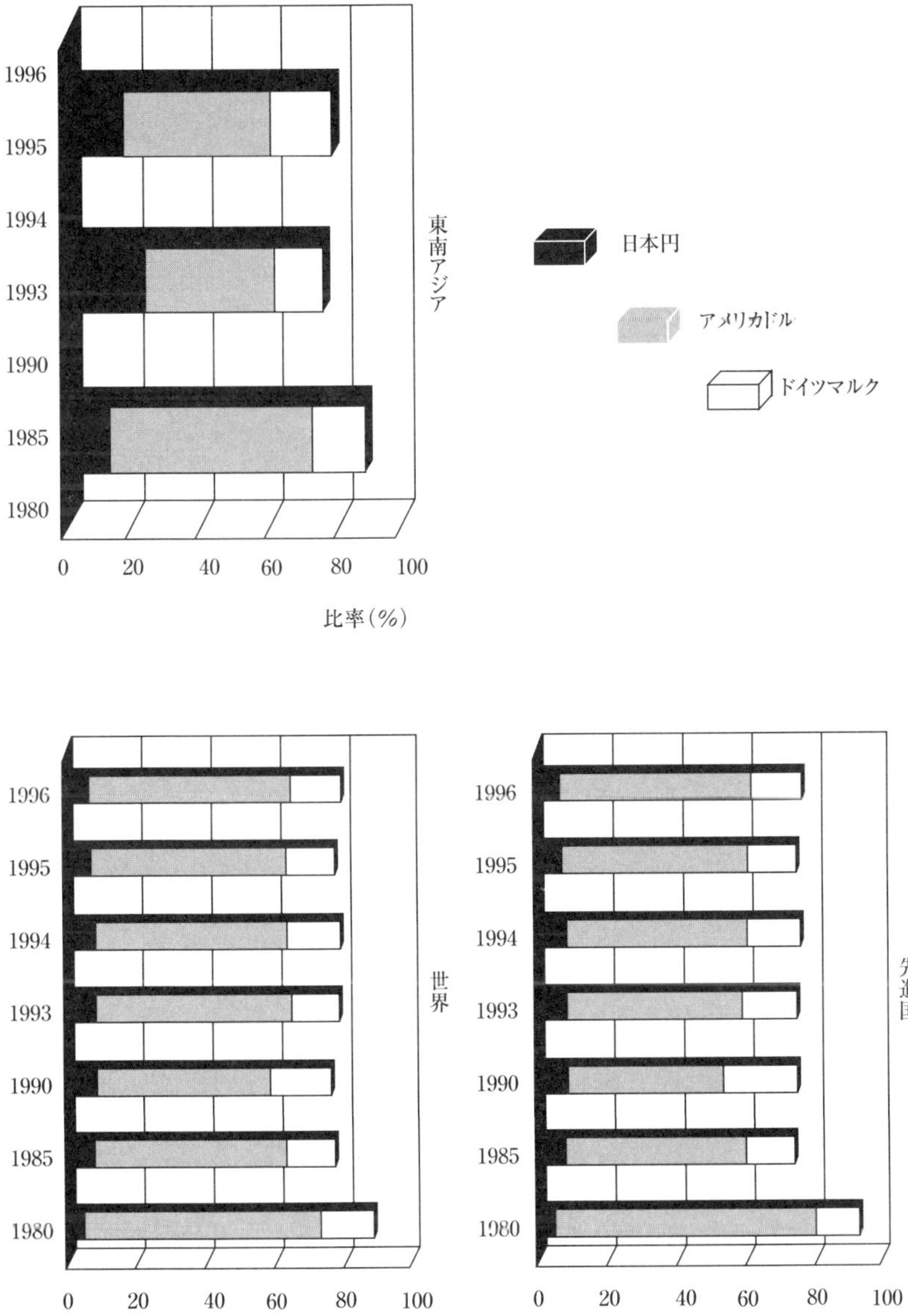

出所：http://www. keidanren.or.jp/japanese/policy/pol176/ret2html「2．準備資産の通貨別構成」表より作成。

図3-2　円の対外信用度の現状
東京外国為替市場における取引の落ち込み
（主要外国為替市場の１営業日平均総取引高）

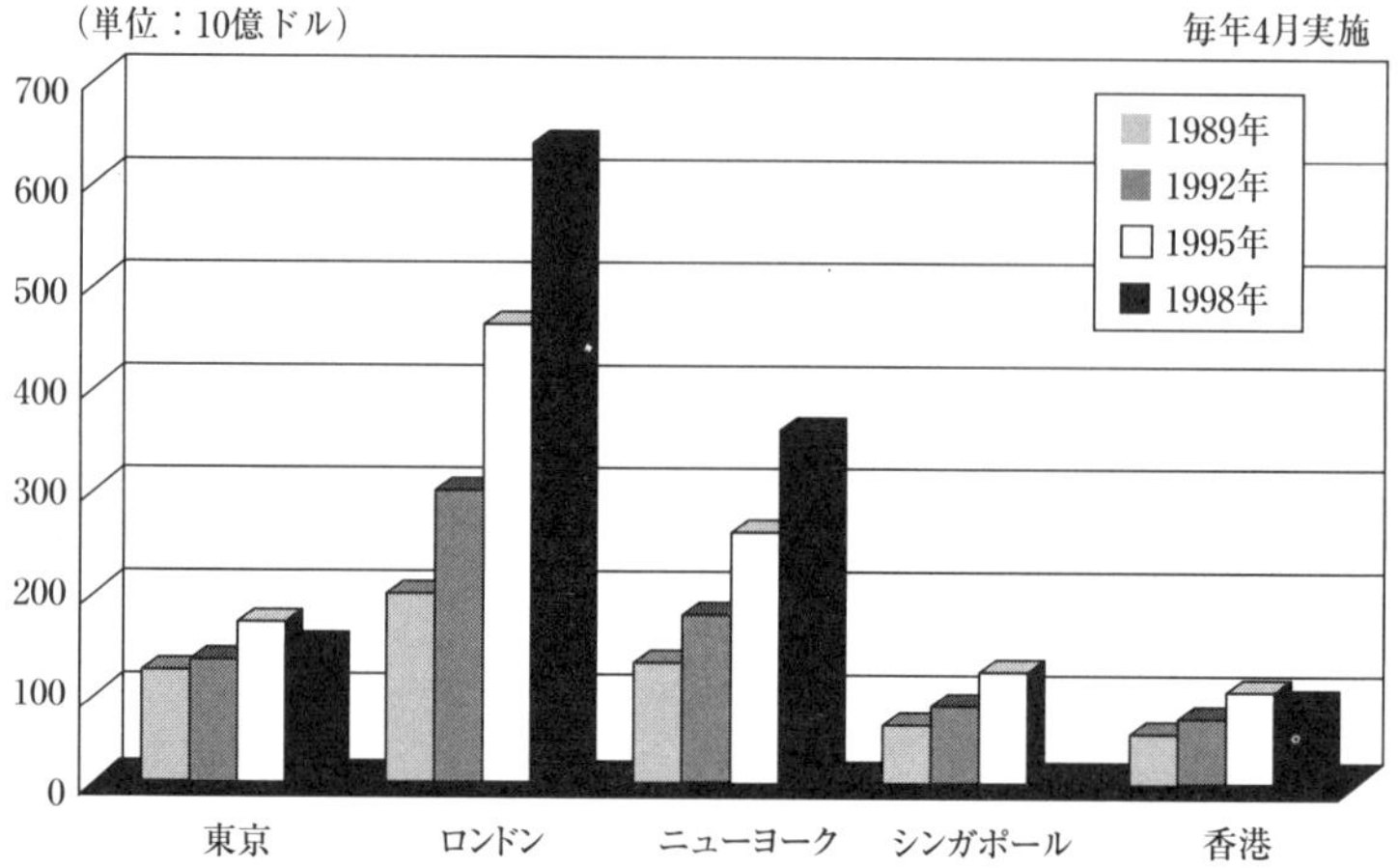

出所：http://www.keidanren.or.jp/japanese/policy/pol088/ret.html「２．東京外国為替市場における取引の落ち込み」表および1998年分は各国通貨当局（日本銀行，FRB, The Bank of England，香港金融管理局）WebSite より作成。

はるかに安全である、といった状況が部分的ではあるが出てきていた。事実、一九八八年に出版された鈴木正俊・日本経済センター編『ドル円双軸時代』などは、ドルに代わる円の基軸通貨制を主張していた。

図3-1に見るように世界貿易においてドルは圧倒的であり、それに次ぐのがマルクで、円はその後塵を拝していた。特に一九八〇年代後半から九〇年代にかけて円の力は急速に減少していた。また仮に円建てであっても、円建て代金相当額のドルを買ってドル支払いをする場合が多いため、円の使用額は増大しなかった。一九九九年一月にヨーロッパ通貨が統合されユーロとなったため、円の影は一層薄いものになっている。また東京金融市場を世界の金融センターとの比較で見ると（図3-2参照）、ロンドン、ニューヨークが一九八〇年代以降取引額を増加させ、それぞれ六〇〇〇億ドルから三〇〇〇億ドルに達しているのに対し、東京市場は一〇〇〇億ドル前後に終始し、両市場と比較すると規模が縮小しているのである。

しかし基軸通貨たらしめるため何にも増して重要なの

は、単なる経済力だけではなく、それに見合う政治力と軍事力、つまりは国際社会での発言力の強さなのである。が、その条件を今の日本に求めることはできない。円の基軸通貨化が夢物語である今日、アジアに展開された日本の銀行のネットワークは、とどのつまりはドルの金融ネットワークを補完するものにすぎないのである。むしろ日本の金融機関のアジアへの広がりは、ドル圏への取り込みが進行していることでもある。通貨危機がより強力なかたちで日本の金融機関にダメージを与える、そうした前提条件が作られてきていたともいえる。日本銀行の貸し出しの主体は、いわゆるポートフォリオ資金と異なり、急激な引揚げが不能な中長期資金が中心であった。その分日本の金融機関のダメージは大きかったといわざるを得ない。

（1）J・アグレマン（占部都美監訳）『日本の経営』ダイヤモンド社、一九五九年。
（2）加護野忠男・野中郁次郎・榊原清則・奥村昭博『日米企業の経営比較』（日本経済新聞社、一九八三年）第一章参照。
（3）マハティール・モハマド「私の履歴書」（『日本経済新聞』一九九五年一一月一七日）。
（4）中島正樹「日本的自由主義経済の再評価」（前掲『経団連月報』一九七七年一二月号、一二～一六頁）。
（5）川又克二「活力ある福祉国家と企業」（前掲『経団連月報』一九七七年三月、一二～一五頁）。
（6）『国際金融』一〇〇〇号、一九九八年二月一五日。

第4章　NIESの誕生と拡大

1　NIESの出現

一九七〇年代後半の東アジアの特徴は、NIESと呼ばれる輸出競争力に裏づけられ、高成長を記録した新興工業諸国が出現したことであった。一九八九年の貿易フローを見ると、韓国・台湾・香港を合わせたNIES三カ国地域の輸出総額は二〇一七億ドルに達した。これは、同時期の日本の総輸出額の七三・五パーセントに上ったのである。また、これら三カ国の総輸入額も一六八二億ドルを示し、日本のそれの八九・四パーセントに達した（図4-1）。

ところで、NIESと呼ばれた韓国、台湾、香港、シンガポール四カ国のうち、韓国、台湾、香港の三カ国が東アジアに集中していたことは留意される必要があろう。これまで停滞地域と目されていた東アジアに新興工業国家・地域が生まれてきたからである。こうした新しい現象について、従来さまざまな説明がなされてきたが、諸説を要約すれば、これらの国や地域と日米との間に強い政治的絆があったこと、これを前提に欧米日の資本や技術がこれらの国々へ流入し優秀な現地労働力と結合し国際競争力のある製品を生み出したこと、アメリカがこの製品に

図４－１　アジア太平洋域内貿易（1989年）

（単位：億ドル）

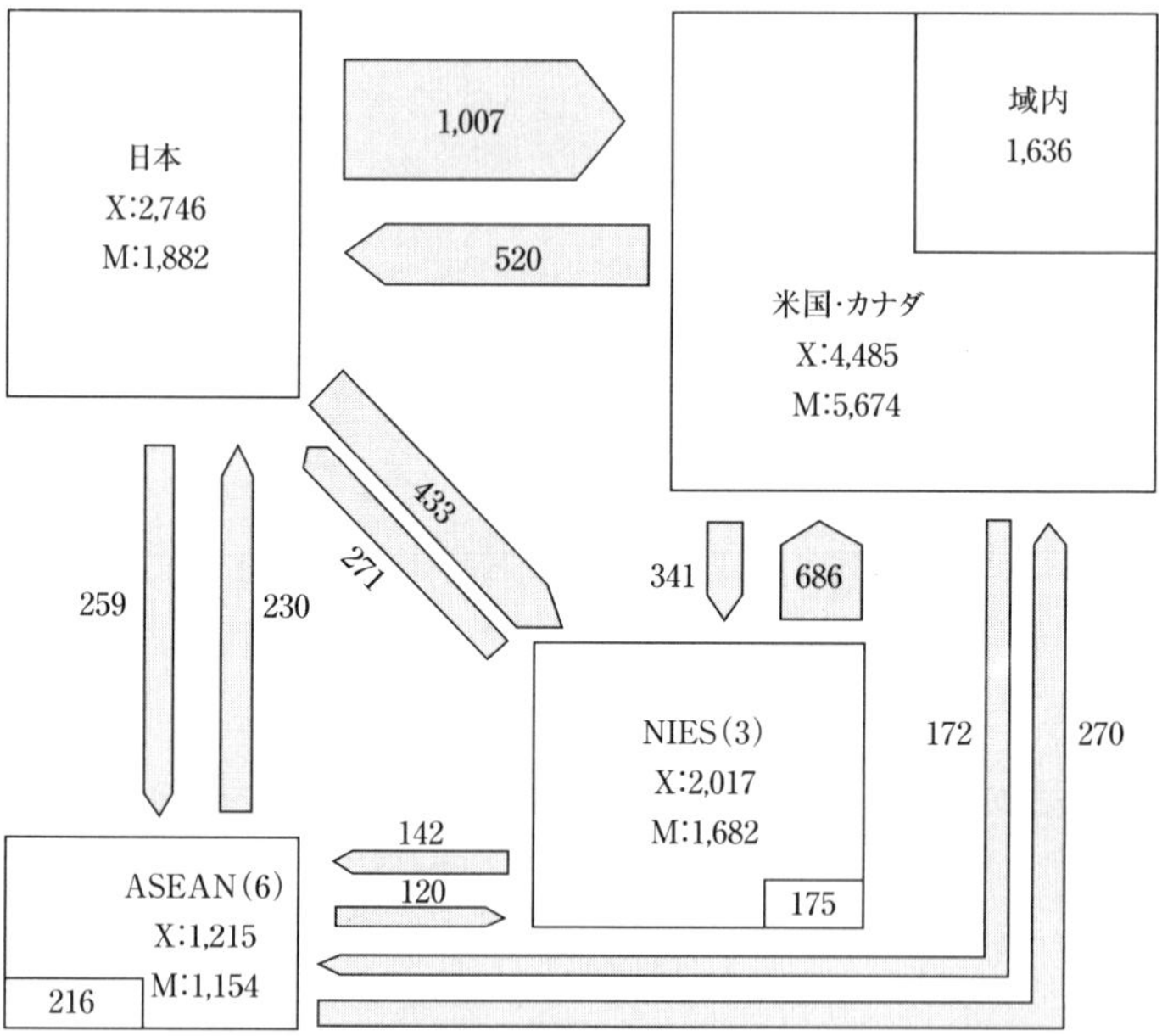

注：１．X, M は各国・地域の総輸出額（X），輸入額（M）。
　　２．NIES は３カ国・地域。
　　３．ASEAN はブルネイを含む６カ国。

出所：日本貿易振興会『ジェトロセンサー』1990年11月号，51頁（原資料は IMF, “Direction of Trade Yearbook 1990”）。

市場を提供したこと、こうした結合を政府が巧みに誘導したことが重なって、この地域に高成長地域が現出したことにあった。しかしＮＩＥＳが東アジアに集中していた点を重視すれば、この地域に大きな経済的力を有した日本の存在、とりわけその資本と技術の円高を契機とする東アジア地域への移転、現地労働力の研修を中心とした教育活動の意味を重視しないわけにはいくまい。ＮＩＥＳ誕生の前提として東アジアにおける日本の存在があった。

では、なぜ一九五〇年代ではなく、六〇年代でもなく、他ならぬ一九七〇年代後半以降に東アジアにＮＩＥＳが生み出されたのか。それは、ＮＩＥＳが、七〇年代後半に初めて国際競争力をもつ製品を生むに足る資本と技術と労働力の結合に成功したからであった。

2　NIES高成長の秘密

以上は一般的に言えるNIES出現論であるが、改めてなぜ高成長を記録したNIESが出現可能だったのか、その秘密はどこにあったのかを見てみることとしよう。

NIES誕生の要因については、これまでにもさまざまな説明がなされてきた。国内要因重視型、国際要因規定型、政策重視型、市場重視型などの学説に分類することが可能であり(1)、NIES研究者の数だけその学説があるといっても過言ではない。また一九九七年七月のアジア通貨危機以降は、アジアの経済成長を否定する立場からのNIESまぼろし論まで出てきている(2)。

本書では、まずNIES諸国が東アジアに集中しているという事実に着目したい。一九七〇年代末にわれわれがNICS論を論じたとき着目した成長国と地域は東アジア以外にギリシャ、旧ユーゴといった地中海近隣諸国、メキシコ、ブラジルといった中南米諸国を含む全世界に広がっていた。ところが一九八〇年代にNIES論を論ずる段階になると高成長地域は、東アジアに限定されたのである。一九九七年の通貨危機以前で最後まで残った成長地域は東アジアだったということになる。したがって、われわれは東アジア的な特殊性、とりわけ韓国と台湾のなかにNIES論を収斂させていく必要があるのである。

その際、国内的条件と国際的環境に分けて考察する必要があろうと思われる。以下、国内的条件として土地改革、官僚と企業家を、国際環境としてはGATTとベトナム戦争をあげたい。そして、こうした諸条件が、国内での階層変化を生み出し、NIES化を固定化・不可逆化させたのである。

1　国内条件

もっとも重視すべきことは土地改革が成功したということである。アジアのなかで、台湾、韓国、フィリピン、インドネシアを比較した場合、前二国における土地改革の徹底と、後二国における土地改革の不徹底の姿をみることができる。

①土地改革

台湾の土地改革の歴史は、戦前日本の植民地であったことからくる日本との農業構造の類似性やアメリカの関与の類似性から、日本と比較的似た経過を歩んだ。一九五一年以降、アメリカの指導のもとで各レベルで小作料の引き下げの法律が施行され、公有地の払い下げが実施された。さらに一九五三年になると、田三ヘクタール、畑六ヘクタールを上限に土地所有が制限され、超過分は売却された。この結果、自作地が急増したのである。創設された自作農は、米華農村復興連合委員会の指導のもとで、イネの改良品種を導入し、肥料・農薬の大量投与に努めた。また、地主の一部は売却した土地代金を産業部門に投資した。こうして、一九五三年から六〇年のあいだに、農業への投資は一一パーセント増、産出は二三パーセント増、生産性は一二パーセント増、肥料投入は同一面積で四〇パーセント増となり、国内市場の拡大を生み出し、戦後の台湾工業化の基底を作り上げたのである。

台湾に比べると韓国の土地改革は不徹底で、しかも改革直後に朝鮮戦争が始まったため、一層混乱した。一九四五年にアメリカ軍政当局は小作料を統制し、日本人の所有地を新韓公社（旧東洋拓殖株式会社の改称）に移管した。その後一九五〇年には農地の所有を三ヘクタールに制限し、残りは年収の一五〇パーセントの補償価格で売却し、小作人がこれを五年で現物償還する法律を施行した。この改革は朝鮮戦争中も一応継続して施行され、当初五年で終了する予定であったが一〇年間に延長され、さらに再延長を余儀なくされ一九六八年に終結した。この過程で、農業のウェイトが低下し工業の比重の増大がみられるなかで、土地改革はなし崩し的に進行していくことになった。

これに比べると、フィリピンの土地改革の不徹底さは比較にならない。戦後の農民運動の高揚を前に、一九五五年にときの大統領マグサイサイは土地改革法案を提案し、地主の保有地の限度を一四四ヘクタールにするという案を提案し実施に移していった。これでいくと、農地の一・五パーセントが転売されるにすぎなかったが、それさえほとんど実行されず、一九五七年のマグサイサイの死によってこの改革案は事実上終焉した。一九六三年になると、マカパガル大統領は米作地に限定し小作人を借地農に変えることを内容とした新しい土地改革法案を作成したが、これも有名無実で中途で雲散霧消し、続いて大統領の座についたマルコスの手で土地改革が推し進められることとなった。とくに、一九七二年に戒厳令を発した一カ月後に、彼は大統領法令により小作農解放令をだし、七三年から実施に移していった。マルコス改革の内容は、米とトウモロコシの小作地を対象に七ヘクタール以上の土地を払い下げる、というものであった。もっとも、こうした改革も地主が小作人を買収して労働者という名目に変えて小作地を直営地に転換したり、作物を米とトウモロコシ以外に転換して解放をまぬがれたりして、実際の農地改革は限定的でさほど進行しなかったのである。マルコス政権が打倒された後のアキノ大統領の時代に再び農地改革が計画された。一九八八年六月にアキノ大統領は包括的農地改革法案に署名し農地改革が動き始めた。しかし地主の圧力と農民の抵抗の前に改革は難航し、結局地主側の反対の前に改革は遅滞を余儀なくされた(3)。

インドネシアの場合は、フィリピンに酷似していた。「耕すものに土地を」をスローガンにスカルノが行った一九六〇年の改革は、五ヘクタールもしくは場所によっては一五ヘクタールを限度に土地を小作人に払い下げるというものであったが、実際にはイスラム法に基づく所有権の尊重を盾に宗教者が反対し、地主は偽装転売や宗教団体への寄付などでこの改革に抵抗した。一九六五年の「九・三〇事件」以降は、土地改革は反政府主義者のスローガンであるという烙印を押され、事実上こうした動きは終息し、スカルノの後を受けたスハルト政権のもとでは土地

改革は放棄されていた。(4)

②官僚と企業家

一九七〇年代のＮＩＥＳ化を考えるとき、官僚と企業家の果たした役割を無視するわけにはいかない。なかでも企業家の役割は決定的であった。しかし、だからといって経済官僚の役割は過小評価されるべきではない。彼らの立案した計画がしばしば予想を裏切ったり計画通りに進行しなかったため、官僚の役割を過小評価する見解がないわけではないが、(5)工業化をスタートさせる時点での起爆剤としての役割を無視するわけにはいかない。

ここでは、韓国と台湾の代表的な官僚をあげておこう。韓国では元経済企画院長官の南悳祐がこれに当る。一九二四年生まれで、五六年ソウル大学大学院を卒業、六〇年にオクラホマ州立大学を卒業、大学教授、財務長官を経て七四年九月に副総理兼経済企画院長官に就任した。経済企画院は一九六一年に設立された機関で、予算権を持ち強権をもって経済を指導した。彼は経済企画院長官時代の一九七〇年代韓国の高度成長をリードし、八〇年代初頭にその職を申秉鉉に譲っている。彼の在任中に西江大学出身者が経済企画院を中心に集まり、韓国工業化を立案したのである。(6)

台湾にも経済テクノクラートが出現した。尹仲容、李国鼎、趙躍東らがそれである。尹仲容は五〇年代西ドイツの「奇跡の復興」を指導したアデナウアー政権時の経済大臣エアハルトの名をとって「台湾のエアハルト」と呼ばれ、五〇年代前半経済安定委員会の主任委員、経済部の部長として活動した。また李国鼎は、戦前ケンブリッジ大学で物理学を修め、帰国後は武漢大学教授などを歴任、戦後は六五年から経済部長、六九年からは財政部長を務め、台湾経済の成長をリードした。趙躍東は、戦前に武漢大学を卒業し、八一年から八四年まで経済部長の職にあった。(7)

こうした官僚たちの動きは重要だが、六〇年代以降の工業化にとって、それを担う多くの企業家が韓国や台湾で輩出されたことが決定的だった。彼らの果たした役割は、官僚たちのそれと比較してはるかに大きかったといわねばならない。

韓国の場合、それを担ったのは財閥と呼ばれる企業集団であったが、彼らの事業的基盤は、いくつかの例外を除けば、戦前からというより一九五〇、六〇年代以降築かれたといっても過言ではなかった。戦前からの長い伝統をもつ三星財閥の場合をみれば、たしかにその発足は一九三八年の三星商会にさかのぼるが、財閥への道は戦後いち早く第一製糖と第一毛織を設立しアメリカの援助物資の加工を通じて製造業への道を歩み始めた点にある。さらに六一年の朴政権の登場以降は、同政権の重工業化に積極的に協力して当該部門へと進出した。現代財閥の場合は、戦前の事業活動はほとんどなく、事業がスタートするのは四七年に現代建設を設立して以降のことであった。現代財閥は、五〇年代は建設事業を中心に、六〇年代になると自動車・造船へと進出し重工業グループを形成した。大宇財閥がその産声をあげたのは一九六七年のことで、金宇中が社員五人で大宇実業を設立したことに始まる。七六年には韓国機械を引き受けて大宇重工業を、七八年にはセハン自動車とオクポ造船所を引き継いで大宇自動車と大宇造船を設立している。すでに七〇年代末には二四社を擁する大企業に成長したが、大宇自身が創立した会社は四社にすぎなかった。財閥企業の多くは政府の支援を受け、海外からの借款を優先的に受け、規模を拡大していった(8)。

台湾の場合も経済成長をリードした企業群のスタートは一九五〇年代以降にある。五〇年代に起業し、その後事業を成長させたケースは数多い。たとえば、台湾プラスチックグループの創業は五四年で、木材業から転じて五〇年代後半から六〇年代にかけ旭化成との技術提携および合弁を通じて急成長した。総合電機メーカーの大同も創業こそ一九三九年であるが、五四年には台湾最初の技術提携を東芝と、さらに同年ウエスチングハウス社と技術提携し、六〇年には再度東芝と技術提携することで台湾有数の電機メーカーへと成長していった。こうした民間中小企業から出発し提携や合弁を通じ大企業へと成長していったケースとは別に、戦前からの日系資産が国有化され、それが払い下げられるかたちで事業がスタートするケースも見られた。台湾水泥（セメント）の場合がそれで、五四年の払い下げの時、台湾の四大地主（板橋林家、鹿港辜家、霧峰林家、高雄陳家）の代表が役員を占めるかたちで設立され、以降大企業として成長したのである。企業群を見ると、戦後スタートしたという意味では韓国も台湾も同じだが、韓国のほうは、政府との関係を利用し海外からの借款を通じ大企業に急成長したものが多いのに対して、台湾は、企業規模が小さく政府との関連が相対的に希薄で、戦前からの日本企業との連携が強く技術提携や合弁を通じて関係を持つことが多い点で違いがある。(9)

2　国際的条件

①GATT体制

東アジアに限定できるものではないが、前提として一九四七年以降発効した「関税・貿易に関する一般協定」（GATT）の存在をあげないわけにはいかない。GATTは、輸入制限を撤廃し関税の軽減を目的としたもので、アメリカを中心とした世界経済の成長に大きな意味を持った。NIESの成長は対米貿易に依存する面が大きいが、それはGATT体制に依拠して展開されたのである。

一九七〇年代以降の東アジアNIES諸国の貿易面での対米日依存は明確であった。しかし日米のこれらの国々への関わり合いは違っていた。図4-2に見るように同じ太い絆で結ばれていたとしても、これらの国にとっての日米の位置は異なっていた。アメリカは、これらの国に自己の市場を開放することで、これらの国々に輸出拡大・貿易収支黒字状況を提供した。韓国、台湾、香港などはその典型であった。輸出市場を提供し、これらの国々の輸出産業を育てるチャンスを作ったという意味ではアメリカ市場の意義は決定的であり、それを支えた枠組みがGATT体制にほかならなかった。

図4－2　「アジア太平洋経済圏」内貿易構造

(1)　主要品目別輸出状況

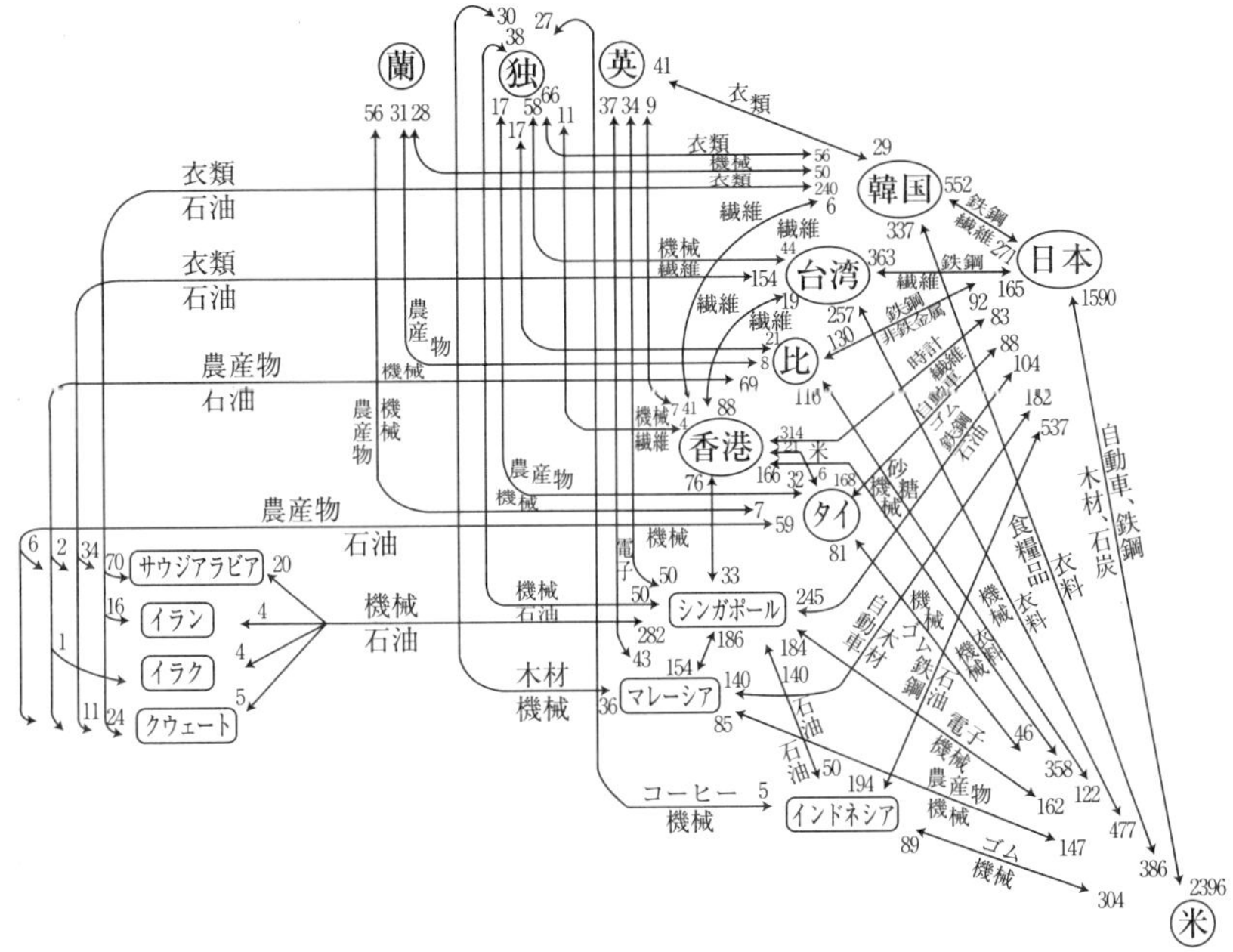

同じ日米といっても日本の位置はアメリカとは著しい対照をなしていた。日本の市場開放は徐々に進行はしていたが、当時は繊維、雑貨主体[10]で、東南アジアは日本の輸出市場ではあっても輸入先ではなかった。したがってこれらの国の対日貿易収支は赤字であり、対米黒字を対日赤字が帳消しにする構造が作り上げられていたのである。日本はこの時期、直接アメリカと東アジアを経由する方向からとの二つの経路でドルを吸収していたことになる。GATT体制に裏づけられたアメリカ市場の開放は、NIES諸国の輸出産業の育成に決定的であった。

②第三市場の形成

NIES化をもたらしたいま一つの国際的条件は日米に次ぐ第三市場の形成、具体的にはベトナム戦争による「ベトナム特需」とオイル・ショック以降の中近東市場への韓国企業の進出があげられる。

(2) 国別貿易収支

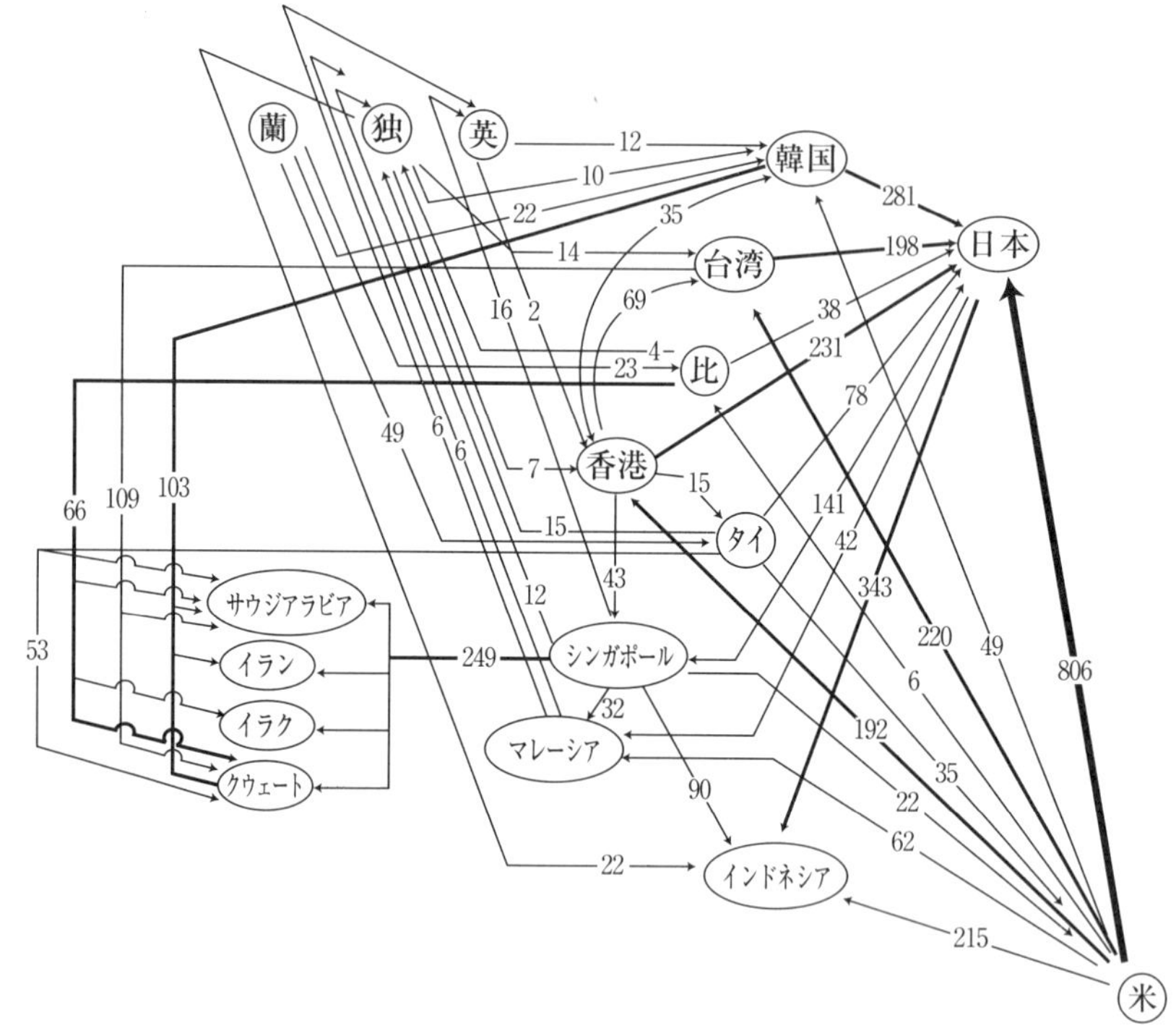

(単位：千万ドル)
矢印の方向は出超国を，数字は出超額を示す。
　注：数字は1977～79年の３カ年間の平均である。
出所： IMF. *Direction of Trade Statistics Year Book*, 1977-79.

東アジア諸国が輸出促進に乗り出した六〇年代後半の時期は、アメリカがベトナム戦争をエスカレートさせた時期に該当し、年間二五〇億ドルとも三〇〇億ドルともいわれるアメリカのベトナム関係軍事支出が、「ベトナム特需」と呼ばれる軍事需要の拡大を生み、これが東アジア各国に格好の輸出市場を提供したが、ＮＩＥＳはこの条件に適合的に行動したのである。(11)

たとえば韓国の場合は、一九六五年以降七三年までに延べ四〇万人に上る軍隊をベトナムに派遣していたが、その見返りにアメリカから優先的に軍需品の注文を受けていた。最初にきた注文は、軍服とジャングル・シューズだった。

六五年のジャングル・シューズ一〇〇万足、六六年の軍服八四万着の注文はそれを物語ろう。そして獲得した外貨が七三〇〇万ドル。これが、韓国の工業化のスタートに重要な役割を演じた。

台湾でも、「ベトナム特需」と関連して南ベトナム向け一般商品の輸出が激増した。品目としては金属製品、綿糸、機械、セメントなどで、一九六五年の南ベトナム向け輸出額は四四〇〇万ドル、六六年には八七〇〇万ドルと倍増した。当時の台湾の総輸出額の一六パーセント以上を占めていたのである。この他、アメリカ兵が休養のため台湾を訪れて落とすドルは、一九六六年だけで九〇〇〇万ドル以上に達した。こうした「ベトナム特需」が台湾経済の活性化に果たした役割は非常に大きかった。台湾もまた、これを契機に輸出促進と工業化を軌道にのせたのである。

香港も「ベトナム特需」で恩恵を受けた。香港は、一九五〇年代以降七〇年代前半にかけ、豊富な労働力と華僑の資金力に加え、自由港、英連邦特恵関税賦与、アジアの貿易・金融センターの地位を利用して対米・対東南アジア向け繊維、電機、雑貨輸出を図り、典型的な軽工業製品輸出立国をテコに高成長を目指していった。この成長に、六〇年代後半の「ベトナム特需」があずかって大きかった。ベトナム関係収入は、六六年に約五〇〇〇万ドルと推定されたが、その大半はアメリカ帰休兵の消費支出だった。

シンガポールもその例外ではなく、この時期の南ベトナムへの石油輸出を中心とした輸出は一九六六年で八四〇〇万ドルで総輸出額の八パーセントに達し、これにアメリカ帰休兵の消費支出が加わって、この国の経済に大きな影響を与えたのである。

その他ベトナムに隣接するタイでも米軍基地の拡大とともにその関連収入が六八年には二億五六〇〇万ドルに達し、フィリピンでも派遣兵士や労働者の送金などで、ベトナム関係収入は六六年に五〇〇〇万ドルに達したのである。

一九七五年にベトナム戦争が終わると、東アジアの国々は流れを変えて中近東への輸出を伸ばし始めた。七〇年代はじめのオイル・ショックは、中近東を東アジア各国の輸出市場に変えたからである。そしてオイル・ダラーをためこみ、これを使って経済建設を行う中近東の国々の建設現場を担ったのが韓国であり、フィリピンなどであった(12)。

そして、一九八〇年代に入ると七九年に始まる逆オイル・ショックで冷え込んだ中近東を捨て、東アジアの国々は円高の条件を生かして日本市場に食い込みをかけ、ここをアメリカと並ぶＮＩＥＳの輸出市場にしようと努力した。そして、こうした市場を確保すべく、ＮＩＥＳは品質管理を強化し輸出競争力の強化を図ったが日本市場の壁は厚い。これらの国々は九〇年代にソ連、東欧といった旧社会主義国への進出を試みているが、過去においてベトナム、中近東への進出をテコに高成長を維持してきたＮＩＥＳの歴史からして、それは自然の動きなのである。

3　階層変化

①階層構成の歴史的変化

この間の社会経済構造の変化は、東アジア各国の階層構成の歴史的変化のなかに表現されていた。特に工業化にともなう農林漁業関連人口の減少と労働者、資本家の増加が著しかった(13)。

まず、ＮＩＥＳ諸国・地域を代表させて、韓国とシンガポールで一九八〇年代までの動向をみてみよう（図4-3、4-4）。韓国では、ブルーカラーは一九七〇年の二〇〇万人から七五年の三五八万人を経て八〇年には三四八万人に、そして八五年には四九五万人に達した。ホワイトカラーは、同じ時期にそれぞれ一〇五万人、一四五万人、一九八万人を経て二六四万人に増加した。資本家数もそれぞれ五万九〇〇〇人、六万三〇〇〇人、八万四〇〇〇人の漸増から一挙に一六万六〇〇〇人に達した。また、この間、非農林自営業者の数は一五〇万人から一八〇万人、二四七万人を経て三一九万人に増加したのに対して、農林自営業者の数は、四六〇万人から五六四万人、四六二万人を経て三四四万人へと減少した。

シンガポールでは、ブルーカラーは一九六七年の二四万人から七〇年の二九万人を経て八四年には五一万人へと増加、ホワイトカラーも同時期にそれぞれ一〇万人、一七万人、三八万人に達した。またグラフには示されないが、資本家数もこの間四〇〇〇人からいったん三〇〇〇人に減少し、転じて一万八〇〇〇人となった。この間、非農林自営業者の数は九万人から一三万人を経て一六万人に増加したが、農林自営業者の数は三万人から二万人を経て一万人へ落ちこんだ。

これら両国に関しては、いずれもブルーカラー、ホワイトカラー、資本家、非農林自営業者の増加と、逆に農林自営業者の減少を確認することができる。シンガポールの場合、そのはじめから農林自営業

図4－3 韓国の階層構成の推移

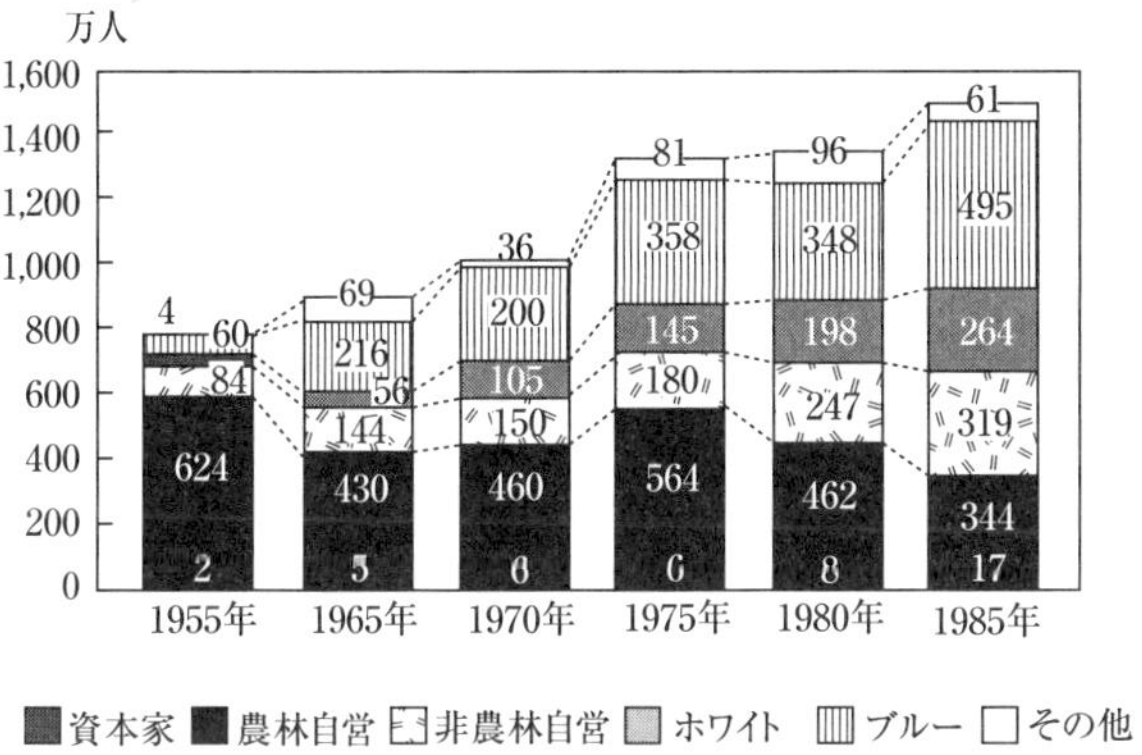

出所：石田和夫「資料・発展途上国の階級構成表」（関西学院大学商学研究会『商学論究』第36巻第1号，1988年6月）より作成。

図4－4 シンガポールの階層構成の推移

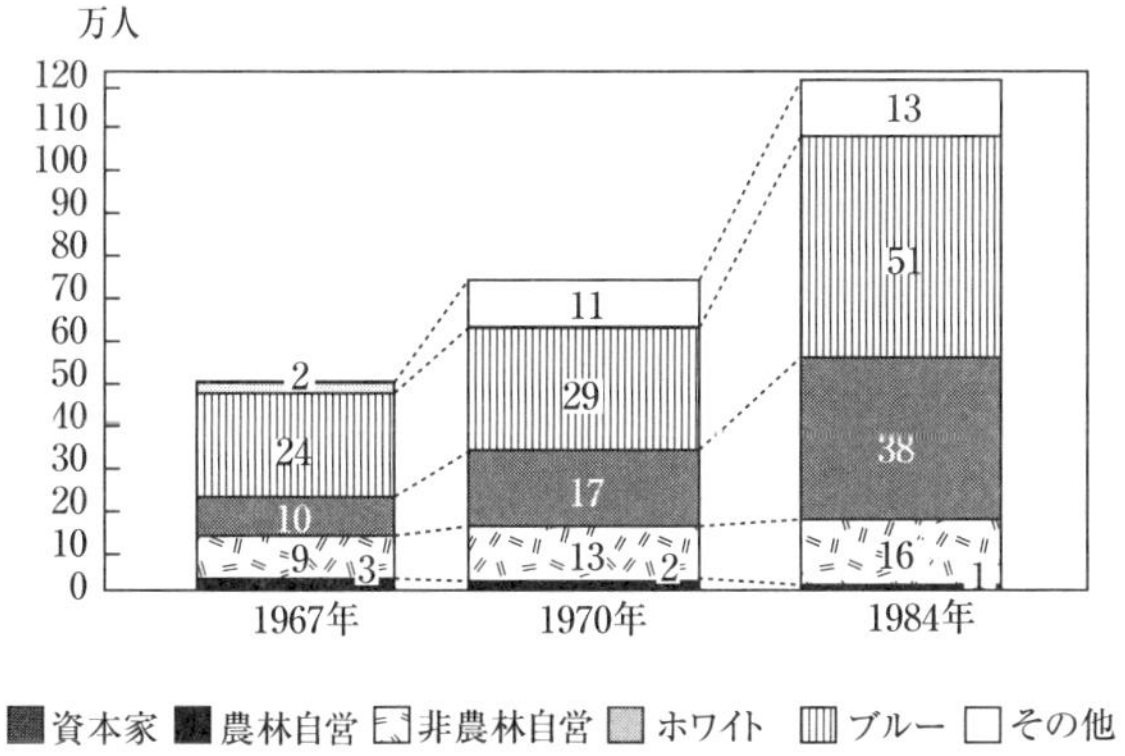

出所：図4－3に同じ。

図4－5　タイの階層構成の推移

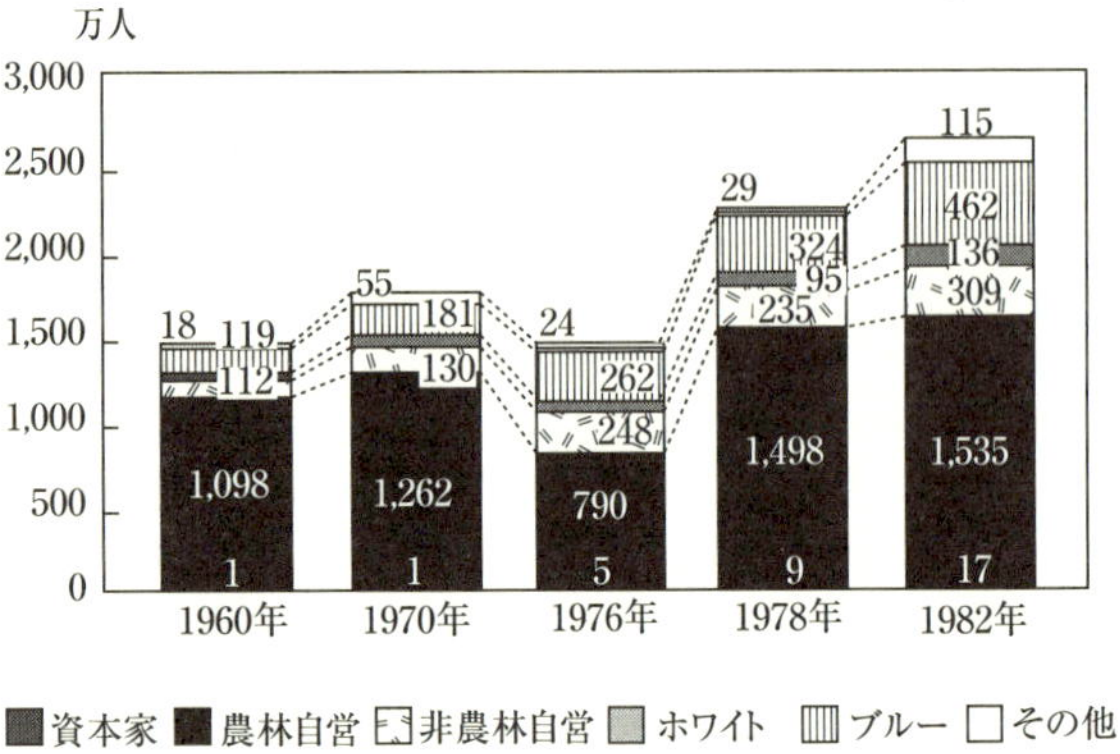

出所：図4－3に同じ。

図4－6　フィリピンの階層構成の推移

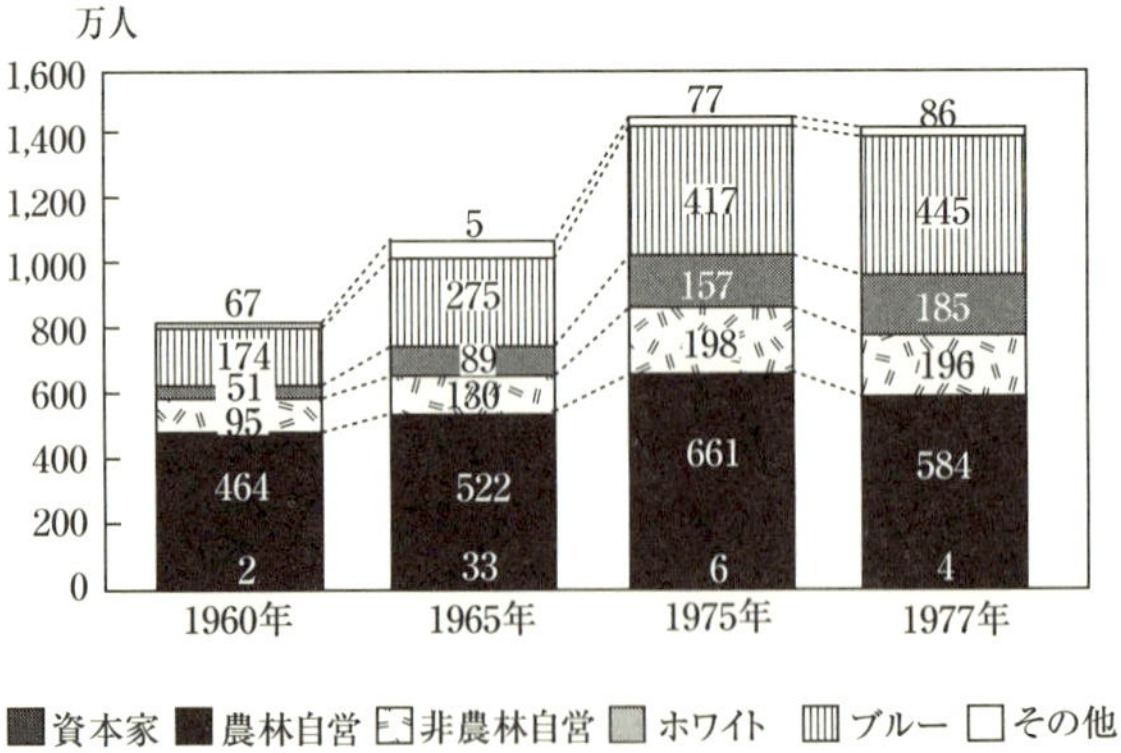

出所：図4－3に同じ。

者の数は少なかったが、年とともにさらにその数を減じたのである。

次にASEANを代表させてタイとフィリピンで見てみることとしよう（図4－5、4－6）。

タイでは、ブルーカラーは一九七〇年の一八一万人から七六年には二六二万人に、そして七八年には三二四万人に増加し、八二年には四六二万人に達した。ホワイトカラーも同時期にそれぞれ五六万人から六六万人を経て九五万人に、そして一三六万へと増大していった。資本家数も一万二〇〇〇人から四万六〇〇〇人を経て八万五〇〇〇人、一七万四〇〇〇人へと増加していった。この間、非農林自営業者の数は一三〇万人から二四八万人を経て二三五万人、そして三〇九万人に達し、農林自営業者の数は一二六二万人から七九〇万人にいったん減少したものの、再度七八年には一四九八万人、八二年には一五三五万人に増加している。タイが、先のNIES諸国と異なる点は、農林自営業者の数が一九七六年を例外として減少するどころか、逆に増加を開始していることにある。

では、フィリピンはどうか。フィリピンでは、ブルーカラーは一九六〇年の一七四万人から六五年には二七五万人に、七五年には四一七万人へと増加し、七七年には四四五万人に達した。ホワイトカラーも同じ時期にそれぞれ五一万人、八九万人、一五七万人、一八五万人と増加していった。資本家数も一万六〇〇〇人から三三万四〇〇〇人に急増するが（その理由は不明）、再度五万七〇〇〇人、三万七〇〇〇人と推移した。この間、農林自営業者は四六四万人、五二二万人、六六一万人、五八四万人と増加もしくは漸減傾向で、タイと同じように農林自営業者は、目だった減少を示さなかったのである。

②階層構成の地域的特徴

以上は、この間二〇年間の階層構成の変化であるが、次にそれぞれ最終年度（韓国は一九八五年、シンガポールは一九八四年、タイは一九八二年、フィリピンは一九七七年）でその断面を見てみよう。NIESと称される韓国、シンガポールとそれ以外のタイ、フィリピンの差は明確である。韓国、シンガポールの農林自営業者は、それぞれ二二・九パーセントと〇・五パーセントといずれも四分の一以下にすぎないのに対して、タイとフィリピンでは、各々五九・六パーセントと三八・九パーセントと四分の一以上の比率を占めているのである。しかも、その比率は、前述したように増加もしくは横ばい状況ではあっても激減する兆しはみられないのである。ここに、NIESと称された韓国、シンガポールとそうでないタイ、フィリピンの相違を見出すことができる。

いま一つの相違は「新中間層」とも言うべきホワイトカラー層の動向であろう。韓国、シンガポールではホワイトカラーの分厚い層が形成されているのに対して、タイ、フィリピンにおいては、それがさほどの厚みをもって形成されてはいない。韓国でのホワイトカラーの比率は一七・六パーセント（一九八五年）、シンガポールでのそれが三一・六パーセント（一九八四年）なのに対して、タイでは五・三パーセント（一九八二年）、フィリピンでは一二・三パーセント（一九七七年）にすぎない。もっとも、この数字だけだと韓国とフィリピンの間に大差がないではないか、という疑問も生まれようが、非農林自営業者とブルーカラーの一部に「新中間層」が形成されていると仮定し、やや大雑把ではあるが、ホワイトカラーだけでなく非農林自営業者にまで「新中間層」の範囲を拡大して考察すると、両者を合わせた韓国での比率が三八・九パーセント（一九八五年）なのに対して、フィリピンのそれは二五・四パーセント（一九七七年）となっており、その差は一三・五パーセントを示しており、ホワイトカラーだけでの両国の差五・三ポイントよりはるかに大きいことがわかる。

この「新中間層」は、工場の管理者、官僚、技術者など、専門的職業従事者や専門的技術労働者、管理的職業従事者などから構成されるが、いずれも工業化の過程でその不可欠の推進体として形成され、拡大をとげた高学歴層を指す。彼らは、ブルーカラーと異なり、知的水準が高く、単なる経済的欲求のみならず、知的欲求を求めて民主化の重要な担い手となるケースが多い。したがって、彼らがどのような動きを示すかが、その国のその後の民主化の帰趨に大きな影響を与えるのである。東アジアの工業化は、しばしば「開発独裁」と称される軍事政権によって民主化を犠牲にして強行されるケースが多いが、この過程で生み出されたブルーカラーとホワイトカラーは、ともに「経済成長か民主化か」という問題提起をなし得る力を持っている。したがって、ホワイトカラーが指導権を握りブルーカラーをリードして民主化の運動を推し進めたとき、はじめて「経済成長と民主化」のハーモニーを求め得る可能性が展望されるのである。

4　現地企業の成長と日本企業の対抗と協調

ＮＩＥＳ化は該地の企業家を育て、それは不可避的に日本企業との対抗と協調を包み込んだ関係を作り出すことになる。彼らは、一方的な多国籍企業の受け皿となるのではなく、ある場合には彼らのパートナーとして、またある場合には彼らの挑戦者として現れるのである。

韓国の財閥企業や台湾の電機・電子産業はその典型と考えることができよう。彼らが急速に力を付けてきた理由の一つはOEM（相手先ブランド製品の供給）による技術移転であった。OEM生産を行うにあたっては一定の技術水準の確保が条件となるが、それは、日米からの技術移転を前提としていたのである。単に供給先が設計したものをブランド生産するだけでなく、設計・開発まで任され、そこで生産したものを相手先ブランドで出荷するODM（自社のオリジナルデザインによる生産）まで進むと、技術移転はさらに促進されることとなる。

労働力構成の変化は前述した通りだが、こうした新分野の技術移転には、七〇年代から八〇年代にかけてアメリカから帰国した韓国人、台湾人技術者の果たした役割を無視するわけにはいかない。むろん韓国や台湾においては、義務教育制度の充実と高等教育の拡充を通じて、新たに若年労働者が次々と教育されている。しかし八〇年代以降顕著になってきたことは、アメリカで教育を受け、アメリカでコンピューター産業に従事していたエンジニアが多数韓国や台湾に戻り、企業に就職していることである。加えて韓国、台湾の場合には、欧米や日本に情報収集センターを設けており情報のキャッチアップに努めていることもこうしたOEM、ODM型の技術移転を可能にしているのである。

またこの時期のNIES化を考えるとき、韓国や台湾などで伝統的輸出産業である繊維およびアパレル産業が一九八〇年代においても依然として国際競争力を維持している事実に注目したい。これらの国々の一九七〇年と九一年の工業製品輸出構成を見た場合、機械・設備の急速な伸びと同時に繊維・衣服の輸出が高い額を維持しているのである。(14) 周知のように繊維・アパレル産業は、アジア各国が工業化を進める際に唯一の外貨獲得産業としての意味を持っている。電機・電子産業に代表されるハイテク産業では、完成品の輸出の拡大は部品輸入の増大を生んで、国際収支の面ではその寄与率は大きくない。ところが、繊維・アパレル産業の場合には、その制約条件が少なく、その分、開発途上国が工業化を推し進める場合に有力な財源となるのである。さらに繊維・アパレル産業の場合には、川上の紡績から川下のアパレルまで、その関連する業種は幅広く、経済効果は大きい。こうした外貨獲得能力のある工業の維持発展がNIES化にあずかって大きかったのである。

（1）NIESに関して筆者は、かつて「後発性利益論」「儒教精神論」「自国経済・国際経済適合性論」「第四世代工業化論」といった立場からその学説を整理したことがある（相田利雄・小林英夫編『成長するアジアと日本産業』大月書店、一九九一年）。他に平川均『NIES』（第一章）は、「従属論パラダイム」「段階論・近代化論パラダイム」「儒教文化圏アプローチ」「世界システム論」に分けて検討している。
（2）Paul Krugman, "The Myth of Asian Miracle", *Foreign Affairs*, November/December 1994.
（3）野沢勝美「アキノ政権の農地改革」（アジア経済研究所『アジアトレンド』第四八号、一九八九年）参照。
（4）アジアの土地改革については Russell King, *Land Reform—A World Survey—*, London, 1977. に拠った。
（5）たとえば、韓国のキム・インヨンは、韓国の経済成長の担い手は軍や官僚ではなく、個別企業主であるとして、政府主導の経済発展論に批判を加えている。キムは、NIESの経済発展に関しても、権威主義的政府の役割について否定的な見解を述べている（**김인영『한국의 경제성장』**ソウル、一九九八年）参照。
（6）南悳祐は、付加価値税、防衛税を新設し、七〇年代の重要な経済政策は、すべて彼の手で立案されたという（**내외경제신문**、一九九二年一月一六日）。
（7）若林正丈『台湾』（田畑書店、一九八七年）参照。
（8）とりあえず、最近の日本語による研究を挙げれば、小玉敏彦『韓国工業化と企業集団』（学文社、一九九五年）がある。
（9）劉進慶『戦後台湾経済分析』（東京大学出版会、一九七五年）参照。
（10）アジア地域からの輸入の増加で、日本の地場産業がいかに変容したかについては拙著『戦後日本資本主義と「東アジア経済圏」』（御茶の水書房、一九八三年）第二部参照。
（11）ベトナム戦争の記録編纂委員会編『ベトナム戦争の記録』（大月書店、一九八八年）および堀江則夫『敗戦国アメリカ

NOW』（未来社、一九八七年）参照。

（12）韓国の中近東進出の重要性を比較的早い時期に指摘したものとして前掲拙著『戦後日本資本主義と「東アジア経済圏」』がある。

（13）以下の記述は、石田和夫「資料・発展途上国の階級構成表（一九六〇～一九八四年）」（関西学院大学商学研究会『商学論究』第三六巻第一号、一九八八年六月）に拠った。

（14）世界銀行（白鳥正喜監訳）『東アジアの奇跡』（東洋経済新報社、一九九四年）一四三頁。

第5章　日本産業とＡＳＥＡＮの工業化

1　ＡＳＥＡＮの成長

ＮＩＥＳ（新興工業経済群）と称される韓国、台湾、香港、シンガポールの急成長がさまざまなところで指摘されているが、一九八〇年代末にいたるとその成長の波はＡＳＥＡＮに波及した。と同時に、円高を契機にＮＩＥＳ、ＡＳＥＡＮの国々からの対日輸出も増加傾向を示した。こうした交流の拡大は、単にモノだけにとどまらず、カネからヒトへと拡がり始めた。銀行支店網は円の強化とともに東アジアへ拡がったし、ヒトの面でも日本人の東アジアへの旅行者数の増大に加え、日本への外国人労働者の流入も顕著になってきた。東アジアを含め、世界へ旅立った人の数は一九八九年一年間で九六六万人に達し、また、同じ一九八九年一年間に日本に入国した外国人の数は、これまた二九九万人（再入国許可による入国者数を含む）に達した（いずれも法務省調査による）。このなかのすべてというわけではないが、十数万人は「観光」という名目での不法就労者であることが推定され、その多くは３Ｋ（汚い、危険、きつい）と称される職種に就業した。当然、日本の産業構造も、単にアメリカだけでなく東アジアとの連携を抜きにしては考えられなくなった。東アジアへの進出の歴史が比較的古い、繊維、電機を筆頭に、鉄鋼、石油化学、自動車、造船、さらには最近では流通部門も含めて、地域的結合が強まり始めた。

こうした状況のもとでの本章の課題は、一九八〇年代末の日本とＡＳＥＡＮ諸国の貿易・投資がどのような状況にあったのか、そしてその経済的関連のなかには、どのような問題が含まれていたのかを検討してみることにある。

ところで、この間日本と東アジアの経済関係については、実に数多くの研究が出されてきた。アジア経済研究所編『発展途上地域日本語文献目録』一九八七年版によれば、収録された発展途上国関係の日本語文献数は約六二〇〇点にのぼり、うちＡＳＥＡＮ関係の文献数は九八〇余点、これに東アジア関係（ここでいう東アジアは中国、南北朝鮮、台湾、香港）二五〇〇余点を含めると実にその文献数は約三五〇〇点に達し、日本で出版された発展途上国関係文献の半数はＮＩＥＳ、ＡＳＥＡＮ関係ということになる。こうした文献数の多さが、同時にこの間の日本における この地域に対する関心の深さを物語っている。本章では、ＡＳＥＡＮと日本の一九八〇年代末の関係を概観し、次にタイに焦点を当てながら、そこでの日本自動車産業と現地企業との関係を検討してみることとしたい。

2　ＡＳＥＡＮと工業化の進展度

一九八〇年代末におけるＡＳＥＡＮ（ここではマレーシア、タイ、フィリピン、インドネシアの四カ国に限定する）の工業化はどの程度のものなのか。ここではごく簡単にＡＳＥＡＮについて述べておこう。

1　経済成長率

一つには、ＡＳＥＡＮ諸国は一九八〇年代末に順調な経済成長を示したことである。表5-1にみるように、一九八〇〜八八年の平均成長率は四・五パーセントの線を上下していたことはそれを明確に物語る。四・五パーセン

表5－1 環太平洋地域の実質経済成長率の推移

	1960年代	1970年代	1980～88年				1990年
				1986年	1987年	1988年	
米国	3.8	2.8	2.9	2.8	3.4	3.9	1.0
カナダ	5.2	4.5	3.3	3.2	4.0	4.5	0.9
日本	10.5	4.6	4.1	2.5	4.5	5.7	
アジアNIES	9.0	9.1	8.0	10.7	11.8	9.0	
韓国	9.5	8.4	8.9	11.7	11.1	11.0	9.0
台湾	9.6(2)	9.7	7.5	10.6	12.4	6.8	5.3
シンガポール	9.2	9.1	6.6	1.8	8.8	11.1	8.3
香港	6.5	9.4	7.1	11.9	13.0	7.4	
ASEAN	5.3	7.5	4.5	3.2	5.2	7.1	
マレーシア	5.7	8.0	5.0	1.2	5.2	7.8	9.4
タイ	7.9	6.9	6.5	4.5	8.4	11.0	10.5
インドネシア	3.6	8.0	4.4	4.0	3.6	4.7	7.1
フィリピン	5.2	6.1	1.2	1.4	4.7	6.6	3.1
中国	—	5.8	9.9	8.3	10.6	11.2	
オーストラリア	5.5	3.2	2.9	2.1	4.5	3.8	1.3
ニュージーランド	3.6	1.8	1.8	△3.5	△0.1	0.3	5.0
世界平均	4.9	3.9	3.0	3.2	3.2	4.1	1.5

注：(1) アジアNIESおよびASEANは，構成国（地域）実質成長率の名目GDPによる加重平均値。
(2) 1966～70年。
(3) 90年は『通商白書』（平成3年版）等による。
出所：OECD, *Economic Outlook.*
ADB, *Asian Development Outlook.*
IMF, *World Economic Outlook.*
（花崎正晴「緊密化する環太平洋地域の経済リンケージ」（『調査（日本開発銀行）』第138号，1990年2月，13頁より）

トという数字は、NIESに比べてみれば決して高くはないが、七〇年代のアメリカ、オーストラリア、ニュージーランドと比較すれば、はるかに高い率を示していた。こうしたなかで、フィリピンはこの間一・二パーセントと低迷していたが、それはマルコス政権時代の政治的・経済的混乱と腐敗を引きずった結果である。しかし九〇年代に入るとASEAN諸国は、日本やNIESの投資を受けてその成長率を上昇させたのである。なかでも、八〇年代に五・〇パーセントの成長率を記録したマレーシアと六・五パーセントを記録したタイの高度成長が注目されよう。この両国は、九〇年も引き続き高成長を持続し、それぞれ九・四パーセント、一〇・五パーセントを記録したが、進出企業のラッシュのなかで賃金の上昇、労働者確保の困難、地価高騰などの現象が生じ始めていた。

2　ASEAN四カ国の経済成長

八〇年代後半以降のマレーシアの急成長は、〝ルック・イースト〟をかけ声に日本的経営の導入に努め、外国企業の誘致に全力をあげたマレーシア政府の政策によるところが大きかった。その結果、一九八〇年代後半には日・米の電機・電子企業が労賃高騰の韓国、台湾を避けて、低賃金と優秀な労働力を求めてマレーシアに進出した。この間、テキサス・インストルメント、モトローラ、東芝、日立、NECなど日・米の大手電機メーカーが軒並みマレーシアに進出し操業を開始したのである。マレーシア政府もそれまでのブミプトラ（マレー系住民優先政策）に代表される外資規制政策を緩和して、好条件をもって外資を迎えると同時に七一年以降各地につくった輸出加工区に加えて、それと同じ機能をもつ工業団地を造成し、外資の受け入れ体制を整備した。(1)この結果、工業製品の輸出比率は電機・電子製品を中心に一九七〇年の六・四パーセントから八五年には二七・二パーセントへと拡大した。

後述する点を除けば、タイも状況は同じであった。特に一九八五年以降、円高の避難地を日本企業はタイに求めた。その結果、タイでは繊維産業と電子産業が急激な拡大をとげた。繊維産業では、七〇年代後半以降特にアパレル産業が急成長をとげていた。このアパレルにリードされるかたちで、テキスタイル全体が急成長をとげ、輸入代替から輸出促進産業へと性格を変え、七〇年代後半以降は対米輸出を中心に対EC、対中近東そして対日輸出を拡大しながらその生産額を伸ばし始めたのである。ただしタイの場合には、八〇年代以降従来の韓国、台湾といったNIESで推し進められた工業化戦略ではなくナイック（NAIC）と称される戦略（農業を切り捨てるのではなく、農業を軸に工業化を推し進めていこう、という戦略）を採用していた。(2)これが、前述したように繊維と電子をリーディング・セクターに推進されたのである。この結果、タイでの工業製品の輸出比率は七〇年の一五・五パーセントから八五年には四一パーセントにまで拡大した。

これら二国に比べると、インドネシアの工業化のスピードは遅く、八〇年代前半の成長率は三・五パーセントにすぎなかった。たしかに八〇年代後半に入ると、合板、繊維製品などの軽工業を中心に輸出が増え始めたが、前述したタイに比べると規模は小さかった。というのもこの間、日・米の資本は豊富な労働力を擁し、投資環境が整備されたタイとマレーシアに集中し、道路、通信設備の脆弱なインドネシアへの投資が少なかったからである。したがって、インドネシアの輸出の主力は依然として第一次産品で、工業製品の輸出比率は一九八五年で一三・七パーセントと低かった。しかし、マレーシアやタイの投資ラッシュと賃金高騰のなかで投資環境が悪化しているため、これを嫌う日本、韓国、台湾の企業の対インドネシア投資が九〇年代に入ると徐々に増え始めた。

フィリピンでは、マルコス政権時代の政治混乱のツケがたまって、八〇年代前半の成長率マイナス〇・五パーセントという数字が示すように、工業化が思うようには進行しなかった。八〇年代後半のアキノ政権下で、日本やNIESからの外資は少しずつ増えてきたが、輸出の主力は農産物で工業製品の輸出比率はさほど高くはなかった。一九八八年以降、台湾、香港からの企業進出が始まって成長率は上昇の兆しをみせたものの、アキノ政権下での農地改革の不徹底、政治的不安定が重なって、この時期は大きな成長は見られなかった。

3　日本の対ASEAN投資とその特徴

ところで、ASEAN諸国の経済成長に大きな影響力をもったのが日本の経済協力であった。経済協力のなかで代表的なものが政府開発援助（ODA）であった。図5-1から明らかなように毎年急増を続け、一九八七年には一九八〇年時点の一・四四倍に増加したのである。

そして、一九八九年の実績は八九億五八〇〇万ドル（一兆二三六八億円）に達し、アメリカを抜いて世界第一位

図5-1　日本のODA実績の推移

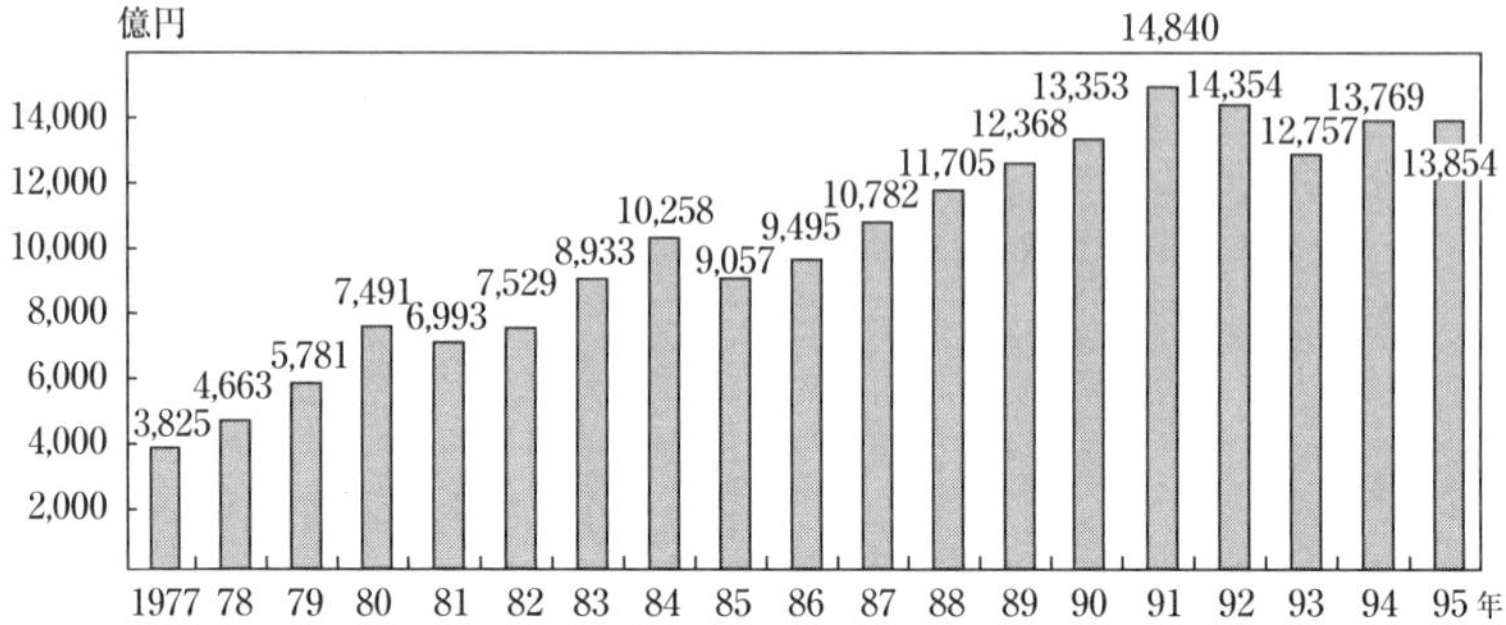

出所：外務省経済協力局編『我が国政府の開発援助　ODA 白書』上巻，1996年，21頁，1990年，58頁より作成。

の地位についた。こうしたなかで、地域的にみると図5-2に明らかなように、その圧倒的部分はアジア地域に集中していた。しかも、とりわけ日本の経済的関連の強い東アジア地域にその大半が集中していたのである。加えて、表5-2でその供与対象分野別比較をみると、日本は社会インフラ（保健、教育、水供給・衛生など）のシェアが二三・六パーセントで、主要援助国中でイタリア、カナダに次いで少なく、逆に経済インフラ（運輸、通信、河川開発、エネルギーなど）は四二・一パーセントで、主要援助国中トップの位置を占めていた。日本の政府開発援助は企業の経済活動を側面から支援する要素が強いとよく指摘されるが、この表はその事実を物語っている。

次に、日本の製造業海外直接投資の動向を東アジアでみてみよう。ここでは日本のASEAN投資の動向に注目しながらその変化をたどってみることとしたい（図5-3参照）。

この図から明らかなように、日本は一九八〇年代後半以降製造業の東アジア対外投資を増大させた。

過去に一九七二～七三年、一九七八年以降に投資の増加はみられたが、第三期の高揚は、一九八五年以降今日までのことであった。第一、第二期の高揚についてはすでに各章で論じたので省略する。他の期と異なる第三期の特徴は、日本が東南アジアの輸出基地化を意図したことである。

図5-2　地域別主要援助国実績の割合（1995年）

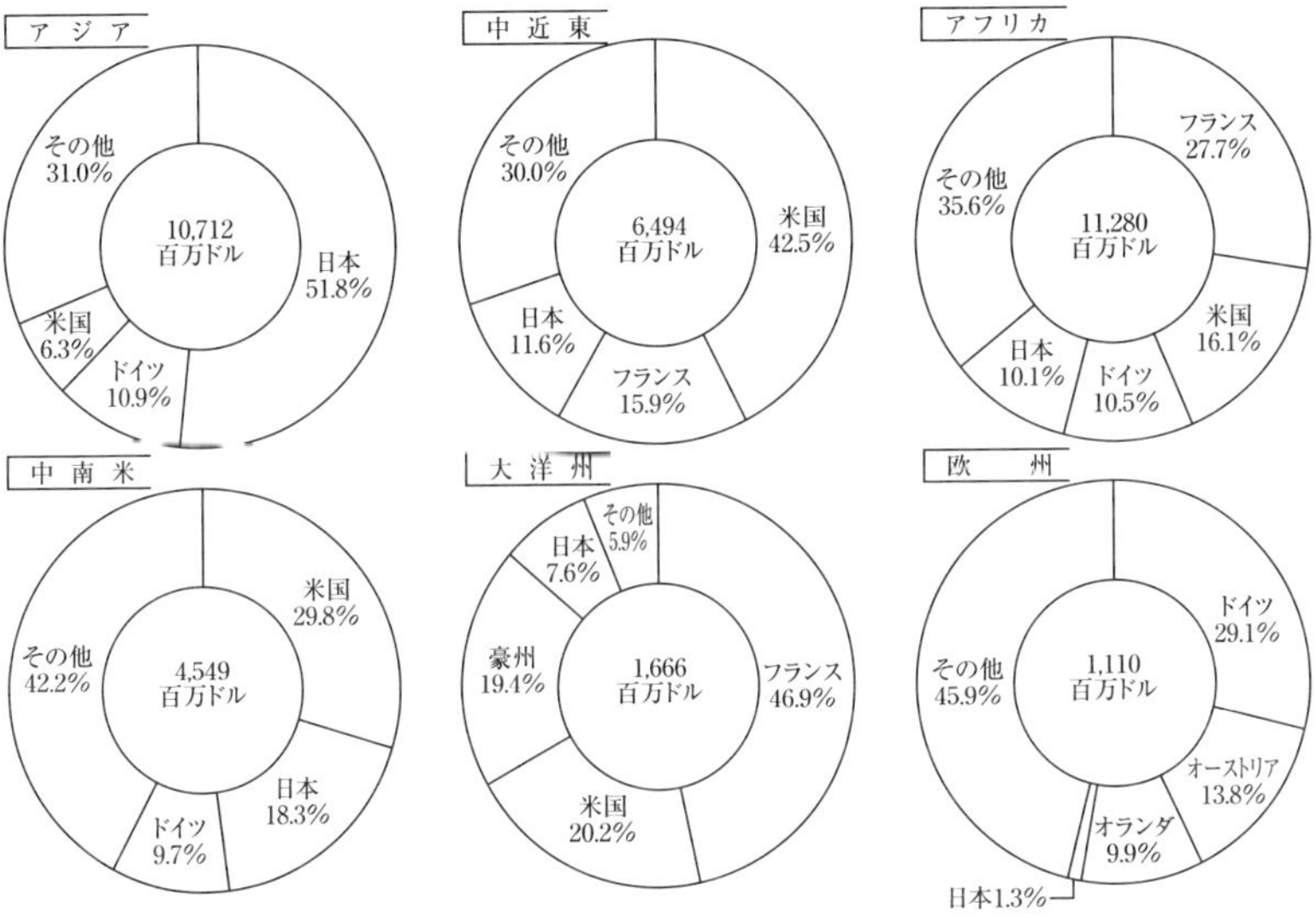

注：地域分類は外務省分類を使用。グラフ内数値はDAC諸国の実績計。
出所：外務省『我が国の政府開発援助　ODA白書』上巻，1996年，28頁。

表5-2　DAC諸国の二国間ODA分野別内訳（1994年）

（約束額ベース，単位；%）

分野＼国名	日本	米国	英国	フランス	ドイツ	イタリア	カナダ	オーストラリア	スウェーデン	DAC平均
社会インフラのシェア	23.6	29.9	26.0	33.1	36.9	6.9	17.1	34.5	31.5	27.3
経済インフラのシェア	42.1	15.5	11.9	6.1	20.1	9.3	13.6	22.8	11.5	21.2
農業分野のシェア（除く，食糧援助）	9.8	5.7	8.0	5.1	5.8	1.6	3.6	6.6	10.5	7.5
工業等その他生産分野のシェア	7.5	7.8	5.2	8.5	6.1	1.0	10.1	2.1	6.9	7.4
食糧援助のシェア	0.4	14.1	4.5	0.5	1.0	4.6	7.6	2.1	—	3.5
プログラム援助等のシェア	16.5	27.2	44.4	46.6	29.1	76.5	48.1	32.0	39.6	33.1
合計	100.0	100.0	100.0	100.0	100.0	100.0	100.0	100.0	100.0	100.0

注：(1)「工業等その他生産分野のシェア」には，「マルチセクター」を含む。
(2) 四捨五入の関係上，各分野の計が合計と一致しないことがある。
(3) 東欧向け援助を除く。
出所：外務省『我が国の政府開発援助　ODA白書』上巻，1997年，239頁。

図5－3　東アジアへの日本の製造業投資

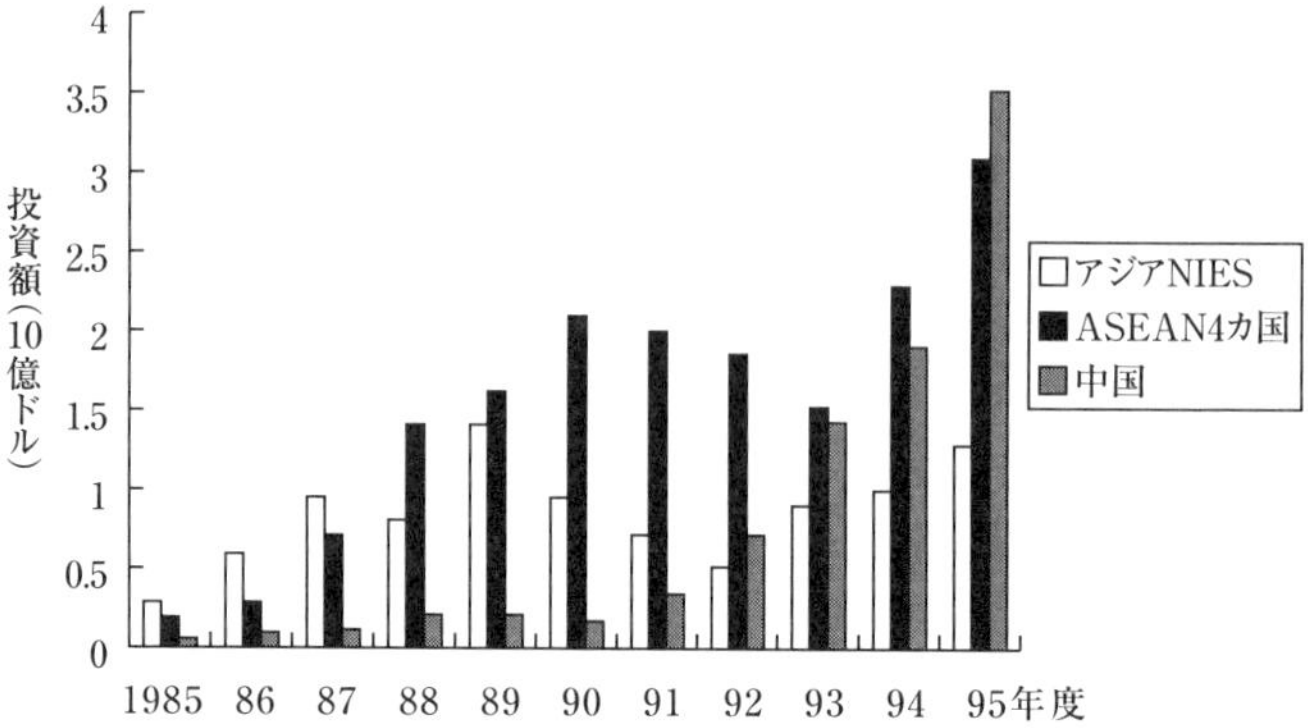

出所：JETRO『1997　ジェトロ白書―世界と日本の海外直接投資』日本貿易振興会，1997年，27頁。

日本企業が東南アジア地域を基地に世界市場向け輸出を可能にするためには、それを支える下請部品産業の育成が不可欠となり、それを可能にするため日本中小部品メーカーのＡＳＥＡＮ進出が積極化した。この傾向は、一九八五年以降の円高によって日本からの部品供給が割高になるに及んで一層強まった。この結果、八五年以降の対東南アジア投資のなかで、この現地日系企業への部品供給のための投資は急速に増大したという。たとえばマレーシアの場合、一九八九年九～一〇月にクアラルンプール郊外の工業団地の日系企業を対象に実施した著者の調査によれば、多数の企業が何らかのかたちでその部品調達先の変更を余儀なくされ、そのなかで、調達先を日本からの供給からマレーシア国内の（日系下請部品）企業に変えた例が少なくなかった(3)。この中小企業の海外進出は、大企業のような海外進出のノウハウの蓄積もなく、人材も少ないままに進出を余儀なくされたこととも関係して、派遣される日本人従業員に過大な犠牲を強いた場合が多かった。

4　ＮＩＥＳのＡＳＥＡＮへの投資の増大

ところで、ここ数年の新しい特徴にＮＩＥＳのＡＳＥＡＮへの投資の増大がある。韓国、台湾の例をみれば表5-3、5-4、5-5にみるように、一九九〇年代に入って対外投資が著増している。ＡＳＥＡＮ四カ国への韓国・台湾の直接投資は一九八八年で、韓国が二億ドル強、台湾が二一億九〇〇〇万ドル強、香港が八億二〇〇〇万ドル

表5-3　韓国の対外投資推移

（単位：百万ドル，件）

年　度	地　域			産　業					投資合計
	アジア	北米	ヨーロッパ	製造業	繊維・衣服	組立金属	（その他）	貿易業	
1968～80	106	33	51	33	1	0	32	30	352
	53	118	5	33	5	2	26	205	145
1985	15	12	39	21	1	0	20	11	38
	18	27	3	11	2	1	8	17	113
1990	191	86	21	482	73	162	247	239	341
	297	438	64	193	48	44	101	79	959
1995	1,020	135	80	1,988	95	1,087	806	295	1,299
	1,649	545	645	920	78	242	600	116	3,067
1997.1～11	798	211	77	1,122	142	471	509	309	1,177
	1,395	468	249	765	125	244	396	93	2,606
累　計	5,859	1,370	530	9,801	1,191	4,458	4,152	3,419	8,523
	7,908	5,663	2,577	5,437	1,129	1,307	3,001	1,321	18,670

注：上段・金額，下段・件数。
出所：韓国財政経済院『国際投資および技術導入動向』，ソウル，1997年。

表5-5　台湾の対外投資産業別分野

（単位：百万ドル，カッコ内は件数）

	対外投資
電機	6,506（　917）
繊維	363（　142）
化学	3,173（　409）
金属	1,296（　432）
対外貿易	1,645（1,184）
その他	8,684（2,579）
合　計	21,667（5,663）

出所：*Op. cit.*, 1997, p. 245.

表5-4　台湾の対外投資推移

（単位：百万ドル，件）

年　度	全体	米国	日本	ヨーロッパ
1952～60	19	18		
	10	7	3	
1965	35	31	21	
	36	17	14	1
1970	109	68	29	12
	71	16	51	4
1980	243	110	86	14
	71	15	35	11
1985	661	333	145	100
	107	42	32	12
1990	2,082	540	827	283
	376	61	179	49
1995	2,757	1,276	569	335
	370	67	157	39
累　計	5,906	2,376	1,677	744
	1,041	225	471	116

出所：Council of Economic Planning and Development, Republic of China, *Taiwan Statistical Data Book*, 1997, p. 244.

強、シンガポールが六億八〇〇〇万ドル強で、合計三九億ドル強を計上したのである。[4] 韓国と並び台湾の投資額が大きいのは、台湾の元の切り上げが大きかったのと、それによる海外投資の開始が早く始まったこと、東南アジアの華人のネットワークがこの投資行動に有利に働いたことなどに原因がある。台湾からの投資は、主に玩具、クリスマス電球、造花、ゴム手袋などで、韓国からは繊維、アパレル、ゴム靴などが主体となっている。前述したように、マレーシア政府は台湾からの投資を受け入れるため、それ専用の工業団地を造成し始めた。このように、NIESは投資を通じてもASEANとの経済的連係を強め始めているのである。

とりわけ東南アジアでのこの動きをリードしたのは台湾であったが、その理由の一つに台湾・中国と東南アジアを結ぶ華人のネットワークがある。東南アジアの華人は総数一五〇〇万人とも二〇〇〇万人ともいわれる。彼らは同族、同郷を中心に幇（パン）をつくり、これを中心にネットワークを作りあげている。もっとも、東南アジアの華人といっても、極度に同化が進んだタイやそれと逆にブミプトラ、プリブミ政策によって華人の活動に規制が加えられているマレーシア、インドネシアなどのあいだで相違があるが、彼らが商業を中心として現地経済に大きな影響力をもっていることは各国に共通している。彼らのもつ商業販売網に着目して合弁のパートナーに華人を選ぶ日系製造企業は数多い。また、日系企業のマネージャーとして重要なポジションにつく華人も数多い。[5] 彼らは同族経営で、品質管理や設備投資に無関心で目先の利益を追いすぎるという批判が日系企業から出されるが、前述したネットワークをもっていれば、目先の利益を追って資金を移動させるのは、けだし当然の行動といえよう。しかし、最近、金融から生産に基盤をおいた華人の企業家が育ち始めているのである。

5 日本とASEANの貿易関係

注目されるのは、NIESが安定成長に移ると同時にASEAN諸国、とりわけタイ、マレーシア、インドネシアの経済成長が上昇傾向をもち始めたことである。これらの国々へは日本のみならずＮＩＥＳからも投資が増大してきており、繊維、雑貨などＮＩＥＳで採算が悪化した部門がシフトしてきているのである。この結果、「東アジア経済圏」はアメリカとの経済関係を維持しつつ、日本とＮＩＥＳ、ＡＳＥＡＮの相互関連をも深め始めている。しかし、ＮＩＥＳ域内交易、ＡＳＥＡＮ域内交易ともに一九八〇年代末の時点では必ずしも大きいものではなかった。一九八九年の貿易のフローでみても、ＮＩＥＳで一七五億ドルでＮＩＥＳの輸出入総額の四・七パーセントにとどまり、ＡＳＥＡＮで二一六億ドル、九・一パーセントにすぎなかった。しかし、「アジア域内貿易の伸び率は前年比八七年三六・一パーセント、八八年三四・五パーセント、八九年一五・六パーセントと伸び、八六年から八九年の成長率は年平均二八・四パーセントであった。これは世界貿易の同一三・七パーセント、アジア太平洋域内貿易の一六・五パーセントなどと比較して最も高い伸び率である(6)」ことを考えれば、今後域内貿易の比率は高まっていくものと思われる。

(1)　拙著『東南アジアの日系企業』(日本評論社、一九九二年)を参照。
(2)　通常、新興農業関連工業国(Newly Agro-Industrializing Countries)と訳されるこの工業化戦略の特徴は、アグロインダストリーを基本に輸出産業を育成し、農業所得の引き上げを図り、これを通じて工業化を推進しようとするものであった(末廣昭・安田靖編『タイの工業化　ＮＡＩＣへの挑戦』アジア経済研究所、一九八七年)。
(3)　前掲拙著『東南アジアの日系企業』第4章参照。
(4)　アジア経済研究所『アジア動向年報』一九八九年版、一三頁。
(5)　須山卓『華僑経済史』(近藤出版社、一九七二年)、須山卓・日比野丈夫・蔵居良造『華僑(改訂版)』(ＮＨＫブックス、一九七四年)、戴国輝『東南アジア華人社会の研究』上(アジア経済研究所、一九七四年)を参照。
(6)　日本貿易振興会『ジェトロセンサー』第四〇巻第四六九号(一九九〇年一一月)五一頁。

3　タイでの日本自動車産業の活動

1　タイの工業化の進展

一九八九年、タイは経済成長率一三・一パーセントを記録し、ASEANの八・三パーセント、NIESの六・四パーセント、アメリカの二・五パーセント、日本の四・七パーセント、世界平均の三・三パーセントを大きく凌駕し、その高成長率が注目された。

こうした高成長をもたらした要因は、タイ側での投資条件の整備と外資の流入の結果に他ならないが、それを促進したものとして、NIES諸国の労賃上昇、通貨切り上げによるタイへの投資増加、インドシナを睨んだバーツ経済圏の中核としてのタイの将来的位置への期待があずかって大きかった。

タイの工業化の進展は、産業構造に大きな変化をもたらし、その結果一九八五年にはタイの輸出品の第一位は米から繊維、アパレルへと変わっていった。外国企業のタイへの集中ラッシュは雇用機会の増加を生み出し、一人当たりのGNPも一九八七年の八五七ドルから八八年には一〇四四ドル、八九年には一六〇〇ドルへと上昇した。この間の所得上昇はタイ社会にさまざまな影響を与えたが、バンコクを中心とする都市部での消費構造の変化もその例外ではなかった。それは、デパート数の増加と消費指向の上昇、高級店舗数の増加、自動車所有台数の増加などに集中的に表現されていた。もっとも、「自動車の小売価格は一トンピックアップ・トラッククラス（トラックの一種、後述する――引用者）で約三〇万バーツ、小型乗用車クラスで約五〇万バーツであり、給与所得者層の給与レベル――大卒初任給約〇・八万バーツ、課長三万バーツからは、年収以上となっており、自動車はまだまだ高嶺

表5-6　アジア諸国の自動車・二輪車保有台数（1989年）

国・地域		自動車保有（台）			自動車1台当たり人口	二輪車保有（台）	
			乗用車	商用車			年
NIES	台湾	2,120,091	1,579,121	540,970	9.2人	6,810,000	88
	韓国	2,658,598	1,557,660	1,100,938	15.8	1,066,841	88
	香港	355,839	193,377	162,462	16.0	18,820	80
	シンガポール	399,037	271,158	127,879	6.5	127,564	86
ASEAN	マレーシア	1,555,000	1,200,000	355,000	11.0	2,461,428	87
	フィリピン	1,084,735	412,998	671,737	52.5	280,002	88
	インドネシア	2,591,087	1,199,665	1,391,422	63.7	5,115,925	86
	タイ	1,300,000	550,000	750,000	42.0	4,138,608	69
中国		4,350,000	1,100,000	3,250,000	265.0	2,321,307	88
日本		55,093,128	32,621,046	22,472,082	2.2	17,771,787	88
米国		188,669,000	144,375,000	44,294,000	1.2	7,135,000	88
世界		555,491,953	423,383,591	132,108,362	8.8	80,034,401	

出所：機械振興協会・経済研究所日本自動車研究所『アジア諸国のモータリゼーションに関する調査研究報告書（第3年度調査報告）』1992年，50頁。

の花」[1]ではあったが、モータリゼーションの波は確実にこの国にも押し寄せていた。

本節は、タイでの一九九〇年代初頭の変化に留意しつつ、好況下で増産体制を取る自動車産業の動きを検討してみることとしたい。したがって、本節ではまず、タイの自動車産業の特徴を概観し、一九八八年以降の生産・販売台数の増加状況を検討したい。そしてそうした増産体制に応ずるかたちで一次サプライヤーがどのような対応を余儀なくされたのか、さらに自社生産を増加させる動きを示す企業と下請け発注率を増加させる企業にその対応が分かれる一次サプライヤーのなかで、その相違が、タイ人経営者が多い二次サプライヤーにどのような影響を与えたのか、を見てみることとしたい。そして、こうした増産体制が生み出したタイ中小企業の変化に光をあててその持つ意味を考えてみることとしたい[2]。

2　タイの自動車産業の特徴

まず、タイの自動車普及率を見ておこう。表5-6を参照願いたい。アジア諸国の自動車保有台数（一九八九年現在）であるが、絶対数では日本が五五〇〇万台でトップの座にあり、四〇〇万台で中国が、二〇〇万台で韓国、インドネシア、台湾が、一〇〇万台でマレーシア、タイ、フィリピンが、そして三〇万台でシンガポール、香港が続く。しかし、自動車一台当たりの人口でみると日本が二・二人でもっとも普及しており、以下シンガポールの六・五人、台湾の九・二人、マレーシアの一一・〇人、韓国の一五・八人、香港の一六・〇人が一つのグループを形成し、タイの四二・〇人、フィリピンの五二・五人、インドネシアの六三・七人、中国の二六五・〇人が第二のグループを形成している。マレーシアと中国を例外とすればNIESが第一グループを形成し、ASEANが第二グループを形成しているといってよいであろう。マレーシアの自動車普及率が高いのは、国産乗用車プロトン・サガを政府がさまざまな優遇措置を講じて販売した結果に他ならない(3)。

この第一グループと第二グループは単に自動車一台当たりの人口の違いだけにとどまらず、第一グループが乗用車中心なのに対して第二グループは商用車が中心になっていることから判断できるように、車種の違いをも生み出している。所得水準との関連で、第二グループの需要は汎用性をもつ商用車に集中しているのである。

第二グループに属するタイの八〇年代後半における車種別販売台数推移をみれば図5-4の通りである。一九八七年まで一〇万台を前後していたタイでの自動車販売台数は、八八年に一四万台、八九年に二〇万台、九〇年に三〇万台のラインに達したのである。一九九一年には、乗用車と商用車の輸入関税が変更されたことと消費税が導入されたため、模様ながめで一時的に需要は落ち込んだが、九二年にはふたたび市況は回復し、販売台数が三〇万台を突破するのは確実といわれていた。

そうしたなかで、販売台数を車種の変化で見た場合、乗用車が三〇パーセントを前後するラインにあるのに対して、商用車は七〇パーセント前後と圧倒的比率を占め、そのなかでも汎用性をもつ一トンピックアップ・トラックが全体の五〇~六〇パーセントのラインを保持していた。しかもこの表では表示されていないが、一トンピックアップ・トラックの主流はディーゼルエンジン搭載の車であった。

なぜタイではディーゼルエンジン搭載の一トンピックアップ・トラックに需要が集中したかといえば、一つには前述した汎用性と経済性という点がある。この車種は、乗用車にも貨物運搬用にも使えるためタイでは人気が高く、加えてディーゼルエンジン搭載車は低燃費で、低回転でもトルクが大きく、水がかぶっても支障が少ないため、湿地帯が多く、雨季に道路が冠水するタイの道路状況に適合して使用しやすい。さらに、CDK（現地組み立て）セットへの関税が、当時（一九八九年）乗用車の場合はCIFの一一二パーセントで課税されるのに対して、商業車の場合、ディーゼル車で三〇パーセント、ガソリン車では二〇パーセントと低いため価格面で安く、政府の租税面での優遇措置がこれに加わって、タイは一トンピックアップ・トラックの「独壇場」となっていたのである。

　では、一トンピックアップ・トラックのタイ・マーケットでのシエアはどのようになっ

図5-4　タイの車種別自動車販売台数

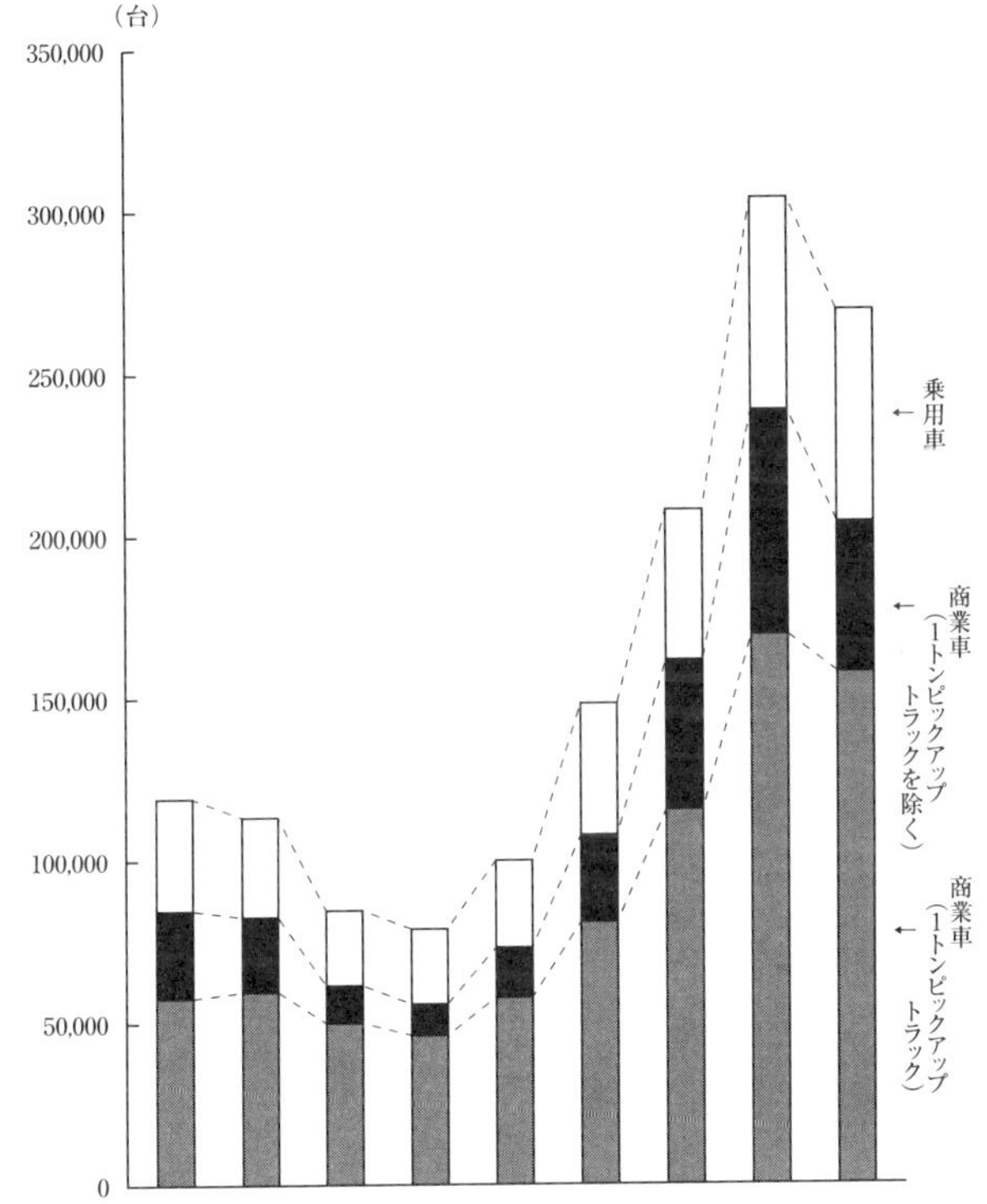

	1983	1984	1985	1986	1987	1988	1989	1990	1991
商用車	85,382	81,683	64,107	56,031	74,591	108,239	160,538	238,198	201,781
1トンピックアップ	58,754	60,031	50,996	45,299	59,397	81,514	115,964	167,613	155,366
（他の商用車）	26,628	21,652	13,111	10,732	15,194	26,725	44,574	70,585	46,415
乗用車	33,370	31,721	22,032	22,488	27,043	38,745	47,705	65,864	66,779
合計	118,752	113,404	86,139	78,519	101,634	146,984	208,243	304,062	268,560

出所：K社作成資料による。

図5-5　会社別1トンピックアップ・トラック販売台数

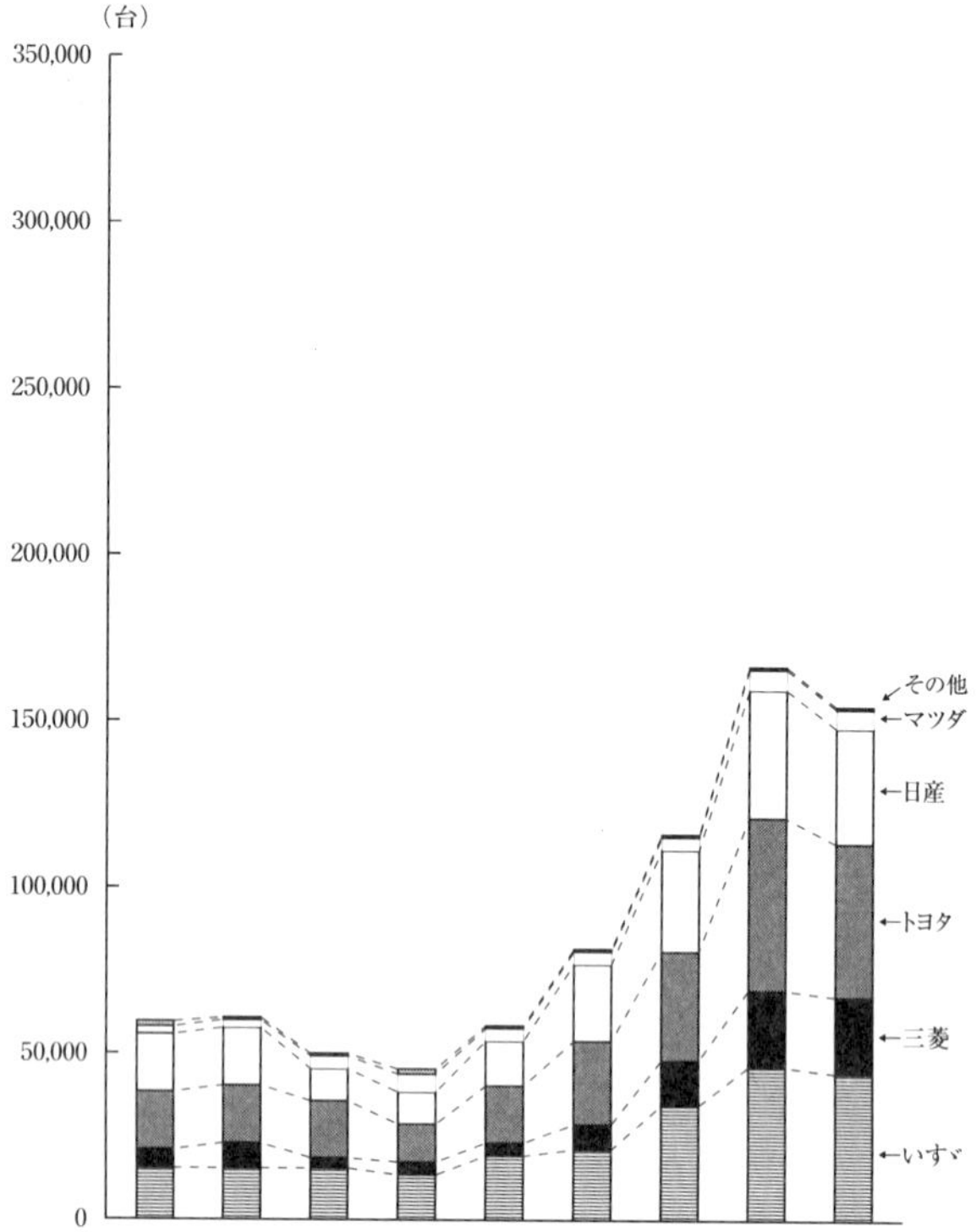

	1983	1984	1985	1986	1987	1988	1989	1990	1991
いすゞ	14,972	15,531	14,836	13,001	18,369	22,194	33,972	47,987	45,248
三菱	5,391	6,509	3,681	3,307	4,924	7,738	13,887	23,230	23,879
トヨタ	17,727	17,919	16,406	13,093	18,375	24,636	34,104	50,299	45,427
日産	17,014	17,521	12,697	10,863	13,956	23,091	29,444	39,286	36,425
マツダ	2,404	1,868	2,695	3,701	2,786	2,833	3,867	5,881	3,570
その他	1,246	683	641	1,334	987	1,022	690	930	817
合計	58,754	60,031	50,956	45,299	59,397	81,514	115,964	167,613	155,366

出所：K社作成資料による。

ているのか。図5-5を参照願いたい。日本のカー・メーカー、とりわけトヨタといすゞが販売台数でトップの座を争い、日産、三菱、マツダがこれに次ぎ、日系五社で九九パーセントを占めていた。つまり、一トンピックアップ・トラックは日本のカー・メーカーの「独壇場」でもあったのである。

このことに象徴されるように、タイには日本の主要メーカーが集中していた。通称「四輪一一社二輪四社体制」（表5-7）と言われたように、タイには一二の自動車アッセンブリーメーカーがあり、主要日本企業はすべて顔をそろえていた。一九六〇年代以降一貫して取ってきたタイ政府の自動車国産化政策のため、各社は、タイ市場の確保のため当地に進出することを余儀なくされた。しかも自動車部品の国産化率を高めてきたことと関連して、自動車部品メーカーのタイ進出もこの間積極化していた。一九八〇年代前半までは、自動車補修用のパーツ生産のため

表5-7　タイの自動車・二輪車生産会社

現地企業名	生産能力 台／年	メーカ	生産車 兼用	生産車 商用	生産車 二輪	主な車種
Bangchan General Assembly	6,000	オペル	●			
		ホールデン	●			
		本田	●			シビック，アコード
Thonburi Automotive Ass'y	4,500	ベンツ	●			
Thai Swedish Assembly	6,000	ボルボ	●			
		ルノー	●			
YMC Assembly	12,000	BMW	●			
		シトロエン	●			
		プジョー	●			
Toyota Motor Thailand	45,000	トヨタ	●	●		クラウン，カローラ，ハイラック
Sukosol & Mazda Motor Ind'	12,000	マツダ	●	●		カペラ，ファミリア，Bシリーズ
		フォード	●			
Siam Kolakara & Nissan	4,140	日産	●	●		セドリック，スカイライン，サニー
		富士重	●			レオーネ
		日産デ		●		
		鈴木		●		(ジープ)
Siam Automotive Industry	30,000	日産		●		ダットサントラック
Thai Hino Industry	9,600	日野		●		(バス・トラック)
		トヨタ		●		ダイナ
MMC Sittinol Motor	38,820	三菱	●	●		ギャラン，ランサー，キャンター
Thai Rung Union Car	2,400	いすゞ		●		
Isuzu Motor Thailand	25,000	いすゞ	●	●		(トラック)
自動車生産能力　計	195,460					
Thai Honda Manufacturing	150,000	本田			●	
Thai Kawasaki Motors	60,000	川崎			●	
Thai Suzuki Motors	120,000	鈴木			●	
Siam Yamaha	144,000	ヤマハ			●	
二輪車生産能力　計	474,000					

出所：機械振興協会・経済研究所日本自動車研究所『ASEAN諸国のモータリゼーションに関する調査研究報告書』1990年，56頁。

にタイに進出した部品メーカーが多かったのである。

しかし、八五年以降自動車に対する国産部品の最低調達率が八五年に四五パーセント、八六年に五〇パーセント、八七年に六〇パーセント、八八年には七〇パーセントと定められ、うち乗用車に対しては八五年に五〇パーセント、八七年には五四パーセントと決められ、以降この水準で凍結された。また一トンピックアップ・トラックに関しては八五年に四五パーセント、八六年に四九パーセント、八七年には五五パーセント、八八年には六五パーセントに引き上げられた。さらにこの一トンピックアップ・トラックに関しては八八年以降エンジンの国産化率の向上が目指され、九三年までに八〇パーセントに達するようにガイドラインが設定され、九〇年代に入りこのエンジン部品の輸出すら課題とされてきていた(4)。

自動車の増産体制の確立に加えて、国産化率の上昇が義務づけられるにともない、アッセンブリーメーカーによる部品の現地調達率の上昇が要請され、それに応じて一次サプライヤーとしての日本の部品メーカーのタイ進出が進められたのである。しかし、こうした急激な国産化の推進は、単に日系部品メーカーからなる一次サプライヤーのみにとどまらず、タイのローカル企業をもって構成される二次サプライヤーにも大きな影響を与えざるを得なかった。つまり、一次サプライヤーは、何らかのかたちでこれらのローカルサプライヤーを組み込んでいかなければならなかったのである。

以下では、一トンピックアップ・トラックの生産でタイに大きなシェアをもつB社に焦点を合わせ、そのサプライヤーをたどるなかで、組み込み過程の実態と問題点を摘出してみることとしたい。

3　タイの自動車産業の実態

①アッセンブラーの実態

まず、タイでトヨタと並ぶシェアをもつB社に焦点をあててその実態を見てみることとしよう。(5)

B社のタイでの活動は一九六二年に三菱タイがB社の商業車を組み立てる許可をBOI（投資委員会）から得たことに始まる。翌六三年一〇月にトラックの生産が開始され、六六年には現社名のBモータータイランド（以下B社と省略）が分離・独立するかたちで設立された。一九六二年にはトヨタが、一九六五年には日産がそれぞれタイに進出してアッセンブリーを開始していた。当時タイ政府は輸入代替産業を育成するため自動車組立産業に手厚い保護・優遇措置を与えていた。

七〇年には二・五トントラックの生産に着手し、七四年一二月からは一トンピックアップ・トラックの生産に着手した。七〇年代後半の生産台数は二〇〇〇～四〇〇〇台の間を上下していた。一トンピックアップ・トラックがB社の主力製品に上昇するのは八〇年代に入ってからで、八一年に六三四九台、八二年が八八九一台で、八三年に入ると一挙に一万四五四九台へと上昇したのである。これが二万台のラインを超えるのは一九八八年のことであった。この間、一九八七年九月にBエンジン・マニュファクチャリングが設立され、一トンピックアップ・トラック用のディーゼルエンジンの生産許可をBOIから取って、八八年七月から生産を開始したことがこの動きに大きく寄与した。これは、前述したタイでのエンジン国産化率の上昇に対応する処置でもあった。

こうして、B社は一トンピックアップ・トラックの増産体制を固めて八八年以降生産を増加させた。その結果一トンピックアップ・トラックの年間生産台数は一九八八年の二万一一七九台から、八九年には三万三七一二台に上昇し、そして一九九〇年には四万七五二一台へと増加し、九一年には五万一〇三五台を記録したのである。さらに九二年六月には隣接するフォード工場を買収し、ここを併せて一トンピックアップ・トラックの一貫生産工場を作り上げた。

こうしたB社の工場拡張は当然のことながら、一次サプライヤー、二次サプライヤーの自己の傘下への組み込みがなければ成りたたなかった。ではB社はどのようなやり方でこの増産システムを作り上げたのであろうか。以下では、そのシステムをサプライヤーの編成と再編に求めながら考察してみることとしたい。なお、B社は、日本の下請け関連会社でタイに進出した企業やタイのジョイントベンチャーをもって、エンジン部品、シャーシ、プレス、鋳造、電装などを担当する六七社を協力工場に取り込んでおり、これらはB・コーポレーション・クラブを形成している。本節の検討対象となる企業がこのメンバーであることはいうまでもない。

この検討の前に、B社がタイ市場に食い込み得た条件として、トリペッチ・Bの存在を無視することはできなかった。B社の販売を全面的に担当したこのトリペッチ・Bは、資本金でも日本側四九・〇パーセント（うちB社四七・九パーセント、タイ三菱一・一パーセント）に対するタイ側五一・〇パーセント（うちトリペッチ四六・九パーセント、Bエンジン〇・一パーセント、その他四・〇パーセント）のなかで、主要な出資者となっており、いわばB社の重要なパートナーだったのである。このトリペッチ・Bが販売網をタイ全土に張りめぐらしていたことが、B社の一トンピックアップ・トラックのセールスに決定的に有利に働いた。ここでは、焦点をサプライヤーに絞りこんでいるので、販売面の検討は除外するが、無視できない重要点なのであらかじめ指摘だけはしておきたい。

また以下のサプライヤーの検討に入る前に、ごく簡単にB社の概要を考察時点（九二年六月現在）のデータで示しておこう。払い込み資本金は三億バーツ（約一五億円）で従業員は一九五八人（うち正社員一二一三人臨時社員七四五人、この臨時社員は人材派遣会社から送られてきている。このなかで成績優秀なものは年二回五〇人程度が本採用となる）、ワーカーの平均給与は八四〇〇バーツであった。以下の各社の平均給与と比較して、当該社がいかに高給かは後述するなかで明らかとなろう。ボーナスは二・五〜三・五カ月、従業員の平均年齢三二・〇歳、勤続年数一〇年で、組合はない。日本人出向者は一七人（B社一六人、三菱一人）で、社長、副社長、工場長、販売部長およびアドバイザーの各ポジションを占める。福利厚生としては、ユニフォーム支給、昼食支給、貸付金制度、車両販売制度（一トンピックアップ・トラックは頭金二割、三年月賦で購入可能である）の他に医療費に関しては従業員全額会社負担、その家族は半額負担となっている。ではこのB社へのサプフイヤーはどのような状況におかれているのだろうか。

②一次サプライヤーの実態

では、一次サプライヤーはどのような実態にあったのか。ここではB社の一トンピックアップ・トラックのエンジン部品を供給している主要一社と、車体フレームを供給しているタイローカル主要一社に絞りながら、その実態をみることとしたい。

〔C社の実態〕(6)

まずエンジン部品についてC社をとりあげよう。この会社はタイでは主に一トンピックアップ・トラック用のディーゼルエンジンを生産し、B社へ供給している。日本の本社の創業は一九二三年で、三八年に株式会社に改組して今日の歴史の第一歩を記した。四七年以降自動車部品の生産、とりわけピストン生産を行い、六四年には埼玉の現在地に工場を移転させてピストン生産を本格化させた。七二年にはタイへ、九二年にはインドネシアにそれぞれ企業進出を行い、現地生産を開始した。現在の資本金は二八億九二〇〇万円、従業員一五三〇人、売上金二六五億円（一九九一年）。ディーゼル用ピストンエンジンでは日本市場で九〇パーセント（一九九二年五月）のシェアをもつ。

タイに進出したのは一九七二年一月で、バンコクのパンチャン工業団地内に工場を建設し、翌年の七三年八月に生産を開始した。進出当時は、B社の補修用のピストンを生産していた。一般に東南アジアでは、古いエンジンをオーバーホールして再利用するが、その際補修用ピストンが必要となる。そのためこの補修用のピストンを生産する業者の存在は日本車の販売に大きな影響力をもつため、日本で取引があったB社、日産、クボタ、ヤンマーなどの日系各社の強い希望もあって一九七二年にタイに進出したのである。こうして、C社は七四年以降タイ国内での補修用ピストン生産を開始し、八〇年にはサイアム久保田ディーゼル、ヤンマータイへの農機具用OEM（相手先商標製品製造）でピストンの供給を開始した。そして一九八四年には補修用ピストンの日本への輸出を始めたが、八七年までのC社の重点は、タイ市場向けの補修用のピストン生産におかれていた。

しかし八八年以降さまざまな意味で変化が生まれてきた。B社の増産体制に合わせるために設備拡充が行われたのである。八六年に一ラインであったのが、八七年には二ラインに、八八年には三ラインに、八九年には五ラインに増えた。そして九二年には六ラインに増設された。これにつれてピストンの生産高も急増を開始した。八六年の二一万三〇〇〇個、八七年の二五万七〇〇〇個は、八八年には四六万三〇〇〇個に、八九年には六二万四〇〇〇個に、そして九〇年には一〇一万一〇〇〇個へと上昇した。増産と同時に補修用は八六年の一七万九〇〇〇個から八七年の二〇万八〇〇〇個、八八年の二一万五〇〇〇個、八九年の二三万個、九〇年の三二万四〇〇〇個とさしたる増加はないが、OEMは八六年の三万四〇〇〇個、八七年の四万九〇〇〇個から八八年には一挙に二四万八〇〇〇個へと増加し、八九年には三九万四〇〇〇個、そして九〇年には六八万七〇〇〇個へと増加した。明らかに補修用ピストンの生産から脱皮し、アッセンブラーへの部品供給へと変わり始めたのである。従業員数も一九八八年以降急成長をとげた。それまでは従業員は五〇人程度であったが、それ以降は人員が増加し、進出以来社内で育ち始めたタイ人が幹部に成長するなかで、八六年四六人、八七年四六人は、八八年には六二人、八九年には九四人、そして九〇年には一七〇人に増加した。募集は、門の前に張り紙をするだけで十分ではあるが、人材派遣会社から派遣されたワーカーも一定の比率を占め一九九二年七月現在で三二人に達した。そして資本金も一九八九年には五〇〇万バーツから三〇〇〇万バーツへと増資して、タイ国向け小型エンジンの国産化にともなうピストン生産体制を確立し、販売を開始した。

このC社の増産体制構築の際の特徴は、二次サプライヤーを使わずに自社でのライン増設と人員増で切りぬけようとした点にある。したがって、この会社の場合は部品の現地調達率は一〇パーセント程度で、その大半は切削機械を日系ローカルから、油（灯油、スピンドル油）をタイローカルから購入するにとどまっている。一九九〇年代に入りタイ政府工業省よりエンジンの国産化率を高めるよう指示があったが、それに従うために、未完成品を日本から輸入し、自社内で若干の手を加えて完成品にする方法をとった。こうすると、たとえばピストン・ピンの完成品の関税率が二〇パーセントなのに対して未完成品だと三五パーセントと割高になるが、自社で国産化率を高めていくにはこの方法しかなかった、という。金型の設計と生産は本社に依存したが、修理は現地で行った。また、使用している機械は日本で使用していた中古のものだったので、現地に固有のノウハウの開発が必要になった。

金型の修理や中古機械の活用のためにも、この会社の日本本社への研修とタイ自社内でのQCサークル運動は活発であった。この会社では毎年数人ずつ日本に派遣していたが、そのなかには必ず品質管理担当を加えて送り出しており、こうした研修経験組を中心に、QCサークル運動が八〇年代半ばから始まり、一九九〇年には一サークル六〜七人で一五サークルほど組織され活動し、毎年一一月ころに本社で行われるQCサークル発表大会に代表を派遣していた。主に古い機械をどのように使うか、どこを改善するかを中心に議論したという。しかし、議論した結果、結局機械が悪いという結論になってしまうことも多かった、と日本人マネージャーは嘆いていた。

一九九一年現在、不良品率は平均五パーセント程度で以前と変わっていないが、品目数が一九八六年の一〇から九一年には四六にまで増加してきているため、実質的には減少していた。しかし、日本本社の不良品率は三パーセントであったから、タイのほうが若干高かったということになる。なお、この企業には食堂はあるが、労働組合はない。

〔D社の実態〕(7)

次にとりあげるのはD社である。同社のタイ工場では、自動車のエンジンエアクリーナとオイルフィルタを生産してB社に供給している。日本の本社の創業は一九一二年だが、現在の社名を使用しだしたのは一九四五年七月以降のことである。D社は、エアクリーナとオイルフィルタの専門メーカーで、この二品で売上の半分を占めており、資本金は二二億七〇〇〇万円、従業員一五〇〇人、売上高四九六億円（いずれも一九九〇年現在）である。エアクリーナ、オイルフィルタともに日本国内マーケットの七〇パーセント（九〇年）を占めている。主に日産とB社にエンジン部品を供給している。

ところで、タイに進出したのは一九八一年一〇月のことで、タイのサイアムモータースとの合弁でタイにD社を設立し、八二年五月に操業を開始した。生産品はエアクリーナとオイルフィルタで、八二年といえば、主要納入先であるB社における一トンピックアップ・トラックの生産が本格化する前夜の時期に該当していた。工場はバンコクの中心街から東に一四キロ、バンナトラットロードに面したところにある。ところが、一九八八年以降B社からの受注の増加とエンジンの国産化率の引き上げに応えるためには第一工場が手狭になったため拡張が必要となり、一九九一年九月に拡張工事に着手し、一九九二年六月には第一工場からさらに八キロ先のサムットプラカーンに第二工場を建設し操業を開始した。ここは今後需要の増加が予想されるオイルクーラと樹脂製品の生産拡充にあてられた。

従業員数の変化をみれば、立ち上がりの時期に該当する八一年は三二人で翌八二年は八七人だったのが、八三年九五人、八四年一〇〇人、八五年一〇七人、八六年一一一人、八七年一一二人とほぼ一〇〇人のラインを保持していた。ところが、B社の一トンピックアップ・トラックの生産が増産体制に入る八八年以降は一六六人、八九年一七三人、九〇年二九〇人と急上昇を開始した。そして九〇年には、これ以上の増産が現在の工場敷地では不可能なため、第二工場の建設となった。年商をみても八八年に一億五二〇〇万バーツ（約七億六〇〇〇万円）だったのが、八九年には二億三〇〇〇万バーツ（約一一億五〇〇〇万円）へ、そして九〇年には三億二〇〇〇万バーツ（約一六億五〇〇〇万円）に達し、九一年に三億二七〇〇万バーツ（約一六億三五〇〇万円）といったん落ち込むものの九二年には四億一九〇〇万バーツ（約二〇億九五〇〇万円）へと再度上昇した。

ところで、生産品の自動車用エアクリーナの部品点数は七〇～一〇〇点でコスト面でみると六〇パーセントが材料費になるが、そのうち五〇パーセントは日本からの輸入で、残りの五〇パーセントはタイで生産していた。タイで生産される五〇パーセントの部品のうち六〇パーセントはタイのD社の社内自製で、残りの四〇パーセントは外注である。つまり、全体の二〇パーセントが外注ということになるが、それは前のC社の約二倍で、この企業の外注度が高いことを物語っている。この外注のうちさらに三分の二はタイローカル、三分の一は日系ローカルといった比率になっていた。日本から輸入するものは濾紙、ゴム、シンナー、プレス部品などで、これらの主要部品はすべて日本のD社からの供給に依存していた。プレス部品の一部、アルミ加工品の一部は現地のローカル企業に依存していたが、品質面で問題が多かった。いずれにせよ、D社の場合は、全体の八割は自製か本社からの輸入、二割はタイからの供給となっていた。

八八年以降D社は増産体制を構築してきたわけだが、その特徴は、第二工場の建設による自社生産量の増加と同時に二次サプライヤーへの発注量の増加であった。D社のパーツ類の通常取引会社は一九社で、そのうち一〇社が二次のタイローカル・サプライヤーであるが、今後その数を増やしていく方針だった。具体的には、一九九一年に本社から買っている部品点数は四三二点あるが、それを年々目標を設定して減らし、日系およびタイのローカル企業に振り替えていく方針だった。一九九一年に関して言えば、ローカルパーツ化の部品数五〇を目標に掲げていたが、二月の投階で二五、四月に二七、六月に三一まで進めたが、あとは横ばいで九一年を終了した。九二年は前年同様に新たに五〇を目標に掲げたが、三月段階で六まで、五月段階で一三までいったが、あとは足踏み状況だった。

その最大の問題は、品質管理にあった。新たにサプライヤーに発注する場合、まず、サンプルを提出させ、D社で品質をチェックし、OKが出たものだけ日本に送り本社で再検査を受ける。そして、そこでOKが出たものだけ量産に踏み切るのである。しかし、実際にはゴーサインが出るまで、タイと日本の間を何度かサンプルが往復し、それでも欠陥が解決しない場合には、現地の日本人技術者と現地人エンジニアがタイのローカル企業に出向き技術指導を行う。その間スムーズにいっても約半年間の時間を必要とする。この作業に耐え得る二次サプライヤーの数はそう多くはないのである。

ところでワーカーの大半は中、高卒で一部に専門学校卒を含む。彼らは、入社後にOJTによるトレーニングを受けるが、この他に日本への研修や日本からの派遣技術者によるレクチャーを受けることとなる。QCサークル運動も日本からの研修帰り組を中心として展開されている。ただし、研修での最大の問題は、日本研修で獲得した技術を他人に教えないため、習得技能が個人レベルにとどまり、技術移転がスムーズに進まないことにあった。

〔K社の実態〕(8)

次にK社についてふれてみることとしよう。K社はタイで一トンピックアップ・トラック用の車体フレームを生産し、B社に供給している。日本側の出資会社であるK社の創業は一九二五年で、当初は鉄道車両部品、建設材料といったプレス部品を生産していたが、一九二九年以降プレス自動車部品に進出、一九三四年に現社名に変更した。一九五一年スチールキャブ(B社)の生産を開始し、六七年にはユニキャブ(B社)の生産を開始し、この時点で部品メーカーでありながら完成車の組立部門に進出した。そして七一年には日産のパトロールを、八一年にはビッグホーンを、九〇年にはプロシードマビー(マツダ)の生産を開始し、トヨタを除く全組立メーカーと関連をもち組立を行った。しかし、この会社のメイン製品は大型車のフレームで、日本国内のシェアは七五パーセントに及び、ここの会社のプレスが止まると、トヨタを除く日本の全自動車アッセンブリーメーカーにフレームが供給されず、ラインは止まるとまでいわれた。

K社のタイでの創業は一九八九年六月で、操業は同年一〇月のことであった。一トンピックアップ・トラック用のフレーム生産のために設立された。B社がこの車種の大増産をする時期に該当しており、その課題達成のために現地に工場を建設したのである。したがって、主にB社に部品を供給している。

該製品生産のポイントになるのは二〇〇〇トンプレスであるが、一九九〇年六月に稼働を開始、九一年一〇月には五〇〇トンプレスも軌道にのり、生産性が上昇していった。立ち上がり時の一九八九年にはB社に一万五六〇セット、三菱に四三五〇セット供給していたが、一九九〇年になるとB社へ四万七六二八セット、三菱へ二万三四五〇セットを供給し、一九九一年になるとB社へ五万九七〇セット、三菱へ二万七一六〇セットと増加していった。一トンピックアップ・トラックのフレームに限定してタイのマーケット・シェアをみると、一九九〇年のK社の供給量はトヨタ、日産、マツダを加えたタイの日系企業全体の生産量の四二・五パーセントに該当し、九一年のそれは四四・五パーセントに達した。しかし、この工場でこれ以上の生産を拡大することには無理があるため、今後の需要の拡大に応ずるためにレムチャバンに第二工場の建設を計画、一九九五年からスタートした。

この工場では、新日鉄から原料となるサイドメンバーやクロスメンバーにする鋼板を購入し、これをプレスで成型し、溶接するもので、補助部品をローカル・メーカー五社から購入する。したがって、自社生産比率が高いため増産体制はもっぱらK社での生産性の向上に求められた。この会社は、九〇年四月にワーカーの日給支給を日給月給制に改めることで出勤率を八五パーセントから九五パーセントにまで高め、九一年に入り九二パーセント前後に落ち込んだ出勤率を、四月には精勤賞の導入を、五月には会社がバスを仕立てることで九五パーセントまで回復させ、七月に九三パーセントにまで落ち込んだ出勤率を、今度はランチサービスを導入することでふたたび九五パーセント台まで持ち直したのである。そして九二年に入ると一月に警告制度を導入して、この出勤率の保持に努めた。このようにさまざまな刺激策を次々と導入することで高出勤率を維持してきた。

この会社ではQCサークル運動はやっていない。かたちだけのものでは役に立たない、という判断からだという。金型は、図面を日本側が提示して、合弁相手のタイサミットオートパーツが生産したという。この企業に労働組合はない。資本金は四〇〇〇万バーツ。ローカルのタイサミットオートパーツインダストリーとの合弁で、日本側四〇パーセント、タイ側六〇パーセントの出資となっている(一九九二年五月)。

③二次サプライヤーの実態

では二次サプライヤーはどのような実態にあるのか。

〔S社の実態(9)〕

まず、タイのD社にエンジンパーツの一部品を供給しているS社をみてみよう。S社は、この他にエアコンデショニングのパーツやボディ・パーツも供給しているが、その量は多くない。この会社の設立は一九八九年五月で、操業開始は九一年八月のことであった。社長は四〇歳で、B社出身である。短大卒業と同時にB社に入社し、一七年間勤めて九〇年四月に退社して現在の会社を興した。B社では、金型の部門の課長を務めていた関係もあって、金型には自信をもっており、この工場もD社のプレス部品のパーツを分担している。したがって、社長は日本語を解し、かなり難解な会話もこなす。また経理を担当する彼の妻もB社の販売関連会社にいた関係から日本語を解する。

資本金は五〇〇万バーツ。日本からタイの商社を通じて鋼板を購入し、これにプレス加工や旋盤加工を施して製品を作っている。従業員は全部で四一人。うち五人は事務で残りの三六人は現業部門で、三三人が男性で三人が女性である。三六人の現業部門のうち中卒以下（小卒も含む）が一七人、高卒が五人、専門学校卒が四人で、専門学校卒の四人のうち三人が班長で、この工場の中心的人物である（一九九二年八月）。

操業開始以降D社からのエンジンパーツの受注が多いのでフル生産体制に入っており、日曜と国民の祝日を除く毎日操業していた。この会社での増産は、もっぱら労働時間の延長でこなすことになる。プレスは半分が二直体制で、朝の八時から夕方の五時までと夜の八時から翌朝の五時までで、その間の夕方の五時から八時までと朝の五時から八時までがそれぞれ一直と二直の残業時間ということになる。調査時は受注量をこなすため、二直体制に残業を加えた実質三直体制が採られていた。

工場の機械はいずれも日本の中古品であるが、一次サプライヤーからの受注枠を増やすために最近CNC旋盤を購入した。一台二一〇万バーツしたというから、払い込み資本金五〇〇万バーツにすぎぬこの工場にしては大変高い買い物をしたことになる。この機械を使うために専門学校卒のワーカーが専属で配置されている。「高い機械なのでできる限り早く減価償却を終わらせたい」というのが社長の弁であったが、その言葉通り、このCNC旋盤は昼休みと日曜日を除けば二四時間フル回転していた。

この会社の給与は、最低賃金の日給一一五バーツの三〇日分で三四五〇バーツ。それに残業分平均五〇時間で二三〇〇バーツを加算すると五七五〇バーツ。これがワーカーの最低賃金で、ワーカーの平均は残業を入れて七〇〇〇バーツくらいだった。しかもこの会社は、工場の近くに三〇人くらいが入れる家を借りており、安くワーカーに提供していた。こうしないと、良いワーカーが確保できないという。

事実、この周辺のタイ系企業のなかには最低賃金一一五バーツを支払わない企業が多く、仮に払った場合でも三〇日ではなく二二日の計算で日給月給を支給することが多い（最低賃金は日曜、休日を含む三〇日で計算せねばならないことになっているが、タイ系企業では守られていないという）。したがって、この企業はタイ系企業としては、賃金も残業も入れれば平均七〇〇〇バーツと相対的に高く、福利面でもめぐまれているため優良であり、したがって辞める人は少ないという。労働組合はないが、社員食堂はある。QCサークルはない。社員教育はOJTでやっていた。検査は、一〇〇個に一個くらいの割でサンプル検査をするが、エンジン部品の場合は五〇個に一個の抜き取り検査を実施していた。

ヒヤリングはすべて日本語で行ったが、支障はまったくなかった。工場は将来の設備拡張を見こしてか、余裕を残して機械が配置されており、他のローカル企業と比較して整理整頓はゆきとどいていた。

〔T社の実情(10)〕

次にとりあげるT社はタイのローカル企業で、各種プレス機械を用いて排気管やエアクリーナなどを生産し、B社やB社の部品を扱うトリペッチ・Bにパーツを供給している。会社の設立は一九六四年であるが、今日使用している社名になったのは一九八二年のことで、バンコクの中心街から南に一〇キロの地域に工場を建設した。現在、住宅地の真っ只中にあるためこれ以上拡張ができず、しかも振動や騒音が激しいため、増産計画の一環として一九九〇年にはトンブリに第二工場を建設して一部を移転させた。

ここのスタッフで、日本語を解するものはいなかった。たとえばインタビューした工場長は英語は堪能だが、日本語はまったく解さない。その他、マネージャークラスはタイ語かもしくは英語であった。ただし、この企業は日本でB社の下請け会社であるN社と一九八八年以降技術提携契約を結んでおり、排気管生産についての技術指導を受けていた。

資本金は六〇〇万バーツで、社名の一部にもなっているT一族が、全額出資している。従業員は二四五人で、うち男は二二五人で女は二〇人。学歴は、ワーカーについては小卒が三七パーセント、中卒が三九パーセント、高卒が一八パーセント、大卒が六パーセントとなっている。ワーカーの出身地は、その大半が東北タイ出身である（一九九二年八月)。彼らは、工場の前に張り紙を出せば、いつでも募集人員の一〇倍の人が集まるという。マネージャークラスは、すべてが大卒もしくは短大卒で、出身地もすべてバンコクである。一般のワーカーの平均賃金は日給月給で三七〇〇バーツ。これに昼食代として月に二〇〇バーツが支給される。

ところで、前述したように、この会社はB社の下請け会社であるN工業と技術提携契約を結んでいるが、その結果、一九八九年に日産一二〇個にすぎなかった排気管の生産高は、一九九一年には二〇〇個に、一九九二年には二四〇個へと上昇した。この生産上昇は、主にN社の技術者からライン配置の改善のアドバイスを受けたことと、それに関連した追加投資を行ったためであった。

この結果一九九一年には月産六〇〇〇個に達したが、B社は月産一万個にまで生産能力をあげることを求めた。その時点で八〇パーセントの生産能力のため、フル生産に移行できれば、完全というわけではないが、ある程度B社の要望に応えることができる。B社の増産の要請に対して、T社はN社のアドバイスを受けながら、無駄を極力省き必要な投資を行うことで生産性を向上させると同時に、人員を増加させてこれに応えようとしていた。一九九一年に二三〇人だった従業員は九二年に二四五人となり一五人増員したが、いずれも現業のワーカーの増加であった。

彼らは、OJTで訓練を受けていた。一九九二年現在、QCサークル運動は行っていなかった。労働組合はないが、食堂は設置されていた。寄宿舎を有し、一九九二年時点で一〇人のワーカーが入っていた。

〔U社の実情[11]〕

次にとりあげるのはU社で、この会社は一九七三年に設立され、同年に操業を開始した。この会社は、自動車、テレビ、カークーラーのプレス部品を生産している。最大の取引先は日立と本田であるが、その他にサイアムモーターやD社にも部品をおさめるという。社長と工場長は、いずれも日本語を解さなかった。また日本の企業とは技術提携をしていなかった。

資本金は一〇万バーツ。日本から鋼材を購入してプレス機械で加工して納入する。従業員は全部で二〇〇人。男一三〇人、女七〇人。小卒がワーカーの八〇パーセントで中卒は二〇パーセントである（一九九二年）。募集方法は、工場の前に張り紙を出すだけである。出身地はワーカーの半分が東北タイ出身で、あとはタイ各地から来ているという。工場長はオーナーの子供で、社長はオーナーの娘婿である。社長は大学卒で、工場長は現在大学生で、通信教育を受けながら大学に通っている。

工場は二直体制を採用しており、朝番は朝の八時から五時までで、夜番は七時から明け方の三時までである。各々の勤務時間を超えると残業ということになる。賃金は日給一四〇バーツで、二週間に一度の割合で支給される（ここでは二六日計算で日給が支給されていた）。

社長は、一九八九年までタイのＮＥＣに勤務しており、退社後この会社の社長に就任した。また工場長も、一九九二年四月から日立の研修に応募し、主にＴＶと冷蔵庫の生産実習のために日本で三カ月間過ごした経験を有する。したがって、二カ月に一回日立から技術者がきてアドバイスをしていた。

この企業では、数量的なデータがなく、また会社案内の類もなく、すべてヒヤリングでそれを行った。社長が日本語を解するＳ社や、Ｂ社の下請け会社のＮ社と技術提携しているＴ社などと異なり、町工場的な雰囲気を残しており、設備投資も少なく、増産の要請も残業で切りぬけていた。

私がヒヤリングで工場訪問したときはたまたま停電の最中で、機械は完全に停止し、工場内は薄暗かった。従業員は清掃を行っていたが、工場内には逆に埃が舞い上がり、無造作に配置された機械には、ごみが舞い降り、よごれていた。機械の横には工具が未整理のままにおかれていて、雑然とした雰囲気が工場内を覆っていた。

〔Ｖ社の実情〕(12)

最後にとりあげるV社は、プレス機械によってタイカワサキやB社、三菱のブレーキドラムを生産する一方で、インジェクションマシンを使ってタイカワサキのスピードメーターに代表されるプラスチック部品を生産している。創業は一九八〇年で、同年操業を開始した。社長はチュラルンコーン大学卒業で、マネージャーもすべてが同大卒業生で固めている。マネージャークラスは、英語は解するが日本語はまったく理解できず、また日本からの技術導入も受けてはいない。

資本金は八〇〇万バーツ。従業員は全部で三〇〇人（一九九二年八月）。男女の比率は六対四で男性の比率が高い。ワーカーの賃金は日給一二五バーツ。三〇日計算で三七五〇バーツ。これに昼食手当や交通費などが加算され、入社後六カ月たつと日給月給にかわる。品質管理には重点をおいており、QCセクションには一八人の人員を配置して各工程でチェックしている。

現在受注量が多いため三直体制でフル操業の状況である。朝の七時から午後の三時三〇分までと、三時三〇分から夜の一一時三〇分まで、そして夜の一一時三〇分から朝の七時まで、二四時間操業が行われている。

機械は主に中古品を中心にしているが、最近六七〇万バーツで新式NC機械を購入した。メンテナンスは、タイの関連会社から支援を受けるほか、東芝から技術者が来て問題があればそのつど指導を受けている。食堂は設置されていて二四時間操業の際も問題はない。労働組合は組織されていない。

チュラルンコーン大学工学部出身のエンジニアは流暢な英語でわれわれのインタビューに応じたが、日本語は一言も解さなかった。工場を一巡したが、プレス機械とインジェクションマシンが雑然と配置されていて、まとまりが欠けている印象をもった。できあがったインジェクション製品の一つを取りだし、シミを見つけると「日本人は外見を気にするから」といって、マネージャー自身がそれを欠陥製品のカゴに移した。こんなところにも品質管理に対する彼らの考え方が出ていると思われた。

4　タイの自動車産業分析

①進出時期と動機

タイの自動車産業発達史は、一九六〇年代以降今日まで四期に分けることができる[13]。各時期を簡単に素描しながら、前節で取り上げた各社の進出時期をそのなかに組み込んで見てみよう。

第一期は一九六〇年代で、自動車産業が輸入代替産業として政府の優遇措置のもとで組み立てが開始された時期である。一九六二年にはトヨタが、六五年には日野自工が、六六年にはB社がそれぞれタイに進出しアッセンブリーを開始していた。

第二期は一九七一年から七八年までで、国産化部品の使用が強制化される時期に該当し、ここに本格的な部品産業のタイへの進出が始まった。一九七二年にはC社（ピストン）が、七四年には日本電装（電装品、エアコン）、日本ガスケット（エンジン、ガスケット）、大同メタル（軸受けメタル）、旭硝子（安全ガラス）が、七五年にはアート金属工業（ピストン）がそれぞれ進出したのである。もっともC社の例で検討したように、この時期進出した自動車部品工業は、需要がそれほど大きくなかったことと関連して生産コストが高くなり、輸入部品との競争で必ずしも有利とはならず、生産量は微増にとどまった。

第三期は一九七九年から八六年までである。この時期は、国内自動車産業の保護が強化されたにもかかわらず、第二次石油危機以降の景気低迷のなかで自動車需要が落ち込み、生産が低迷した。この時期タイに進出したのは八〇年のスタンレー電気（電球など）、八一年のD社（エンジンフィルタ）、八二年に富士バルブ（エンジンバルブ）など数社にとどまった。

第四期は一九八七年から今日までで、タイ経済の好況とともに自動車産業も高成長期に入り、アッセンブリーメーカーは各社いっせいに増産体制を採ると同時に、日本の一次サプライヤーのタイ進出が本格化する時期に該当する。一九八八年以降エンジンの国産化率の上昇が義務づけられるにともない、日系企業のタイ進出は一層加速された。

こうして、この時期日邦産業（エンジニアリングプラスチック）、ＣＫＤ（モーター用コイル）、バンドー化学（ファンベルト）、三ツ星ベルト（エンジンベルト）、スターライト工業（内装部品）、車体工業（金型）、Ｋ社（シャーシフレーム）などがタイに進出した。こうした増産体制と国産化体制の確立のために、これまで以上に品質管理と生産管理が必要とされる時期にいたったのである。

つまり、第三期までの「設備の大半を中古設備の輸入に頼ったり、極力人手による作業の範囲を拡げ国産化によるコストアップを抑えようとした」時代は終わり、「より高負荷に耐えうる機械の導入と、それを使い切れるだけの技術の移転が必要」な時代に突入してきているのである[14]。本節では、第四期に焦点を当ててアッセンブラーとサプライヤーの関連を検討したのである。

②アッセンブラーと一次、二次サプライヤーの関係

以上、アッセンブラーであるＢ社の増産体制と、それが一次および二次サプライヤーにどのような影響を与えたかをタイの自動車産業の発展史に位置づけて検討した。

一次サプライヤーの主力は日系企業、もしくは日本企業と技術提携したローカル企業であった。これらのタイ進出企業に特徴的なことは、一九八〇年代の後半にアッセンブラーの増産要求に応じて一次サプライヤーのタイ進出が増加したのと、それまでに進出していた一次サプライヤーが生産増強に踏みきった点にある。その場合の増強のやり方の主力は、いずれも自社生産体制を強化することであり、具体的にはラインの増設、人員の増加、新機械の

導入であった。その際一次サプライヤーの多くが自社生産を主力とし、二次サプライヤーへの発注を微増にとどめたことは注目すべきであろう。一次サプライヤーのなかには、C社のようにほとんど二次サプライヤーに依存しないで増産体制を作り上げた企業もあり、D社のようにせいぜい依存しても精度の低い、重要度の少ないパーツを二次サプライヤーに発注したにすぎない場合もあった。加えてローカルコンテンツを高めていく必要があるが、C社のように高い関税率を承知のうえで、未完成のパーツを輸入し、これを自社加工してローカルコンテンツを高める方法もあれば、D社の場合のようにローカルコンテンツを高めるために、重要でないパーツから順に二次サプライヤーに任せていくことを考えている場合もあった。

前者の場合は、自社内での品質管理とQCサークル運動の必要性が高まり、日本への研修が決定的に重要になるが、後者の場合は、それに加えて二次サプライヤーの管理、監督が重要な問題になる。D社の場合、新しく発注する場合にはサンプルでチェックし、それを数度繰り返し、再度日本の本社でチェックした後、これを許可する。しかもその後も問題が出るたびに同様の作業を繰り返すのである。しかし、それでも品質には問題が多い。いずれにしても、タイ企業での品質管理やQCサークル運動は緒についたばかりで[15]、二次サプライヤーではほとんど問題になっていない。

二次サプライヤーを選択する条件は、日本語ができるか、もしくは日本に研修した経験を有するか、である。日本語ができるか否かは単に語学の問題ではなく、日本人の考え方が理解できるか否かと関連をもっており、几帳面な日本的な商習慣を理解できるかどうかにかかっている。一九九〇年代の初頭においては、日本もしくは日系企業が満足する二次サプライヤーの数はすこぶる少なかった。したがって、仮に合格条件にかなう二次サプライヤーである場合は、受注量の増加のなかで急速に成長する条件をもっていた。少なくとも一九八〇年代後半の大増産期においては、そうした事例がいくつかみられたのである。S社のケースはその一つだと考えてよかろう。

またタイにおいては、一次、二次サプライヤーがアッセンブラーに組織されているケースはいくつかみられたが、その結び目は日本のように強固ではない。今日の日本も同様だが、一次サプライヤーがある特定のアッセンブラーに依存して経営ができるほどタイでのパーツ需要が大きくないためであろうが、多くの一次、二次サプライヤーは、複数のアッセンブラーに帰属し、そこから受注し生産している。

トヨタを別にすれば、多くのサプライヤーがB社、日産、三菱にパーツを供給しているというのは、むしろ一般的ですらある。(16) 日本との違いの第二は、タイに進出した日本のアッセンブラー、一次サプライヤーの多くは、タイの現地企業と資本、技術提携関係をもっており、彼らのルートで他の一次サプライヤーや二次サプライヤーを見出し、組織していることである。したがって、アッセンブラーが組織するのは日本からの一次サプライヤーで、それ以外の企業はタイ現地企業が行う場合が多いのである。この点に日本的な系列が貫徹していかないタイでの特殊性があるように思われる。

③再編成のもつ意味

現在タイは三〇万台体制を構築している、といわれている。しかし、一九九〇年代のタイ自動車生産はそのラインを突破して一層飛躍的に拡大する可能性を秘めていた。

こうした状況下で、タイのみならず、「ASEANカー（car）構想」の具体化による需要の拡大がみられるならば、その生産見通しは三〇万台のラインを大きく上回ることが予測されたのである。また自動車産業が、輸出指向に転換できうるならば、さらに大きな飛躍が想定できたのである。事実、各社のインタビューで、自動車業界の業績が好調なことは窺い知ることができたが、「自動車、弱電などタイ市場を相手にしている企業は日本の不況と関係なく業績がよく大手自動車メーカーの話では四カ月、五カ月の賞与が予測されている(17)」と述べていた。

そのことと関連して、タイの一次サプライヤーや二次サプライヤーが、短期間のうちに急速に成長することを想定することは、あながち根拠のない事柄ではなくなってきている。むしろ、そうしたことが将来一定規模でタイで生じ、日本のアッセンブラーの供給枠のなかに包摂されて急成長を遂げるタイのサプライヤーが多数出現することも想定できるのである。その逆に急速に落ち込んでいく企業も増していこう。

いずれにせよ、そうしたドラスチックな再編を内包しながら一九九〇年代初頭のタイ自動車産業は動いていたのである。こうした動きがタイの社会変動やワーカーたちに大きな影響を与えたことはいうまでもないが、その点は章をかえて第7章のマレーシアの電機産業と女子労働者の項に譲り、ここでは自動車産業がその変動の一つの要因であったことを指摘するにとどめたい。

（1） 日本タイ協会『タイ国情報』第二五巻第五号（一九九一年六月）七頁。

（2） 本稿は、一九九二年五～六月にかけて行った日本での本社工場調査と八月二日より一六日までタイで行った現地調査をもとに作成している。したがって、調査データは特別の注記がない限り、その時点での調査結果であることを最初にお断りしておきたい。なお、この調査と関連した先行研究として、末廣昭・安田靖編『タイの工業化　NAICへの挑戦（アジア経済研究所、一九八七年）、八幡成美・水野順子『日系進出企業と現地企業との企業間分業構造と技術移転』（アジア経済研究所、一九八八年）、サーマート・チアサターン・チュター・マナットパイプーン、吉田幹正編『タイの一九八〇年代経済開発政策』（アジア経済研究所、一九八九年）、北村かよこ『ASEAN機械産業の現状と部品調達』（アジア経済研究所、一九九二年）がある。北村の研究は、タイの部品メーカーとASEAN域内調達の実態について分析したものであり、八幡らの研究は、日系自動車メーカーとローカル部品メーカーとの分業関係について言及したものである。

本稿は、こうした先行研究を参照しつつ一九八八年以降九〇年代初頭の変化に焦点を当て分析を行った。

（3） 株式会社FOURIN『一九九一　ASEAN自動車部品産業』（一九九一年）一〇〇頁。また、プロトン・サガの八〇年代半ばまでの状況については、鳥居高「転換点のマレーシア自動車産業」（林俊昭編『アジアの工業化　高度化への展望』アジア経済研究所、一九八七年）参照。
（4）前掲『一九九一　ASEAN自動車部品産業』四〇頁。
（5）B社に関する記述は一九九二年五月一六日（本社）および九二年八月一五日（タイ）での調査による。
（6）C社に関する記述は一九九二年五月一〇日（本社）および九二年八月九日（タイ）でのヒヤリングによる。
（7）D社に関する記述は一九九二年五月九日（本社）および八月一三日（タイ）でのヒヤリングによる。
（8）K社に関する記述は一九九二年五月七日（本社）および九二年八月七日（タイ）での調査による。
（9）S社に関する記述は一九九二年八月一一日（タイ）でのヒヤリングによる。
（10）T社に関する記述は一九九二年八月一一日（タイ）でのヒヤリングによる。
（11）U社に関する記述は一九九二年八月一二日（タイ）でのヒヤリングによる。
（12）V社に関する記述は一九九二年八月一三日（タイ）でのヒヤリングによる。
（13）タイの経済全体からみた戦後の工業化の時期区分については恒石隆雄「タイ――日系企業主導による技術移転」（谷浦孝雄編『アジアの工業化と技術移転』アジア経済研究所、一九九〇年、一六六～一六九頁）参照。また、タイの自動車産業の発展についての時期区分については、バンコク日本人商工会議所『タイ経済概況（一九九〇～九一年）』参照。
（14）『国際経済　タイ特集』第二七巻第一二号（一九九〇年八月）一七八頁。
（15）タイでのQCサークルの歴史については、さしあたり中川多事雄「タイにおけるQCサークル」（三重大学社会科学学会『三重大学法経論集』第九巻第一号、一九九一年一二月）参照。
（16）マレーシアでもほぼ同様の傾向がみられる点については、注（3）の鳥居論文参照。
（17）日・タイ経済協力協会『タイ工業情報ファイル』No.57（一九九二年一二月）二〇頁。

第6章　一九九〇年代の日本産業と東南アジア——自動車産業を中心に——

1　再編成がすすむ東南アジアの自動車産業

1　東南アジアでの角逐

一九九〇年代半ば、通貨危機直前までの東南アジアは、まぎれもなく国際競争のルツボのなかにあった。これまで考察してきたように、この地域は日本企業の「聖域」ともいえる場所であった。戦後の賠償から高度経済成長の過程で、日本企業はこの地域をそれ以前の欧州の植民地帝国にかわって米日共同の勢力範囲としてきた。一九七二年の円高の開始とその後の第一次石油危機、七四年の田中角栄首相の訪問への反対運動等、幾多の激動の瞬間こそあったものの、全体的に見るならば、この地域は日本製造業の「独壇場」であった(1)。

一九九〇年代の半ばに至り、そうした状況は急速に変わりつつある。欧米企業の進出と韓国、台湾などのNIES企業の参入はこの地域を激しい国際競争の場に変え、年とともに日本企業の地位は低下傾向を示している。欧米、韓国、台湾などの企業の国際競争力の高まりと日本企業の力の減退は、ここにきて顕著になってきている。特に一九九三年夏以降の「超円高」とグローバル化戦略の名で行われた製造業の海外移転の急展開は、日本産業の国際競争力を支えてきた中小下請け企業の海外進出と国内再編成を急速に進める一方で、開発技術部門の海外移転を推し進め、日本産業の地盤沈下を促進する結果となった。この傾向は、「超円高」が収まった一九九五年以降でも基本的に変わりはなく持続していた。

日・欧・米・韓企業の東アジア地域でのマーケット・シェアをめぐる戦いは、鉄鋼、自動車、電機などの広範な分野に拡大している。一九七〇年代の韓国企業は、日本企業との競合を避けて、その力の手薄なベトナム、中近東といった周辺地域へ進出していた。ところが、一九九〇年代に入ると、韓国に代表されるＮＩＥＳ諸国の企業は、タイ、マレーシア、インドネシア、フィリピンといった日本企業の「独壇場」に切り込みをかけ、ここのマーケット・シェアを切り崩し始める。こうしたこと自体が日本企業の国際競争力弱体化の象徴であり、躍進するＮＩＥＳ諸国の力の充実を物語る。

自動車産業を例にとれば、中国への欧米企業の進出、韓国企業のタイやインドネシアへの進出に象徴されるように、一九九〇年代に入り欧・米・韓の自動車産業のアジアでの躍進はめざましい。これに対し日本の自動車企業がアジア市場を防衛する手段は、現地でより廉価な自動車を生産する以外にない。近年具体化し始めたＢＢＣスキーム（Brand to Brand Complementation Scheme）やＡＩＣＯスキーム（ASEAN Industrial Cooperation Scheme）は、それを促進する刺激剤となっている。全体として、ＡＳＥＡＮ内の関税障壁を低めていこうという動きが活発化するなかで、これらのスキームはそれに先行するかたちで、まずもって自動車および自動車部品産業でそれを実現し、もって規模の経済を生かした部品産業の発展を可能ならしめんとするものだった。こうした動きが、アジアの多様な「ネットワーク」を一層広げる契機として働いている。

「ネットワーク」を「情報ネットワーク社会(2)」として把握する視角もないではないし、また企業のグローバル化に着目して企業内ネットワークの展開を分析する研究も進められている(3)。そして企業内ネットワークをコア（核）に、企業間ネットワークを生み出し、さらにはこの企業間ネットワークには単に多国籍企業間のみならず地場産業をも包み込んだものが想定されることで、より広いネットワーク化の現状が把握できよう。こうした先に見えてくるものは、近年重視されている情報の水平化ではなく、むしろ情報の垂直化であり、政府か市場かではなく、政府と市場を取り込んだ「ネットワーク」の実態であろう(4)。

本章では、モータリゼーションの波のなかで、日・欧・米・韓各社がしのぎをけずるＡＳＥＡＮ自動車市場での日本の自動車および自動車部品産業に焦点を当てて、ＡＳＥＡＮ全体を規定する共通の低関税政策であるＢＢＣおよびＡＩＣＯスキームとの関連で日本の自動車および自動車関連企業内ネットワークがどのように広がろうとしているのか、その「連鎖」を見てみたいと思う。

2　ＡＳＥＡＮに訪れたモータリゼーションの波

一九九〇年代に入り、日本の自動車メーカーはＡＳＥＡＮを含む東アジア（中国を含む）での生産拠点を増やし始めている。一九八九年に四七カ所だった日本メーカーの東アジアの生産・組立拠点は年々増加し、一九九七年には五〇カ所に達した(5)。韓国も一九九〇年代に入り新たに四社、欧米各社も新たに五社の生産拠点を東アジアに設立している。

東アジアでの自動車産業の拡張を生み出した要因は、この地域での工業化の進展による所得水準の高まりと自動車販売台数の拡大および拡大予測にある。表6-1から明らかなように、一九九〇年代に入ってからＡＳＥＡＮ、韓国、中国を中心にアジア地域での自動車販売台数は急速な伸びを示した。ＡＳＥＡＮ五カ国のなかでもタイの伸びが大きく、これに加えて韓国と中国の伸びは突出していた。いうまでもなく所得水準の上昇がそれを生み出した最大の要因である。一般的に乗用車の価格が一人当たり国民所得一〇〇〇~三〇〇〇ドルを超えるとモータリゼーションが開始されるといわれ、一人当たり国民所得が五〇〇〇ドル以上になるとそれが加速されモータリゼーション期を迎えるといわれている。

この間、韓国では一人当たりGDPは一九八七年に、台湾は三年前の八四年にそれぞれ三〇〇〇ドルのラインを超えた。ASEANでもっとも早く三〇〇〇ドルを突破したのはシンガポールで、一九七八年のことであった。マレーシアは一九九二年に三〇〇〇ドルの、タイは一九九二年に二〇〇〇ドルの線を超えた。これらの国々を除くと他のASEAN諸国は依然として一〇〇〇ドルの壁を超えてはいないが、それでも確実にその線に近づきつつある。中国でもこの間所得水準の向上が見られたが、一人当たりGDPは四〇〇ドル前後にとどまっている。しかしこの間の中国での自動車販売台数の急上昇の背後には、所得の上昇もさることながら開放政策の推進にともなう新富裕層の出現、自動車利用者数の増大がある。

また自動車を乗用車とそれ以外（主にトラックなどの商用車）に分けて考えた場合、表6-1から明らかなように、同じ東アジアでも韓国、台湾、香港、シンガポール、マレーシアでは乗用車販売比率が高いのに対して、中国、インドネシア、タイでは汎用性をもつ商用車の比率が高い。しかしタイに象徴的に見られる動きであるが、一九九〇年代半ばにいたり、これまでの一トンピックアップ・トラックに代表される商用車が中心だったASEAN諸国でも、所得水準の上昇にともない乗用車の比率が増加し始めている。こうした拡大する自動車市

販売台数

（単位：台）

1994年		1995年	
総台数	乗用車	総台数	乗用車
321,760	40,219	378,704	37,835
485,678	155,670	571,580	162,802
99,070	58,684	128,162	71,195
200,391	155,765	285,792	224,991
37,589	33,055	41,704	34,407
1,144,488	443,393	1,405,942	531,230
50,335	35,289	34,747	22,844
1,569,318	1,145,578	1,574,283	1,158,319
575,627	434,766	542,399	413,301
1,451,696	276,684	1,448,806	332,770

表6-1　アジア主要市場の自動車

	1991年		1992年		1993年	
	総台数	乗用車	総台数	乗用車	総台数	乗用車
インドネシア	263,073	45,774	171,898	30,341	214,298	32,686
タイ	268,560	66,779	362,987	121,488	456,461	174,162
フィリピン	46,605	27,920	60,417	35,147	85,076	52,464
マレーシア	201,481	130,577	145,084	109,432	157,401	120,735
シンガポール	32,496	27,659	39,477	29,415	43,109	37,676
ASEAN 5カ国	812,215	298,709	779,863	325,823	956,345	417,723
香港	52,841	36,783	66,373	46,428	67,834	47,374
韓国	1,104,184	772,548	1,270,202	878,090	1,437,817	1,039,338
台湾	468,763	350,318	557,241	411,541	571,547	430,000
中国	806,801	188,426	1,080,100	164,100	1,470,151	299,324

出所：日本自動車工業会『主要国自動車統計』各年度版より作成。

場、とりわけ乗用車市場に対して日本をはじめとする世界の自動車メーカーはどのような対応をみせたのであろうか。

3　ASEAN市場をめぐる競争の激化

まずはじめに、一九九〇年代に入り日本企業の独壇場だったASEANの自動車市場が急速に変化している様子を見てみよう。

表6-2はASEAN諸国における一九九一年と九五年の国別・ブランド別の自動車販売シェアを比較したものである。この表から明らかなように、この五年間に販売台数自体は九一年の七九万五〇〇〇台から九五年には一四一万一〇〇〇台へと急増し、各社ともにその販売台数を伸ばしているものの、その販売シェアをみれば明らかに日本企業が後退を示した分だけヨーロッパおよび韓国企業が伸びてきているのである。

韓国企業は一九九一年時点ではシェアはゼロであったが、九五年になるとマレーシアを除くASEAN諸国でそのシェアを伸ばし始めている。これらの地域では一トンピックアップ・トラックに象徴される商用車は相変わらず日本企業の独壇場ではあるが、乗用車部門においては韓国の現代、起亜、大宇の三社が委託販売、もしくは生産工場を設立する段階に入ってきている。この結果、タイでは一九九四年に韓

表6-2　ASEAN 5カ国国別・ブランド別自動車販売台数・比率

（単位：千台，％）

	タイ	インドネシア	マレーシア	フィリピン	シンガポール	ASEAN5カ国合計
トヨタ	75(28)	76(29)	18(10)	14(27)	8(24)	191(24)
	160(28)	98(26)	22(8)	37(29)	9(22)	326(23)
日産	51(19)	2(1)	19(10)	9(17)	6(19)	87(11)
	88(15)	1(1)	17(6)	19(15)	5(12)	130(9)
三菱自工	34(13)	51(20)	85(47)	13(24)	3(10)	187(24)
	71(13)	74(19)	147(51)	32(25)	3(8)	327(23)
本田	11(4)	8(3)	12(7)	1(2)	3(9)	35(4)
	27(5)	5(1)	11(4)	12(9)	3(6)	58(4)
マツダ	13(5)	5(2)	5(3)	3(6)	1(5)	27(4)
	24(4)	3(1)	3(1)	8(6)	1(4)	38(3)
スズキ	1(1)	43(16)	3(2)	—(—)	1(4)	49(6)
	3(1)	71(19)	3(1)	—(—)	2(6)	79(6)
いすゞ	58(1)	17(16)	6(2)	—(1)	—(1)	81(10)
	119(21)	43(11)	9(3)	2(2)	1(2)	174(12)
ダイハツ	2(1)	44(17)	11(6)	3(6)	—(—)	60(8)
	4(1)	63(17)	50(18)	1(1)	—(—)	118(8)
富士重工	2(1)	—(—)	1(1)	—(—)	—(—)	3(—)
	1(—)	—(—)	1(—)	—(—)	—(—)	1(—)
日野自工	7(2)	2(1)	1(1)	1(1)	—(—)	11(1)
	14(2)	4(1)	2(1)	2(1)	—(—)	21(2)
日産ディーゼル	2(1)	2(1)	—(—)	3(6)	—(—)	7(1)
	4(1)	4(1)	—(—)	1(1)	—(—)	8(1)
日本車計	226(95)	250(96)	163(90)	46(89)	23(70)	737(93)
	515(90)	366(95)	264(92)	112(88)	25(60)	1,280(91)
GM/Opel	—(—)	2(1)	—(—)	—(—)	—(—)	2(—)
	5(1)	1(—)	—(—)	—(—)	1(1)	7(1)
Ford	—(—)	2(1)	12(7)	—(—)	1(3)	15(2)
	5(1)	3(1)	6(2)	—(—)	1(3)	15(1)
Chrysler	—(—)	—(—)	—(—)	—(—)	—(—)	—(—)
	1(—)	1(—)	1(—)	—(—)	—(—)	3(—)
米国車計	—(—)	4(2)	12(7)	—(—)	1(3)	17(2)
	11(2)	5(1)	7(2)	—(—)	2(4)	25(2)
VW/Audi	—(—)	—(—)	—(—)	—(—)	—(—)	—(—)
	3(1)	—(—)	—(—)	—(—)	—(—)	3(—)
M-Benz	3(1)	4(2)	2(1)	—(—)	2(6)	11(1)
	14(3)	8(2)	5(2)	—(—)	5(11)	31(2)
Renault	1(—)	—(—)	—(—)	—(—)	—(—)	1(—)
	—(—)	—(—)	1(—)	—(—)	—(—)	1(—)
PSA	2(1)	1(—)	1(—)	—(—)	—(—)	3(—)
	2(—)	1(—)	4(2)	—(—)	—(—)	7(1)
Fiat/Iveco	—(—)	—(—)	—(—)	—(—)	—(—)	—(—)
	—(—)	—(—)	—(—)	—(—)	1(2)	1(—)
Volvo	3(1)	—(—)	2(1)	—(—)	1(2)	6(1)
	6(1)	1(—)	2(1)	—(—)	1(2)	10(1)
その他	1(1)	—(—)	—(—)	—(—)	1(2)	2(—)
	5(1)	—(—)	—(—)	—(—)	1(2)	6(—)
欧州車計	13(5)	6(2)	6(3)	—(—)	5(14)	30(4)
	35(6)	12(3)	15(5)	1(1)	11(26)	74(5)
現代自	—(—)	—(—)	—(—)	—(—)	2(7)	2(—)
	7(1)	1(—)	—(—)	—(—)	2(4)	11(1)
起亜自	—(—)	—(—)	—(—)	6(11)	—(—)	6(1)
	—(—)	—(—)	—(—)	10(8)	—(—)	10(1)
大宇自	(—)	—(—)	—(—)	—(—)	—(—)	—(—)
	3(1)	1(—)	—(—)	3(3)	—(1)	7(1)
韓国車計	—(—)	—(—)	—(—)	6(11)	2(7)	8(1)
	11(2)	2(1)	—(—)	13(11)	2(5)	28(2)
その他	—(—)	—(—)	1(—)	—(—)	2(6)	3(—)
	—(—)	—(—)	—(—)	1(1)	2(5)	3(—)
総合計	269(100)	260(100)	182(100)	52(100)	32(100)	795(100)
	572(100)	384(100)	286(100)	127(100)	42(100)	1,411(100)

出所：各社上段の数値は1991年度，下段の数値は1995年度，FOURIN『1995／1996アジア自動車産業』1996年，20-23頁。

国の現代自動車が乗用車部門に参入したため、商用車の部門では相変わらず日系企業が市場占拠率九八パーセントと圧倒的優位性を保持しているが、乗用車の部門では現代自動車が七〇〇〇台で四・六パーセントのシェアを確保したため、日系企業のシェアは一挙に一〇ポイント以上下落して七〇・五パーセントを示した。(6) インドネシアでも、日本の自動車メーカーが一九九三年段階で商用車で九八・四パーセント、乗用車で八三・四パーセント、全体で見れば九六・一パーセントのシェアを確保していたが、(7) ここにきて韓国企業が参入することで日系企業独占の姿は急速に変わりつつある。インドネシアの場合は、政府の国民車構想と関連して一九九六年にはスハルト大統領の三男のフトモが経営するティモール・プトラ・ナショナルと韓国の起亜自動車が提携して国民車生産に乗り出し、しかも生産が開始される九六年六月までは起亜の完成車四・五万台は無税で輸入できることもあって、急速に市場へ参入してきていた。しかも大統領の次男のビマンタラ・グループも現代自動車と協力して新車の生産を計画しており、その競争は激しさを増してきていた。この結果、一九九六年段階で商用車では、日系メーカーが九六・六パーセントと相変わらず高いシェアを独占しているが、(8) 乗用車部門ではほ韓国の新規参入も相まって韓国の現代自動車が四・七パーセント、大宇が一・一パーセントで合計五・八パーセントを占め、日本車は全体で一九九三年の八三・四パーセントから四八・八パーセントに落ち込んできていた。(9)

ヨーロッパ各社もこの間販売台数を増加させ、シェアも増大させた。しかしヨーロッパ企業の特徴は、中国、インドといった巨大市場に焦点を当てた投資行動を行っており、ＡＳＥＡＮ諸国での生産も多くは委託生産で自社の生産工場を有している会社は少ない。一九九五年時点でボルボだけがタイ、マレーシア、フィリピンに生産工場を持っており自社生産を稼働させている。しかし、ヨーロッパ各社のなかでこの間シェアを伸ばしたのはベンツで、ボルボはそのシェアを減じている。このことは、ヨーロッパ企業のＡＳＥＡＮ進出による現地生産がまだ本格化していないことの象徴だといわざるを得ない。

アジア市場は今後も拡大すると予測されている。たとえば、一九九五年現在の中国、インドにＡＳＥＡＮ諸国を加えたアジア各国で販売されている自動車総数は約二九〇万台、これが二〇〇〇年には四二〇万台にまで拡大することが予想されている。また生産面でも、乗用車をとれば一九九五年の三二〇万台は、二〇〇〇年には四九〇万台まで増産されるだろうという。[10]

では、こうした急速に拡大が予想される市場で、しかも日・欧・米・韓国各社が激しい競争を繰りひろげるなかで、日系企業はどのような市場拡大策を考えているのか。

4　アジア・カーの出現

日本の各セットメーカーは、一九九〇年代に入りＡＳＥＡＮ市場向けのアジア・カーを具体化させた（表6-3参照）。

本田は一九九六年五月にタイでアジア市場専用に開発したシティの生産・販売を開始した。シティは排気量一三〇〇ccの四ドアセダンで価格は三九万八〇〇〇バーツ（約一六九万円）、それまでの乗用車の価格よりも二割ほど廉価である。さらに本田は九六年三月、タイのアユタヤに新工場を建設してシティの生産を開始した。トヨタも一九九七年からアジア向けに「アフォーダブル・ファミリー・カー（ＡＦＣ）」の発売を開始した。トヨタのターセルをベースに新たに開発した車種で排気量一五〇〇ccの五人乗りの四ドアセダン、ソルーナである。タイでトヨタが販売しているカローラの現地価格四三万バーツ（約一八五万円）よりは安価な価格におさえ込んである。このほか日産は、サニーをベースとした五〇〇キロ積みのピックアップ・トラックをアジア向けの専用車として販売していたが、一九九九年には本田、トヨタに対抗してアジア・カーを販売するという。またいすゞもタイを中心に一トンピックアップ・トラックを中心にアジア向けの自動車販売に乗り出しているが、台湾、フィリピンでの新工場の

表6－3　日系各社のアジア戦略車の概要

	概要・計画
本　　田	○シティ……乗用車（1,300cc） ・シビックベースで，シャーシはアジアの気候や道路状況に適したものを開発 ・96年4月末，タイで39.8万バーツ（最廉価版，約169万円）で発売開始。96年内にマレーシア，インドネシア，フィリピン，台湾など東南アジア諸国で発売の予定。近隣諸国へ年間2,000台程度の輸出を計画 ○シティの BBC 認可取得
ト　ヨ　タ	○ AFC（Affordable Family Car）……乗用車（1,500cc） ・ターセルベースで，シャーシはアジアの気候や道路状況に適したものを開発 ・96年末から，タイで生産開始（当初月産3,000台，現地調達率70％を目標）。97年初めにタイで発売開始。その後，インドネシア，フィリピンなど東南アジア諸国での生産を検討 ○ AFC の BBC 認可取得（96年5月）
日　　産	○ AD リゾート……ワゴン，ピックアップ・トラック ・93年9月より生産開始済み。BBC で部品の相互補完を実施 ○ AD リゾートの BBC 認可（約200部品，タイ，マレーシア，フィリピン，台湾）
三　　菱	○（デリカベース車）……商用車 ・97年初めに台湾で発売予定。フィリピン，インドネシアでも生産予定 ○ BBC の認可取得（89年）
い　す　ゞ	○（パンサーベース車）……商用車（ピックアップ・トラック）2,500cc ・96年半ばから，インドネシアで生産開始。97年には台湾でも生産開始 ・内装などを見直し，一段と乗用車的な性格を打ち出し，商品力を強化 ○ BBC の認可取得（BBC は使用せず，AICO を考慮中）

出所：さくら総合研究所・環太平洋研究センター『東南アジア地域の自動車産業並びにわが国中小企業のアジア進出』1996年9月，36頁。三菱，いすゞの認可は筆者の調査による。

稼動を待ってその生産規模を拡大する予定だという。三菱もこれまたミラージュやピックアップ・トラックを中心にアジア各地の現地資本と合弁でそれぞれの市場に合致した乗用車やトラックの生産に乗り出しているが、新たにデリカをベースとしたアジア・カーを一九九七年以降販売するという。

アジア・カーの開発をめざす本田、トヨタとピックアップ・トラックと併用でいく日産、三菱、いすゞの間で、アジア戦略に若干の相違はあるが、日本の各セットメーカーは一九九七年前半に低廉なアジア・カーの販売を開始し始めた。トヨタのソルーナは「三日間で、予約申込が三万台[11]」「本田技研工業は、昨年の乗用車の販売台数が前年を四割以上上回る伸び[12]」といった具合で、全体的に好評であった。本田のシティは九六年四月に販売を開始し、年間目標二万台を掲げたが、九六年末までの九カ月の間に一万三二四二台の販売を完了し、年間に換算して目標の八八パーセントを達成したのである。[13] さらに、いすゞもタイ市場で「『ピックアップ』と呼ばれる小型トラックを主体に一二万二〇〇〇台。五年前の二倍に拡大し、日本での国内販売台数(約一五万台)に匹敵するまでになった」[14]というし、「三菱自動車工業も、ピックアップの(タイ)新工場が昨年(一九九六年)から本格稼動し、欧州などへの輸出を始めた」[15]というように、ピックアップ・トラックなどの生産も好調に持続していた。

アジア・カーの特徴は、ASEAN諸国の自然的・社会的条件に合わせて設計していることである。たとえば、本田のシティの場合には、熱帯の気候のため必要のないヒーターの機能を廃止し、その代わりにエアコンの機能を高め、全体としてバッテリーを小さくしている。また部品の耐久性もあくまで熱帯を想定した基準で作られている。またコストダウンを図るためサイドパネル二枚を除く金型はすべて現地製とし、元来一体成型になっている前後の二枚のバンパーは、現地のメーカーが大型バンパーを作ることができないため、中央、左、右の三分割構造として、これを現地調達とするなど、さまざまなコストダウンの方法が考案されていた。[16]

こうした動きがでてくる背後には、経済成長著しい東南アジア地域で、所得水準の上昇とともにモータリゼーションの波が到来し、それに応えるためにアジア地域の自然条件と社会条件に適合したアジア独自の乗用車への需要がふくらみ始めたことがある。

5 本田の海外事業展開

アジア・カーの生産に先鞭をつけたのは本田であった。本田は後述するBBCスキームを最大限に利用するためにASEAN内の部品供給体制を整備し、四輪車の部品供給体制の確立を目指した。特にタイを四輪車生産の拠点として、インドネシアを二輪車生産の拠点として整備する計画をこの間具体化させた。本田はタイに四社、マレーシアに二社、インドネシアに一社、フィリピンに三社の生産拠点を有し、シビックとアコードを組み立てている。さらに、一九九六年三月以降タイでアジア・カーを生産、四月に販売を開始し、九六年中に、BBCスキームを利用してアジア・カーのシティを、台湾、インドネシア、マレーシア、フィリピン、パキスタンで、九七年にはインドで生産を開始した。本田は後述するようにタイでプレス部品を、フィリピンで鋳造部品を、マレーシアで樹脂部品を、インドネシアでエンジン部品をそれぞれ生産し、ASEAN各国の本田の生産拠点に供給する体制を作っている。もっとも、当初、シティを生産するためマレーシアから調達するための部品の調査を実施したところ、ローカル・メーカーでその需要に応えられるものは少なく、結局調達したのは本田系列のマレーシア会社で、その内容はバンパーとダッシュボードだけだった。そのため本田はシティの生産のために日本から同社の系列のベンダー一五社をタイへ呼び寄せたという[17]。タイ以外の他の地域も同様で、BBCスキームを利用するために一九九四年以降、本田に部品を供給するパーツメーカは相次いでフィリピンに進出した。そのなかにはエンジンカバーやブレーキペダルを生産するユタカ技研、樹脂、金型の森六、クラッチ部品を生産するエフ・シー・シー、駆動系部品のエフテイック、ステアリングホイールや内装品を生産する東京シート、カーエアコン用熱交換機を生産するサンデンが含まれていた[18]。こうしたコスト削減によって本田のアジア・カーのシティは、部品の現地調達率七〇パーセントを達成した。BBCスキームを利用しているため部品は単にタイのみならずASEANの他の地域にも及んでいるが、しかし主力はタイで、先の七〇パーセントのうちタイは六一パーセント、マレーシア、インドネシア、フィリピンが各々三パーセントであった[19]。こうしたコスト削減を通じて、本田のシティは、タイで四〇万バーツを切る廉価を実現し、韓国の現代自動車、大宇自動車に対抗できる車の生産を目指したのである。

かつて、一九六〇年代に圧倒的市場占拠率を誇った味の素に対して韓国と台湾の類似メーカーが低価格競争で市場に食い込みをかけてきたとき、味の素は、日本からの輸出を現地素材による現地生産に切り替えて、一時的に蚕食された市場を取り戻したことがある。今回、自動車産業においても食料品と運輸機械という分野の相違こそあれ、同じ方法が追求されたのである。では、果たしてこうした方法はどのような変化をアジアに生み出しているのであろうか。

（1）拙著『戦後日本資本主義と「東アジア経済圏」』（御茶の水書房、一九八三年）参照。
（2）今井賢一『情報ネットワーク社会』（岩波新書、一九八四年）参照。
（3）細井浩一「企業間ネットワーク論」（前掲『国際産業論』）、島田克美『東アジアと台湾の経済——政府、市場、組織・ネットワークの役割』（学文社、一九九四年）、金綱基志「日本企業のグローバル・ネットワーク化」（横井正樹・涌井秀行編『ポスト冷戦とアジア』中央経済社、一九九六年）、小柴徹修「アジア太平洋諸国における日本企業の事業ネットワーク」（土屋六郎編『アジア太平洋経済圏の発展』同文舘、一九九七年）、国民経済研究協会『長期経済予測——日本が拓くアジアの未来——』（一九九七年）参照。
（4）前掲『東アジアと台湾の経済——政府、市場、組織・ネットワークの役割』参照。
（5）ここで掲げる数値は出資会社のみ。ただしトヨタ系は技術提携を含んでいる（トヨタ自動車株式会社『自動車産業の概況』一九八九年、三一頁。同一九九七年、二七頁）。
（6）ＦＯＵＲＩＮ『自動車調査月報』No.139（一九九七年三月）二頁。
（7）同右、五頁。
（8）同右。
（9）同右。
（10）E. I. U., *Motor Business Asia-Pacific*, 2nd quarter 1996.
（11）『朝日新聞』一九九七年二月二七日。
（12）同右。

（13）ＦＯＵＲＩＮ『自動車調査月報創刊一〇周年記念別冊特集号』（一九九七年六月）三九頁。

（14）『朝日新聞』一九九七年二月二七日。

（15）同右。

（16）『NIKKEI BUSINESS』一九九六年六月一七日、および本田篤志「アジアの自動車産業とナショナリズム」（『JAMA FORUM』第一五巻第三号、一九九七年二月、二八頁）。

（17）同右。

（18）ＦＯＵＲＩＮ『一九九五　日本自動車・部品産業のアジア事業展開』（一九九五年）五〇頁。

（19）前掲『自動車調査月報創刊一〇周年記念別冊特集号』三九頁。

2　日本部品メーカーの再編成

1　自動車部品産業のアジア展開

日系セットメーカーがその生産拠点をアジアに展開するなかで、それを下支えする日系部品メーカーのアジア展開も積極化している。表6-4、6-5、6-6を参照願いたい。これは一九九四年四月時点での日本自動車部品工業会の会員企業によるアジア地域への自動車部品産業の事業展開を生産拠点、技術供与別にみたものである。

これからわかるように、生産拠点のアジア展開が積極化するのは一九八六年以降九〇年までの時期で、その件数は六五件に達した。なかでもこの時期のタイへの進出はめざましく、三二件と全体の半分を占めた。九四年時点で一六〇件のうちタイが六九件と全体の四三パーセントを占め、タイがＡＳＥＡＮにおける日本の部品メーカーの拠点となった。一方、技術供与は八〇年代に入ってから増加を開始し、九〇年代以降生産拠点数は減少するものの、

表6－4　ASEAN への時期別進出状況（生産拠点）

	～65	66～70	71～75	76～80	81～85	86～90	91～94	合計
タイ	6	5	9	4	4	32	9	69
マレーシア	0	1	2	4	9	12	1	29
インドネシア	1	0	6	8	3	11	8	37
フィリピン	0	0	1	1	1	9	2	14
シンガポール	0	0	3	6	0	1	1	11
合計	7	6	21	23	17	65	21	160

出所：日本自動車部品工業会『月刊自動車部品』第41巻第3号，1995年3月，12頁。

表6－5　ASEAN への技術供与状況

	～65	66～70	71～75	76～80	81～85	86～90	91～94	合計
タイ	0	2	3	1	6	18	21	51
マレーシア	0	0	0	1	6	13	20	40
インドネシア	0	0	0	2	7	12	9	30
フィリピン	0	0	1	0	2	5	2	10
シンガポール	0	0	0	0	0	0	0	0
合計	0	2	4	4	21	48	52	131

出所：同上，13頁。

表6－6　ASEAN における自動車部品の生産および技術供与品目数

		タイ	マレーシア	インドネシア	フィリピン	シンガポール	合計
1	エンジン部品	49	13	24	4	8	98
2	電装品（I）						
	スタータ，オルタネータ，プラグ，C/U 他	11	6	6	2	0	25
3	電装品（II）						
	ワイパー，ランプ，メーター，ハーネス他	13	13	9	9	0	44
4	駆動系，伝導系，操縦系，部品	28	7	14	2	1	52
5	懸架，制動系，部品	19	14	16	3	0	52
6	車体部品	27	20	11	2	0	60
7	用品						
	エアコン，オーディオ	14	15	6	6	9	50
8	その他	9	3	8	2	1	23
9	二輪部品	17	7	6	0	0	30
	合計	187	98	100	30	19	434

出所：同上，15頁。

逆に技術供与の方は増加を続け、一九九四年までに一三一件に達した。その九二パーセントに該当する一二一件は一九八〇年代以降のものであった。これは一九八〇年代以降技術移転が積極的に進められたことを物語っている。ここでも技術移転の拠点はタイで、五一件と全体の三九パーセントを占め、以下マレーシア、インドネシア、フィリピンと続いている。

タイがＡＳＥＡＮにおける日本の部品メーカーの拠点となる理由は、ここがＡＳＥＡＮ最大の自動車市場だったことにある。現在年間約五〇万台の自動車を販売する実績をもつタイ市場は、いうまでもなくＡＳＥＡＮ最大で、日本部品メーカーは一九六〇年代からここに補修部品を供給するために進出していた。後述するＣ社のタイ進出の動機は、ここへの補修部品の供給であった。こうした実績をふまえて、一九八〇年代の後半に日系セットメーカーの生産が本格化するにともない、補修からセットメーカーへの供給量が増加するとともに、部品メーカーそのものの数が増加したのである。したがって、タイはＡＳＥＡＮ自動車産業の中心であり、日本企業にとっては「絶対〝死守〟しなければ[1]」ならぬ〝要〟だったのである。以上の経緯からみても、一九九七年七月にタイで通貨危機が発生したことは日本自動車産業にとって決定的意味をもっていた。

次に、一九九四年時点における日本自動車部品工業会所属の会員企業のＡＳＥＡＮへの生産・技術供与品目数を見てみよう（表6-6）。総品目数四三四件のうち四三パーセントに該当する一八七件がタイに、二三パーセントに該当する一〇〇件がインドネシアに、同じく二三パーセントに該当する九八件がマレーシアに集まっていた。この三カ国で三八五件に達し、全体の八九パーセントを占めていた。つまり、表6-4で確認したように、ＡＳＥＡＮへの日本部品産業の進出といってもその内実はタイとインドネシアとマレーシアに集中していることがわかる。さらにこの生産および技術供与の内容を部品別に見ると、タイではエンジン部品、駆動系、伝導系、操縦系といった高度な技術を要する分野に拡がっており、インドネシアでも件数こそ少ないもののタイと同じ傾向を示している。

マレーシアの場合には車体部品の件数がエンジン部品の件数を上回り、総じてタイ、インドネシアと比較して部品産業の発展は遅れていた。フィリピン、シンガポールはともに部品産業そのものが未発達で件数は少ないが、それでもシンガポールの場合はエアコン、オーディオといった電機・電子産業や相対的に高度な技術を必要とするエンジン部品に集中していた。たとえばタイに日系エンジン部品企業が集中するのは、タイ政府が高いエンジン国産化率を要請し、一九九六年までにＢＯＩ（タイ投資委員会）方式で六〇パーセント、ＭＯＩ（工業省）方式で四五パーセントまでの国産化率を義務づけているからであり、マレーシアの場合には特定の部品というよりは全般的に政府が国産化を指定しており、日本の部品産業と技術供与はマレーシア政府が指定した三〇の国産化品目に集中していた。

日本の自動車部品メーカーは、ＡＳＥＡＮ諸国への技術移転を行ったが、一九九三年度のアジア現地法人の技術導入先の九六・八パーセントが本国親企業からのものであったことから判断すれば(2)、技術移転は技術輸出を中心に展開されてきたことがわかる。さらにまた一層高度な技術を要する部品の技術移転に際し日本の自動車部品メーカーは、技術援助にとどまらず資本参加を条件にすることが多いといわれていた(3)。現地企業に資本参加することで、日本人技術者や役員を派遣し一層完璧な指導・監督を実施する傾向が強かった。これは日本の自動車メーカーの要請でもあった。日本の自動車メーカーは、部品メーカーに品質、納期、コストに関する厳しい条件を課しており、この条件に応える保証として資本参加と役員派遣を求めたのである。

2　自動車部品産業と関税協定

ところで、自動車部品メーカーのアジア進出を積極化させたいま一つの要因は、この間進んだＡＳＥＡＮ地域内での低関税による自動車部品の相互融通システムの具体化であった。ＢＢＣ、ＡＩＣＯスキームと称されるものがそれである。ＡＳＥＡＮ内での交易が増加することで、部品受注先は一国の範囲を超え、ＡＳＥＡＮ各国の部品産業は規模の経済を生かした発展を図ることができ、安価な部品をセットメーカーに供給でき、低コストのアジア・カーを生産できるからである。

ＡＳＥＡＮ各国は、一九八〇年代後半に入り域内経済協力のシステムを急速に具体化させてきた。そのきっかけとなったのは一九八七年の第三回ＡＳＥＡＮ首脳会議と「マニラ宣言」による域内経済協力の合意であった。ここにいたる歴史的経緯については紙幅の関係で省略し、ここでは、これがＡＳＥＡＮ諸国の集団的輸入代替重化学工業化戦略から集団的外資依存輸出志向型工業化戦略への転換でもあったことを指摘するにとどめよう(4)。

こうした域内交易の促進は、おりから東南アジアで自動車組立拠点を積極的に拡げていた三菱自工の域内部品調達の要求と合致していた。なぜなら三菱自工は東南アジア各地で部品を相互供給することを構想しており、そのための関税率の低減を求めていたからである。各国がエンジン部品など付加価値の高いものの生産を希望したためにＡＳＥＡＮ各国の足並みはなかなか揃わなかったが、一九八八年一〇月にこれに積極的だったマレーシア、フィリピン、タイがまとまるかたちでＡＳＥＡＮ内の合意が成立した。これはＢＢＣスキームと称されるもので、自動車生産メーカーに限り同一ブランドでＡＳＥＡＮ内の複数国が合意すれば、関税を通常の五〇パーセントに下げることで域内の相互融通を実施できるというものであった(5)。

三菱自工はＢＢＣスキーム発足当初からこれを利用した部品流通を積極的に推し進め、トヨタも一九八九年一一月に認可を受けて部品流通を開始し、日産も一九九〇年八月に認可を受けてＢＢＣスキームに乗った部品交換を開始した。本田がこのＢＢＣスキームの適用を受けたのは一九九五年八月のことだった。こうしたＢＢＣスキームを利用できたのはＡＳＥＡＮ内に複数の拠点を有するセットメーカーだけだった。日系企業はすべてのセットメーカーが複数の生産拠点をＡＳＥＡＮに所有しているが、日系企業以外の自動車セットメーカーでＡＳＥＡＮ内に複

図６－１　本田のアジアにおける現地調達への取組み
（アジア拠点間の主要部品供給）

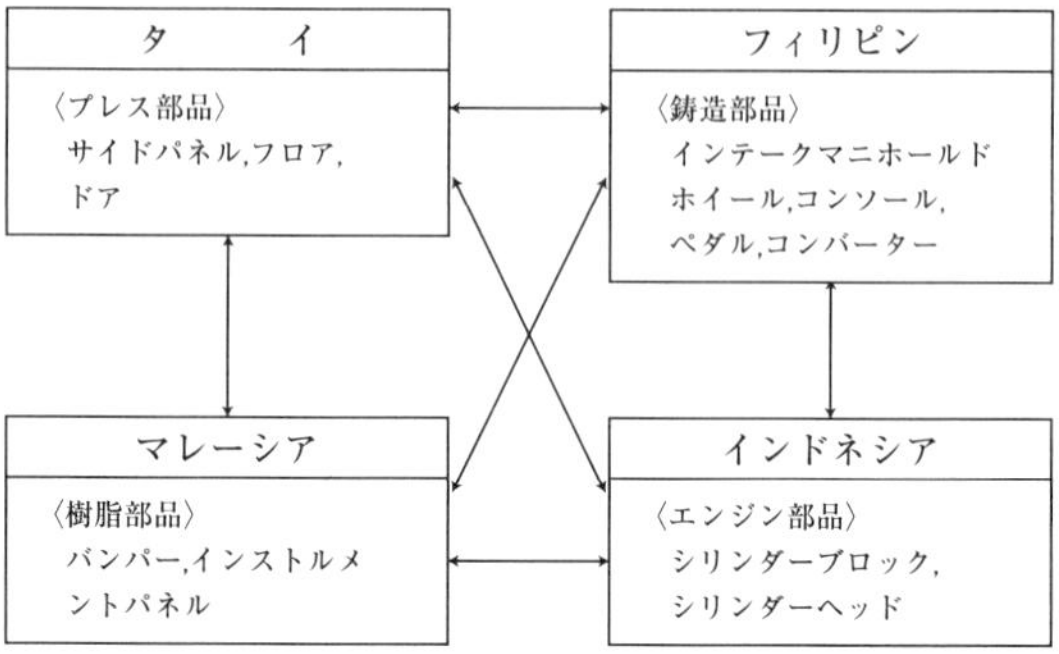

出所：FOURIN『自動車調査月報』No. 130, 1996年６月，27頁。

数の生産拠点を有するのはボルボだけであった。ＢＢＣスキームを使った部品の相互補完は、三菱自工を筆頭に本田、トヨタなど各社が積極的に取り組んでいた。ここでは本田とトヨタを例に、やや詳しくその展開を跡づけてみよう。まず本田のアジアにおける現地調達への取り組みを見てみよう。

本田の場合（図６－１）には、タイ、フィリピン、マレーシア、インドネシアの四カ国間における部品相互補完を実施している。その場合には、四輪車と二輪車のそれぞれの部品に関する相互補填を構想している点に他の自動車メーカーと異なる本田の特徴がある。大きくいえばタイではプレス部品、フィリピンでは鋳造部品、マレーシアでは樹脂部品を、そしてインドネシアではエンジン部品を生産し、相互に交換するというシステムになっていた。そして、四輪車の生産はタイに、二輪車の生産はインドネシアにそれぞれ集中するかたちでＡＳＥＡＮ内の分業体制を作り上げていた。トヨタの場合も同様である（図６－２）。トヨタは、一九九七年にアジア市場に投入されるＡＦＣ（Affordable Family Car）を廉価で生産するために、一九九六年五月にＡＦＣのＢＢＣを認可取得し、タイ、マレーシア、フィリピン、インドネシアを中心に部品分業生産体制を作り上げた。タイではエンジン、プレスを、マレーシアではショックアブソーバーとステアリングリンクを、フィリピンではトランスミッション、インドネシアではガソリンエンジンをそれぞれ生産し、シンガポールに統括会社を置いて全体を管理運営するシステムである。このＢＢＣスキームを活用するかたちで、前述したように本田のシティは現地調達率七〇パーセント台を獲得した。

トヨタの場合も同様であって、AFCソルーナの場合もBBCスキームを利用するかたちで現地調達率七割を達成した。(6)

以上は、本田とトヨタのBBCスキーム活用に基づく部品供給体制の実態であるが、本田、トヨタ以外の各社もほぼ似たような供給体制を一九九〇年代半ば以降作り上げようとしていた。

もっとも、現実にはこの計画はあまりうまくいかないであろう、という見方もあった。たしかに自動車部品の域内取引量は増加したが、予想したような伸びではなく、一九九五年五月までインドネシアがこれに反対して批准せず、ASEAN内部での足並みがそろっていなかった。ASEAN内での対立に加えて、このスキームに積極的でかつ恩恵を受けているタイのなかでも、これに積極的な工業省と貿易赤字を恐れる大蔵省の間で対立が激しかった。(7)

ASEAN域内の経済協力は、近年BBCスキームからさらに進んでAICOスキームへと進みつつある。AICOスキームは一九九五年一二月のASEAN経済担当閣僚のミーティングで合意に達したもので、輸入関税率をさらに低く〇~五パーセント程度に抑え、逆にその適応範囲をそれまでの自動車部品産業から製造業全体に拡大していこうというものであった。このAICOスキームは一九九六年一一月から発足し、細部の協議を経て一九九七年半ばには稼動した。しかも、二〇〇三年をめどにAFTA(ASEAN自由貿易地域)が成立し、CEPT(共通効果特恵関税制度)のもとで輸入関税が〇~五パーセントに下げられ、AICOで定めている現地資本三〇パーセント出資企業に限定するという制限条件が撤廃されるため、ASEAN域内での補完体制は一

図6-2　トヨタのアジアにおける現地調達への取組み
（アジア拠点間の主要部品供給）

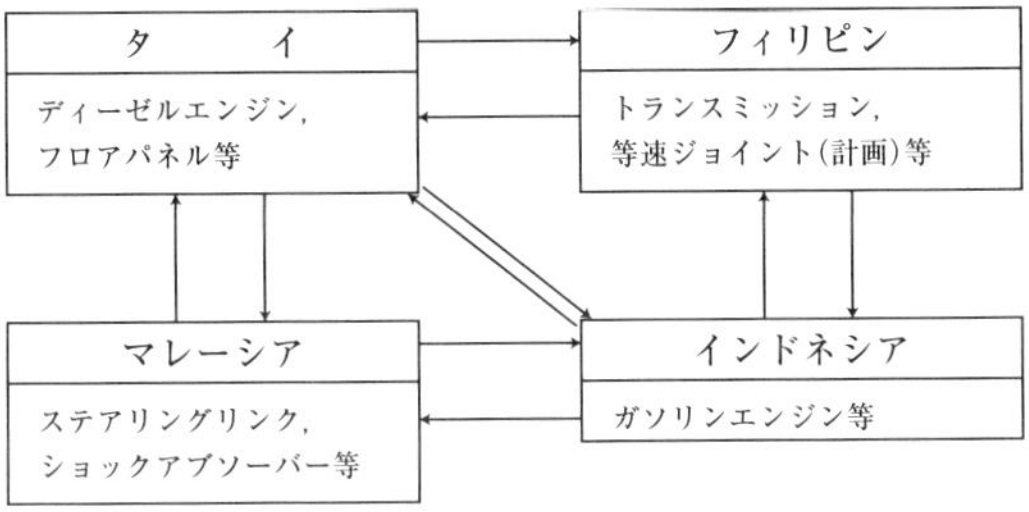

出所：図6-1に同じ。

層進むことになる。二一世紀の初頭にはＡＳＥＡＮの域内貿易は国家間の壁がはずれ、事実上自由往来ということになる。

ＡＩＣＯスキームでは現地資本三〇パーセント以上を含むことが前提となっており、しかも当事国同士の合意が必要とされているとはいえ、それまでのＢＢＣスキームのように自動車部品に限定されないために、より広い範囲での補完体制を作り上げることが可能となっている。(8) 一九九七年四月現在、自動車部品製造業の分野でこのＡＩＣＯスキームを申請しているのは、日系企業では後述するＡ社だけである。この体制がスタートした直後の一九九七年七月、アジアで通貨危機が発生し、このシステムそのものがゆさぶられる結果となったのである。

3　アジアに進出した部品メーカーとスキーム構想——スキームへの具体的対応——

これまでにＢＢＣ、ＡＩＣＯ両スキームの内容と自動車産業における実施状況を検討してきた。では、こうした両スキームを自動車部品企業はどのように受け止め、どのように利用しているのであろうか、日本国内の部品産業にどのような影響を与えていたのか。ここでは両スキームへの企業側の対応を検討するために三社を事例として取り上げた。トヨタ系と称される総合部品メーカーのＡ社、本田系のショックアブソーバーを生産しているＢ社、独立系のエンジン・メーカーのＣ社である。いずれも自動車部品メーカーではあっても、自動車メーカーではない。したがって、ＢＢＣスキームは直接は適用されない。ＡＩＣＯスキームもただいま申請中で稼働はしていない。

①Ａ社

Ａ社は、トヨタを中心にエンジン部品、冷暖房機器、各種電装品を供給し、最近では情報・通信関係に進出している。(9) 資本金は一一二二億円、売上高は一兆二三〇〇億円、従業員四万八〇〇〇人（いずれも一九九六年三月）。海外生産拠点は一六カ国二八拠点で、うち東南アジアは五カ国五製造拠点で、この他にタイに販売拠点、シンガポールに統轄会社をもつ。一九八〇年代前半までに、生産拠点としては、一九七二年にタイでオイル、レギュレータ、スタータといった電装製品を生産する製造会社が、続いて七三年に同じタイに販売会社が設立されている。一九七五年にはインドネシアに同じく電装製品を生産する拠点が、一九八〇年にはマレーシアに電装製品を製造する生産拠点が設立された。これらの生産拠点は、いずれも完成車輸入禁止に対抗する措置としてアッセンブリー中心のセットメーカーの進出に合わせて設立されたものである。一九七六年にはフィリピンに生産拠点が作られたが、一九八七年に撤退した。ところが、一九八五年以降、国産化率、現地調達比率引き上げ、円高ドル安のなかでそれに見合う生産拠点の確立が新たに模索された。その結果、一九八七年にはタイに金型製造会社が設立され、一九九五年にはフィリピンに新たにメーターとエアコンを製造販売する拠点が設立され、シンガポールにはアジア市場を統括する統括会社が設立された。いったん撤退したフィリピンで再度生産が行われることに典型的に見られるように、一九九五年に設立されたフィリピン拠点は、AICOスキームを活用するための生産拠点作りであった。

A社は自動車メーカーではないのでBBCスキームを活用することはできなかったが、製造業全体にその適用範囲を拡大したAICOスキームに関してはASEAN内に複数の生産拠点を有するためその活用が可能であった。A社の場合には図6-3に見るように、シンガポールの統括会社のトに、タイ、マレーシア、インドネシア、フィリピンにそれぞれA社の部品メーカーを配置して、AICOスキームを活用することでASEAN内での部品相互補完体制を作り上げようとした。タイではスタータ、オルタネータなど、インドネシアではコンプレッサ、プラグなど、マレーシアではエンジン部品やアンプ、ワイパなど、そしてフィリピンではコンビメータを生産してシンガポールの統括会社の指令でASEAN四カ国のあいだで相互補完取引を行い、低コストでの現地調達を達成しようという構想であった。これらの製品を輸入する場合には、輸入国では国産品として認定され国産化率にカウントさ

図6-3　A社のASEAN相互補完

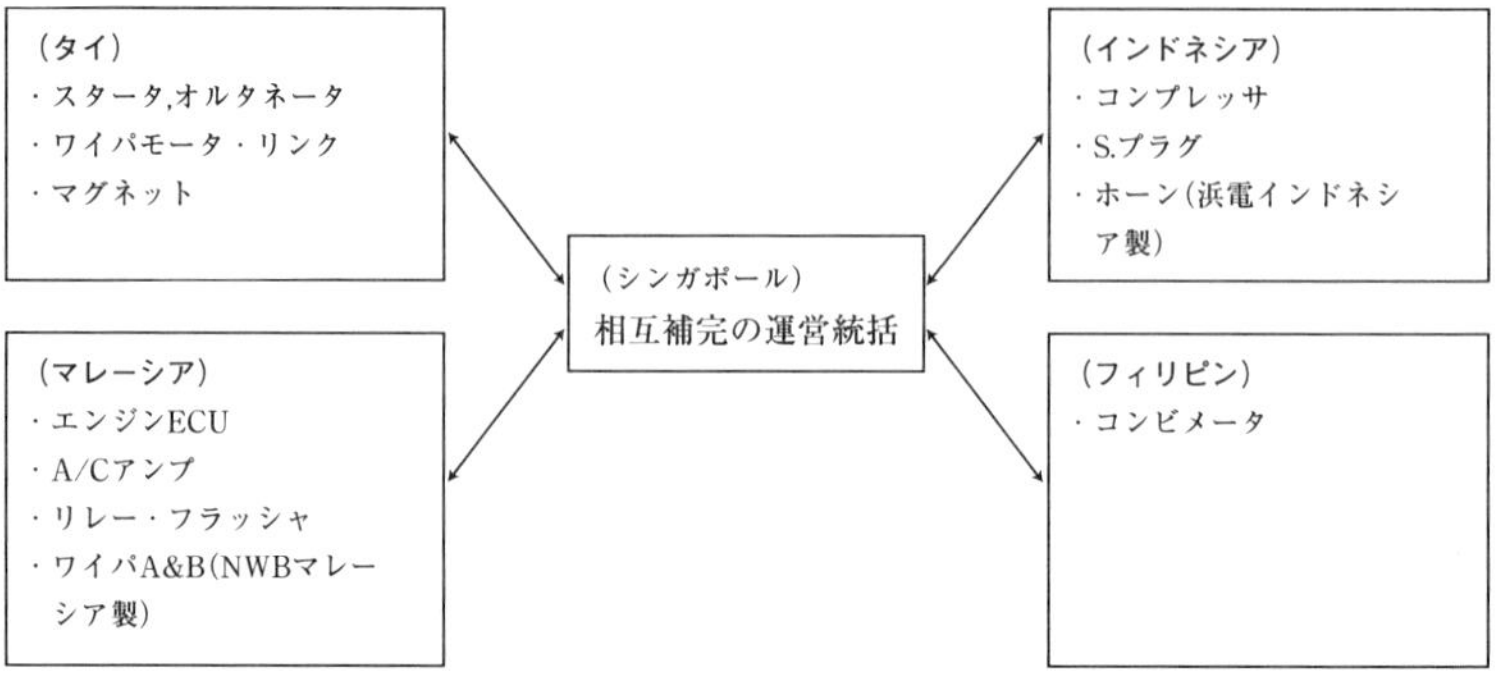

出所：A社提供資料。

れ、しかも輸入に際しては〇～五パーセントの関税がかかるだけである。

これによってA社は一九九八年における相互補完取引見込額を一〇〇億円、タイでの現地調達率を五〇パーセントにまで上昇させることをねらっていた。

② B社

B社は本田を中心にショックアブソーバー、パワーステアリング部品を供給している[10]。資本金九九億五〇〇〇万円、売上高九二三億円、従業員二五九七人（いずれも一九九六年三月）。埼玉県の吹上に主力工場をもっている。会社規模はさほど大きくはないが、この会社の最大の特徴は積極的な海外事業展開にある。それは、本田の資本が約四〇パーセント導入されて役員が派遣されてきている関係から、本田の海外戦略にリンクしながら動いている点と無縁ではない。

B社の海外拠点は一五カ国二一拠点（一九九六年三月）で、そのうち東アジアは八拠点。その内訳はインドネシア二拠点、中国二拠点、タイ二拠点、台湾一拠点、マレーシア一拠点。一九九七年末にベトナムのハノイに一拠点が開設されるから、一九九七年末の東アジアの拠点は全部で九カ所になる。

B社は一九九六年四月以降本田のアジア・カーであるシティに合わせて

その部品生産体制を打ち出した。それによれば、タイを四輪車の中心拠点としインドネシアを二輪車の中心拠点として、インドネシアにはタイから四輪車の部品を輸出し、逆にインドネシアからタイには二輪車の部品を輸出する。マレーシアには本田の関連会社があるのでタイとインドネシア、そして日本のB社からそれぞれ二輪と四輪の部品を供給して生産を行うというものであった。シティはこうしたB社の部品相互供給・補完体制を利用してコスト削減を図ると同時に現地調達比率を高めている。つまりB社は、自動車部品メーカーではあっても自動車メーカーではないので、BBCスキームそのものを利用することはできないが、本田のブランドに乗せることによってこのBBCスキームを間接的に利用することができるのである。こうしてBBCスキームを活用することで受注量を増加させ、製品単価を下げることに成功したのである。

③C社

C社はいすゞを中心にディーゼル用エンジンを供給している[11]。資本金は二八億九八〇〇万円、売上高二七〇億円、従業員三二二〇人（いずれも一九九五年四月）。A社はむろんのこととしてB社と比較してもその会社規模は大きくはないが、この会社はディーゼル用エンジンの生産では日本でトップを占め、約九〇パーセントのマーケット・シェアを誇っている。埼玉県の桶川に主力工場を有している。

C社の海外拠点は全部で四カ所（一九九六年一一月）で、タイ、インドネシア、アメリカ、中国に拡がっている。拠点数そのものは決して多くはないが、タイ工場の操業開始が、日本の「海外投資元年」と呼ばれた一九七二年であることに象徴されるように、C社の海外事業展開の歴史は古く、エンジン業界だけでなく日本企業全体のなかでも草分けの部類に属する。ちなみにその後の海外事業の展開を見ると、インドネシア工場の操業開始は一九九二年、アメリカが一九九三年、中国（重慶）が一九九五年、といずれも自動車部品産業の海外進出が本格化した一九九〇年代に集中している。

C社がタイに工場を新設したのは、同地でいすゞの一トンピックアップ・トラックを販売していた三菱商事の要請であった。東南アジアでは日本と異なり中古自動車が多く、そのための補修部品マーケットが大きなウェイトを占めている。C社の場合、ピックアップ・トラック用のエンジン補修部品を供給するためにタイに工場を設立したというのが、海外事業展開のそもそものはじまりであった。ところが一九八五年以降タイで自動車産業が拡大すると、それにつれてライン数も一九八六年の一ラインから一九九五年には九ラインに増加し、ピストンの生産高も八六年の年間（以下同様）二一万三〇〇〇個から九六年には一五五万三〇〇〇個に上昇した。増産と同時に補修用も一七万九〇〇〇個から二九万個へと増加したが、アッセンブラーへの部品供給用エンジンの生産個数は一九八六年の三万四〇〇〇個から九六年には一二六万三〇〇〇個へと激増した。

この間C社では現地調達率を高めるために、ローカル企業の育成に努めるとともにアルミ地金をタイで生産する体制を整えた。こうした努力で現調率は二二パーセントにまで高まったという。

しかしC社では、ＢＢＣやＡＩＣＯスキームを使ってＡＳＥＡＮ内の部品の相互補塡を行うことは考えていない。C社は東南アジアのタイとインドネシアに工場をもっているが、タイでは４ＪＡ１というエンジンを、インドネシアではＣ２２３というエンジンを生産しそれぞれの地域で販売しているため相互補完は不可能で、いまのところＢＢＣやＡＩＣＯスキームによる部品の相互補完は考えていないという。

４　アジアに進出した部品メーカーと現地企業

では、ＢＢＣやＡＩＣＯスキームはＡＳＥＡＮ各国のローカル企業にどのような影響を与えているのであろうか。影響が広範な範囲で起こりうる可能性をもっているのはＡＩＣＯスキームであろう。ＦＯＵＲＩＮ『自動車調査月報』も、ＡＩＣＯスキームが国内地場部品産業に与える影響を懸念する旨の記事を載せていたが[12]、現状はどのようなかたちだったのであろうか。

まず、Ａ社タイ工場の実状から見てみることとしよう。Ａ社タイ工場の場合、図6-4でみるように、ここではスタータ、オルタネータ、エアコンなど一六品目の自動車部品を生産していた。現地で調達できない部品は日本から輸入する。現地の協力企業は全部で四二社で、その内訳は日系が一〇社でローカルが三二社。日系企業がベアリング、ワイヤーハーネスなどを、ローカル企業がプレス製品を生産し、Ａ社タイ工場に納入していた。

図6-4　A社タイ工場の生産分業システム

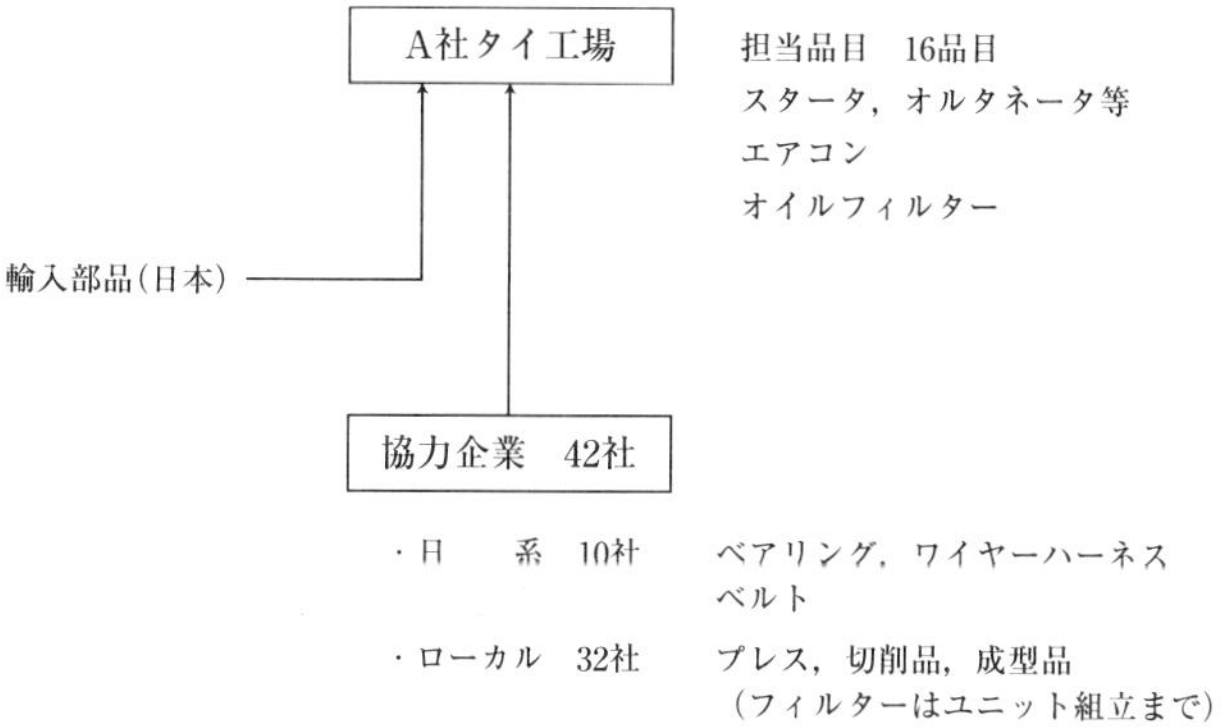

出所：機械振興協会経済研究所『国際化・リストラ下における生産分業システムの構造変革と下請中小企業の発展戦略』1995年3月，119頁。

では、表6-7に拠りながら、一九九五年度のＡ社タイ工場の仕入先数による輸入・現地調達比率を見てみることとしよう。これによれば部品では五〇点、全体の三九パーセントが日本本社から、ＡＳＥＡＮ域内からは二点で一パーセント、協力工場からは七七点で六〇パーセントで、その内訳は日系企業からは一八点で一四パーセント、純ローカル企業からは五九点で四六パーセントを占めていた。素材では日本本社からは九点で六五パーセント、ＡＳＥＡＮ域内からはゼロ、協力工場からは三点で二一パーセントで、その内訳は日系企業からは二点で一四パーセント、純ローカルは一点で七パーセント、ＡＳＥＡＮ以外の欧米から二点で一四パーセントとなっていた。仕入先数からみれば、純ローカルの比率は圧倒的であった。ところが金額ベースで

表6-7　A社タイ工場の輸入・現地調達比率（1995年現在）

	部品					素材					
	日本（本社）	ASEAN域内	協力工場 日系	協力工場 純ローカル	合計	日本（本社）	ASEAN域内	協力工場 日系	協力工場 純ローカル	ASEAN以外（米・欧）	合計
仕入先数	50	2	18	59	129	9	0	2	1	2	14
%	39	1	14	46	100	65	0	14	7	14	100

出所：A社提供資料。

みた場合はこれとやや異なっていた。部品では日本本社からの調達金額比率は七九パーセントと圧倒的に高く、逆に純ローカルは六パーセントにすぎない。素材でも同様で、日本本社からの調達比率は金額ベースでは五八パーセントを占め、純ローカルはわずかに四パーセントにすぎなかった。

いずれにしても一九九五年時点での部品・素材調達率はともに日本本社偏重で、ASEAN、純ローカルの比率は低い。A社によれば、AICOスキームを使って、ASEAN域内からの調達比率を増加させようという構想であるから、「ASEAN域内」や日系協力工場からの部品・素材調達比率の増加の可能性は著しく高かった。

5　日本国内部品メーカーの変容

アジア地域に生産拠点を移すことで、日本国内の部品メーカーも大きな変化を受けていた。海外拠点の生産拡大を考慮に入れた国内体制の構築が急がれたのである。現にC社は円高のなかでコストを削減するために、東南アジアの工場で生産されている農機具用の低品質エンジンを月間七万から八万個タイ工場から輸入することで、自社内でのこの種の生産はやめている[13]。

また日本国内の企業は、一層のコストダウンを図るため国内の協力工場の数を減らす方向を目指している。たとえば、B社は下請け会社一社が数工程をこなすことで下請け企業数を減らす方向を目指しているという[14]。この結果アブソーバー関係では、一九八〇年代にあった下請け二〇〇社は一九九五年には半分の一〇〇社に減少したという[15]。さらに設備更新の時期をねらって、それまで下請けに出していた工程を内製化することでコストダウンを図っているという。またC社は、鋳造から完成品までを内製化する計画を具体化し、一九九五年から九六年の一年間で下請り企業数を一〇社から二社に減らしたという[16]。このようにこれまで外部に出していたものを内製化することで下請け企業の数を減らしているのである。

いま一つは、システム力を増加させることで競争力強化、コスト削減を図っていることである。従来、親企業がそれぞれの一次下請けと個別に関係を持っていたのを改めて、コア・テクノロジーを有するコーディネート企業を中心にネットワークを形成して新しい下請け関係を生み出していく動きがこのところ積極的になっている。前掲B・C社にいずれも共通する点は、コーディネート企業への転換を目指すことで、企業間競争に生き残ろうとする姿勢である。こうしたモジュール生産方式が導入されることで、一次メーカーのコーディネート企業は、モジュールサプライヤーとして一層発展する道が開ける一方で、その能力に欠ける一次、二次のリプライヤーはおのずと競争から脱落し敗退を余儀なくされるのである[17]。

B社の場合には、ショックアブソーバーにブレーキ部品を付与することで新しいネットワークを作ろうとしているし[18]、C社の場合もピストン関連部門を取り込むことでコーディネート企業への成長を目指している[19]。こうしたプロセスでは、逆に付加価値の低い部門を海外に移転させることで、より一層広範なコーディネート企業化をめざしている。こうした動向は、すでに先駆的にコーディネート企業化しているA社にも該当することであって、A社の場合には電子・電機産業を積極的に取り込むことで、カーナビゲーションや携帯電話部門に進出を開始している[20]。

（1）『週刊金属』No.743（一九九六年）四三頁。

(2) 日本自動車部品工業会『月刊自動車品』別冊(一九九五年一一月)二〇頁。
(3) 渡邊進「アジアの自動車産業発展と日本の役割(1)」(日本自動車工業会『JAMAGAZINE』vol.30、一九九六年八月、七頁)。
(4) 詳しくは、清水一史『ASEAN域内経済協力の政治経済学』(ミネルヴァ書房、一九九八年)参照。
(5) BBCスキームに関する比較的早い時期の研究として、北海道電力株式会社総合研究所『ASEAN域内における日系自動車産業の展開』(一九九三年)がある。その後の研究として前掲『ASEAN域内経済協力の政治経済学』、穴沢眞「日本自動車産業の東南アジア展開」(島田克美・藤井光男・小林英夫編『現代アジアの産業と国際分業』ミネルヴァ書房、一九九七年)、加茂紀子子「国際分業の進展と自動車産業」(丸山恵也・佐護譽・小林英夫編著『アジア経済圏と国際分業の進展』ミネルヴァ書房、一九九九年)など参照。
(6) 前掲『自動車調査月報創刊一〇周年記念別冊特集号』三三頁。
(7) 渡邊進「アジアの自動車産業発展と日本の役割(2)」(前掲『JAMAGAZINE』vol.31、一九九六年九月、六頁)。
(8) BBCスキームとの比較でのAICOスキームの特徴、スキームの内容については、前掲『自動車調査月報』No.126(一九九六年二月)二〇~二一頁、参照。
(9) 一九九六年一一月二七日、A社東京出張所でのヒヤリング。
(10) 一九九六年一〇月二八日、B社(埼玉県吹上)でのヒヤリング。
(11) 一九九六年一一月二六日、C社(埼玉県桶川)でのヒヤリング。
(12) 前掲『自動車調査月報創刊一〇周年記念別冊特集号』九頁。
(13) 一九九六年一一月二六日、C社でのヒヤリング。
(14) 一九九六年一〇月二八日、B社でのヒヤリング。
(15) 同右。
(16) 一九九六年一一月二六日、C社でのヒヤリング。
(17) 川野英子・八ッ橋弘子「技術力を背景に国際競争力を維持する部品メーカー」(『総研展望』一九九六年七月)参照。
(18) 一九九六年一〇月二八日、B社でのヒヤリング。

(19)　一九九六年一一月二六日、C社でのヒヤリング。

(20)　一九九六年一一月二七日、A社でのヒヤリング。

3　自動車産業とイントラ貿易

1　対日部品貿易の拡大

一九九〇年代に入ってからの日本自動車産業の輸出入動向の特徴は、完成車の輸出の漸減と部品輸出の増加、部品の海外からの調達にともなう輸入の動きである。表6-8、6-9にみるように、一九九〇年代はじめの頃の超円高にともなう輸出入の激動は九〇年代半ばにいたり落ち着きを見せてはいるが、付加価値が高く現地での生産が困難なブレーキやギヤボックスといった機能部品では日本からの輸出は漸増している。逆にシートベルトや消音器といった現地生産が進んだ部門は日本からの輸出を減少させている。輸入も、超円高が始まった一九九〇年代初頭においては急増が予測されたが、一九九〇年代半ばに円高が収まると同時に輸入増は止まっている。ともあれ先に検討したA、B、C各社でも一九九〇年代以前には日本から輸出していたものでも、一九九〇年代に入り現地生産に切り替えたものは数多い。A社の場合にはワイヤハーネスやカーラジオ部品、B社の場合にはブレーキペダル、ブレーキワイヤーなど、C社の場合にはエンジンの付属品などあげればきりがない。こうした部品の蓄積が表6-8、6-9の数値の変化を生み出してきたのである。

表6-8 主要自動車部品輸出動向

（単位：億円）

	1991年	1992年	1993年	1994年	1995年	1996年
バンパーおよびその部品	326	312	312	307	281	281
シートベルト	252	163	146	125	84	72
車体のその他の部品および付属品	3,776	3,845	3,906	3,997	3,796	3,734
ブレーキライニング	95	99	105	99	110	104
ブレーキおよびサーボブレーキならびに部分品	939	1,051	1,107	1,211	1,117	1,089
ギヤボックス	3,624	4,109	4,507	5,206	5,256	5,302
駆動軸	190	206	222	258	256	260
非駆動軸およびその部品	428	352	336	365	265	280
車輪ならびにその部品および付属品	278	257	255	285	260	226
懸架装置用ショックアブソーバー	230	243	237	263	234	275
ラジエター	61	70	84	80	71	63
消音装置および排気管	283	296	259	255	225	203
クラッチおよびその部品	463	477	453	477	490	834
ハンドル，ステアリングコラムおよびステアリングボックス	355	361	351	417	426	362

出所：日本関税協会『日本貿易月表』1991年12月，1992年12月，1993年12月，1994年12月，1995年12月，1996年12月。

表6-9 主要自動車部品輸入動向

（単位：億円）

	1991年	1992年	1993年	1994年	1995年	1996年
バンパーおよびその部品	40	38	30	30	39	47
シートベルト	19	15	15	26	25	33
車体のその他の部品および付属品	272	281	231	207	247	336
ブレーキライニング	12	15	16	13	12	14
ブレーキおよびサーボブレーキならびに部分品	59	59	55	63	90	104
ギヤボックス	92	110	88	75	81	124
駆動軸	17	12	11	9	14	16
非駆動軸およびその部品	6	7	6	3	6	8
車輪ならびにその部品および付属品	309	330	311	305	359	480
懸架装置用ショックアブソーバー	28	24	18	19	20	42
ラジエター	15	17	11	10	17	19
消音装置および排気管	13	14	11	14	17	26
クラッチおよびその部品	19	21	17	20	22	27
ハンドル，ステアリングコラムおよびステアリングボックス	73	73	65	66	74	97

出所：日本関税協会『日本貿易月表』1991年12月，1992年12月，1993年12月，1994年12月，1995年12月，1996年12月。

表6-10　ASEAN内自動車部品の輸出動向

(単位：千ドル)

輸出国＼輸入国	シンガポール	タイ	マレーシア	インドネシア	フィリピン
シンガポール		9,334	42,115	—	5,687
		18,008	51,383	—	7,516
		19,971	40,526	—	6,369
		55,749	68,403	—	14,371
タイ	7,016		1,093	476	—
	4,343		1,041	460	219
	6,698		1,678	140	800
	236,750		8,037	669	1,804
マレーシア	3,853	891		—	—
	5,733	1,641		261	244
	8,149	3,191		343	535
	19,937	8,977		3,412	3,078
インドネシア	508	120	—		—
	1,289	248	2,382		—
	2,270	—	2,230		—
	2,365	145	2,473		—
フィリピン	210	2,880	—	—	
	120	10,672	—	—	
	163	10,658	1,915	—	
	731	51,815	2,841	8,067	

注：各段上から1988，90，92，94年。
出所：U. N., *Commodity Trade Statistics*, Series D より。

2　ASEAN間の部品貿易の拡大

逆にASEAN間の自動車部品貿易は、一九九〇年代半ばに至り急速に増加してきている。表6-10でASEAN五カ国の自動車部品の輸出動向をみれば、一九九〇年代半ばに入りASEAN内の自動車部品の輸出量は大幅な増加を見せている。類似の統計は、国際連合『貿易統計年鑑』各年度版でもみることができるが、さらにそれを国別に、しかも自動車部品輸出（SITC 784）に限定してみたものが同表である。

ASEANのどの国をとっても、この間ASEAN域内自動車部品輸出は増加し、一九九四年になると急増している。もちろん電機・電子部品やガーメントの輸出と比較すればその額は小さいが、ここ数年の伸び率はそうした輸出産業の伸びをはるかに上回り、高い実績を示している。したがって、一九九〇年代の後半現在の状況がそのまま持続するならば、ＡＳＥＡＮ、とりわけタイにおける自動車部品産業の輸出はより高い比率を占めるにいたるであろう。今日、タイはアジアのなかで日本、韓国、台湾に次ぐ第四の自動車輸出国として急速に脚光を浴びてきているのである。同じことはマレーシアにもいうことができる。プロトン社が生産するプロトンサガ、プロトンヴィラ等は英連邦諸国に輸出されており、ＡＳＥＡＮ諸国からの部品調達も増加している。したがって、タイやマレーシアの場合、完成車のみならず部品貿易においてもＡＳＥＡＮ域内における貿易は今後拡大していくことが予想される。

第7章　ＡＳＥＡＮの工業化と女性労働――マレーシアを中心に――

1　マレーシアの工業化と女性労働者

一九八五年以降、東南アジアの経済的躍進が注目された。シンガポールはすでにＮＩＥＳ（新興工業国）として位置づけられているが、タイやマレーシアもそれに次ぐ工業諸国として世界の注目を集めた。

タイを日本の自動車産業の拠点と位置づけるのなら、マレーシアは日本の電機・電子産業の生産拠点と位置づけることが可能である。一九八五年以降の日本電機・電子産業のマレーシアへの進出はそれを如実に物語る。一九八五年以降著しくなったこの動きは、多少の起伏がみられるものの一九九七年七月まで継続した。こうした工業化の進展はマレーシアでの労働力人口を増加させたが、その工業化が電子産業の「後工程」を主体にしたものであったことから、不熟練労働者を多数雇用する必要があったこととも関連して、増加の主力は若年女性労働者であった。本章では、マレーシアの電機・電子産業を中心とした工業化の進展とそのもとで大量に生み出された女性労働者に光を当てて、その実態を見てみることとしたい。周知のようにマレーシアは多民族国家でマレー系、中国系、インド系の三種類の種族から構成されている。したがって女性労働者の実態も種族によって一様ではない。本章ではこれらの差異に留意しつつその最近の実態に迫ってみたい。

この点での先行研究としては、遠野はるひ「マレーシア　工業化と女子労働者」(森健・永野順子編『開発政策と女子労働』アジア経済研究所、一九八五年)がある。この論文はマレーシアの女子労働者の実態に迫る好論文であるが、フォローした時期が一九七〇年代までであることが惜しまれる。その意味ではJamilah Ariffin, Susan Horton and Guilherme Sedlacek, "Women in the Labour Market in Malaysia" in Susan Horton (ed.), *Women and Industrialization in Asia*, London, 1996. が最近のマレーシアの女性労働者の就業状況を分析している。ただし、この研究もマレーシアの全体的動向の分析であって、工場の内実にまで立ち入ったものではない。また、マレーシアの輸出加工区内の女性労働については、G. Sivalingam, *The Economic and Social Impact of Export Processing Zones: The case of Malaysia*, I. L. O. working paper No. 66, 1994. があるが、加工区内の工場の実態は検討していない。本章では、マレーシアの女子労働者の実態をペナン地域の日系企業に限定して実施したヒヤリング調査によりながら考察してみることとしたい[(1)]。

(1)　本章は一九九五年九月に筆者がマレーシアのペナンで実施した日系企業での工場調査を基礎にしている。ここで記述した女性労働者に関するデータは、すべてその際におけるヒヤリングの結果である。その際ヒヤリングの調査対象とした企業は、キャノンエレクトリック、日立セミコンダクター、神戸プレシジョンテクノロジーの三社である。この三社を選択した理由は、いずれも電子関連企業であることによる。そのなかで、日立を選択したのは創業が七二年と進出歴がもっとも古く、従業員も二四〇〇人と大規模であり、さまざまな意味で日系進出企業の典型だと考えられたことがある。キャノンエレクトリックと神戸プレシジョンを選択した理由は、いずれも操業開始が八九年と九二年でその意味では最近進出した企業であること、しかもキャノンエレクトリックはマレー半島側のプライにあるのに対して神戸プレシジョンテクノロジーはペナン島のなかのバヤンレパス自由貿易区(輸出加工区)にあるからである。これらに加えてインド系のワーカーの事例を補強するためノーザンテレコムの女性従業員のヒヤリングを実施したが、諸般の事情で公開できず、日本企業の紹介の際参考にするにとどめた。

2　マレーシアの工業化の進展と就業構造の変化

1　工業化の進展

マレーシアで輸出指向工業化が始まったのは一九六〇年代末のことであった。それ以前はゆるやかな輸入代替工業化が展開されていたが、七〇年代に入るとそれまでの輸入代替と並行して輸出指向の具体的施策も実施され始め、いわば「二重工業化戦略」が推し進められたのである。時あたかも「五・一三」と称された種族暴動（一九六九年五月一三日に勃発）の直後で、富を蓄積した中国系マレーシア人に対するマレー系マレーシア人の反発は激しく、この経済格差を是正するための新経済政策（New Economic Policy: NEP）が一九七〇年にマレーシア政府によって打ち出された。その内容は、むこう二〇年の間に種族間の経済格差をなくそうというもので、資本のマレー化、雇用のマレー化（ブミプトラ政策、マレー人優先政策）を大胆に推し進めようというものであった。

先の輸出指向を反映して一九七一年に自由貿易区法が制定され、一九七二年にはペナン島のバヤンレパスに自由貿易区という名の輸出加工区が開設され、多くの多国籍企業の誘致が行われたが、景気の変動と政府の厳しいブミプトラ政策による規制を嫌った外資がマレーシアを敬遠したために、輸出指向は順調には進まなかった。一九七〇年代初頭に日本企業のマレーシア進出もみられたが必ずしもその後は続かず、八五年まで一進一退を繰り返した。ところが一九八六年一〇月にマハティール首相がニューヨークで、生産物の五〇パーセント以上を輸出する外国企業に対しては一〇〇パーセントまで出資を認める規制緩和発言をして以降、マレーシアへの投資が激増し、折りからの日本の円高による日本企業の対マレーシア投資の増加とあいまってその傾向は顕著となった。

マレーシア経済は一九九〇年代に入っても順調な伸びを記録した。実質GDP成長率は一九九〇年の八・七パーセントから九二年には七・八パーセントを、九三年には八・三パーセントを記録して高度成長を維持してきた。この成長をリードしてきたのは電機・電子産業、とりわけ半導体部門の拡大だった。世界の半導体産業がマレーシアへと進出したのである。九〇年代に入るとマレーシアへの投資額は鈍化傾向をみせてきたが、それでも一九九三年段階で製造業への総投資額は一三七億五三〇〇万リンギ（一リンギは約四〇円）に上り、うち電機・電子部門が二三億五〇〇万リンギで全体の一六・七パーセントを占めたのである。マレーシアへの投資は主にクアラルンプールを中心としたセランゴール州とジョホール、ペナン両州に集中していた。一九九三年時点での製造業への総投資額一三七億五三〇〇万リンギのうちその三一・六パーセントに該当する四三億四六〇〇万リンギがセランゴール州に、一一・二パーセントに該当する一五億四一〇〇万リンギがペナン州に、そして七・七パーセントに該当する一〇億五六〇〇万リンギがジョホール州に投下された。その主力は電機・電子関連であった。いずれにしても、これら三州に投下された投資額は全体の約半分にあたる五〇・五パーセントに達したのである。これらはマレー半島西海岸の諸州である。本章で分析の対象とするペナン州はマレーシアの工業化の重要な拠点州の一つであった。

電子産業の多くはマレーシアのこれらの諸州の工業団地に集中していた。マレーシアには、外資に対して租税やインフラストラクチャーの面でさまざまな優遇措置を講じている輸出加工区や工業団地が随所に開設されている（図7-1参照）。輸出加工区は、マレー半島西海岸を中心に九カ所ほど開設されている。内訳はペナン州に三カ所、セランゴール州に三カ所、マラッカ州に二カ所、ジョホール州に一カ所である。このほか工業団地はマレーシア全土で一一〇カ所に上る。多くの電子産業企業は、輸出加工区に進出するか工業団地に進出して操業している。工業

図7-1 主な日系企業・製造業の進出状況

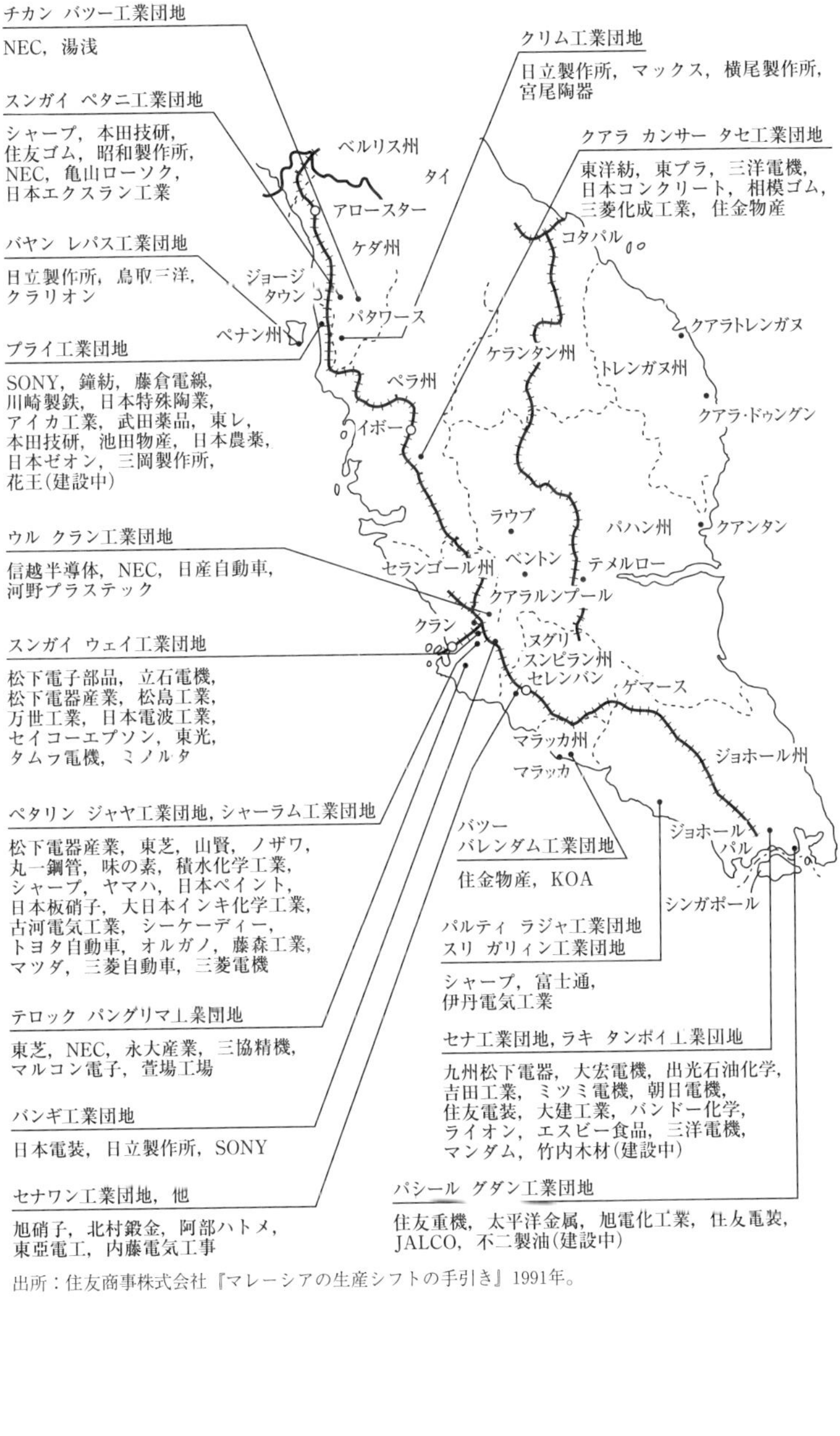
チカン バツー工業団地
NEC，湯浅
スンガイ ペタニ工業団地
シャープ，本田技研，住友ゴム，昭和製作所，NEC，亀山ローソク，日本エクスラン工業
バヤン レパス工業団地
日立製作所，鳥取三洋，クラリオン
プライ工業団地
SONY，鐘紡，藤倉電線，川崎製鉄，日本特殊陶業，アイカ工業，武田薬品，東レ，本田技研，池田物産，日本農薬，日本ゼオン，三岡製作所，花王(建設中)
ウル クラン工業団地
信越半導体，NEC，日産自動車，河野プラステック
スンガイ ウェイ工業団地
松下電子部品，立石電機，松下電器産業，松島工業，万世工業，日本電波工業，セイコーエプソン，東光，タムラ電機，ミノルタ
ペタリン ジャヤ工業団地，シャーラム工業団地
松下電器産業，東芝，山賢，ノザワ，丸一鋼管，味の素，積水化学工業，シャープ，ヤマハ，日本ペイント，日本板硝子，大日本インキ化学工業，古河電気工業，シーケーディー，トヨタ自動車，オルガノ，藤森工業，マツダ，三菱自動車，三菱電機
テロック パングリマ工業団地
東芝，NEC，永大産業，三協精機，マルコン電子，萱場工場
バンギ工業団地
日本電装，日立製作所，SONY
セナワン工業団地，他
旭硝子，北村鍛金，阿部ハトメ，東亜電工，内藤電気工事
クリム工業団地
日立製作所，マックス，横尾製作所，宮尾陶器
クアラ カンサー タセ工業団地
東洋紡，東プラ，三洋電機，日本コンクリート，相模ゴム，三菱化成工業，住金物産
バツー パレンダム工業団地
住金物産，KOA
パルティ ラジャ工業団地
スリ ガリィン工業団地
シャープ，富士通，伊丹電気工業
セナ工業団地，ラキ タンポイ工業団地
九州松下電器，大宏電機，出光石油化学，吉田工業，ミツミ電機，朝日電機，住友電装，大建工業，バンドー化学，ライオン，エスビー食品，三洋電機，マンダム，竹内木材(建設中)
パシール グダン工業団地
住友重機，太平洋金属，旭電化工業，住友電装，JALCO，不二製油(建設中)
ペルリス州
タイ
アロースター
ケダ州
ジョージタウン
パタワース
ペナン州
ペラ州
イポー
コタバル
クアラトレンガヌ
ケランタン州
トレンガヌ州
クアラ・ドゥングン
ラウブ
パハン州
クアンタン
ベントン
テメルロー
セランゴール州
クアラルンプール
クラン
ヌグリ スンビラン州
セレンバン
ゲマース
マラッカ州
マラッカ
ジョホール州
ジョホール バル
シンガポール

出所：住友商事株式会社『マレーシアの生産シフトの手引き』1991年。

団地に進出した場合でも保税工場（LMW: Licensed Manufacturing Warehouse）の適用を受ければ工場単位で輸出加工区に立地したときと同様の特典が賦与されるため、後発企業の多くは工業団地に進出してこの制度の適用を受けた。

本章で調査の対象としたペナン島にも、空港に隣接してバヤンレパス輸出加工区が開け日立、東芝、モトローラといった多国籍企業が軒を並べており、ここが世界の電子産業の中心地の一つであることがわかる。マレーシアの電子産業は主にシリコンウェハーの切断とその組立といった労働集約的な部門に特化しているが、その中心的工場はこの輸出加工区に集中している。本章で主にヒヤリングした女性労働者はこの作業の従事者たちであった。この部門がマレーシアの工業化に合わせて急速に増大してきているのである。これらの輸出加工区では一九八八年一〇月まで労働組合の結成が法令で禁止されていた。したがって、労働組合は仮りにあっても組合活動の歴史は短かく、その分、企業側がいかに労働者の不満を汲み上げうるのかが、重要な問題となっているのである。

2　就業構造の変化

この間のマレーシアでの急激な工業化の進展は、この国の就業構造に大きな変化を与えずにはおかなかった。では具体的にこの間、マレーシアではどのような変化が生まれたのであろうか。ここでは一九九一年センサスに依拠しながら、この間一〇年のマレーシアの就業構造の変化を数量的に確定してみることとしよう。

まず都市部の人口が急増した。表7-1に見るように、この二〇年間に都市部の人口は二七パーセントから五一パーセントへと増加し、逆に農村部の人口は七三パーセントから四九パーセントへと減少した。この二〇年の間に農村部の人口は五〇パーセントを割ったのである。この一事をもってしても、この間のマレーシアの急激な工業化の一端が理解できよう。通貨危機以前、マレーシアを旅行した者の誰もが目にする光景に、プランテーションを切り開いて推し進められている土地の造成と、そのうえに展開される建設ラッシュがあった。こうした開発の進行はいきおいこの国のプランテーション中心の農業を破壊し、農村を商品経済の波に巻き込むかたちで都市化の影響を農村へ波及させていた。

その傾向は特にマレーシアの半島部で激しいが、その波は次第にそれまで未開の地として残されてきたカリマンタン島北部のサバ、サラワク両州にまで拡大していった。

一九八〇年代後半から九七年七月の通貨危機までの順調な経済成長は、農村から都市への人口移動を急速に推し進めた。この間の最大の特徴は、若年労働者の都市への集中であった。それはこの間の州間移動および全国的レベルでの都市部と農村部の人口移動とその構成比変化のなかに見ることができる。

表7-1　都市部・農村部人口構成

（単位：千人，％）

	1970	1980	1991
マレーシア	10,439(100)	13,136(100)	17,563(100)
都市部	2,799(27)	4,492(34)	8,899(51)
農村部	7,641(73)	8,644(66)	8,665(49)

出所：Department of Statistic Malaysia, *Population and Housing Census of Malaysia, 1991*, Vol. 1 Kuala Lumpur，以下 Census 1991と省略。

この結果、表7-1の一九九一年における都市部と農村部の人口構成の変化に見るように、都市部の人口比率が五〇パーセントを超えたのである。もっともこうした都市部と農村部の一九九〇年初頭での位置の逆転は、センサスにおける都市部と農村部の規定が変わり、都市近郊が都市部に組み込まれたことがあずかって大きかったという。いずれにしても都市近郊を包み込むかたちで都市化がこの時期に急速に進行したのである。

こうした人々の流れを州間の動きとして別の角度から見てみよう。マレーシアにおける州間の移動はセンサスによれば、ケランタン、トレンガヌ、パハン州のような農業州からセランゴール、ペナン、ジョホール州といった大都市を有する州に人口移動が継続している。特に首都があるセランゴール州は、ほぼ全州から受け入れており、最大の送り出し先は、首都の近郊と隣州のペラ州である。セランゴール州に次ぐ受け入れ州がジョホール州とペナン州であるが、この両州は受け入れ州であると同時に送り出し州で、

表7-2　年齢別労働力率

（単位：％）

年齢層	1980年			1991年		
	総合	男性	女性	総合	男性	女性
15～19歳	41.7	48.9	34.6	38.0	43.1	32.9
20～24歳	71.7	91.5	53.5	73.8	88.1	59.6
25～29歳	70.5	97.3	44.7	73.2	96.6	50.1
30～34歳	69.9	97.9	41.5	71.3	97.4	45.1
35～39歳	71.4	98.0	43.7	70.2	97.7	42.2
40～44歳	71.7	97.6	44.8	69.0	97.2	39.7
45～49歳	69.5	96.4	42.9	67.8	95.9	37.7
50～54歳	65.6	92.7	38.3	61.4	90.6	31.5
55～59歳	55.6	78.8	33.1	45.1	68.3	22.4
60～64歳	48.4	70.1	27.2	35.6	56.1	16.3
総　合	63.3	84.8	42.2	62.9	83.8	41.9

出所：*Census 1991.*

表7-3　都市―農村別，男女別労働力率（1991年）

（単位：％）

性別	総合	都市部	農村部
総合	62.9	62.8	63.0
男性	83.8	82.4	85.3
女性	41.9	43.4	40.1

出所：*Census 1991.*

受け入れ者の数はセランゴール州の一〇分の一にも満たない[1]。

次に年齢別の労働力率を一九八〇年と一九九一年で比較して見てみることとしよう。表7-2を参照願いたい。男性と比較して女性の労働力率は低いが、いずれも一五～一九歳から二〇～二四歳までの間に急上昇をとげ、五四歳までは、男性は九〇パーセント以上、女性は三〇～五〇パーセント台の高率を維持しながら、それ以降は急速に低下していく。

労働力率は、一九八〇年と比較して九〇年代には低下しており、一九八〇年には、男性が八四・八パーセント、女性が四二・二パーセントで、男女平均で六三・三パーセントであったのが、一九九一年には男性が八三・八パーセント、女性が四一・九パーセント、男女平均が六二・九パーセントへと低下している。工業化にともなう教育水準の向上の影響がここにも現れている。次に一九九一年における都市部・農村部別の労働力率を見てみよう（表7-3）。農業中心の農村部の方が、工業への従事者が多い都市部よりも労働力率は高く、都市部六二・八パーセントに対して農村部は六三・〇パーセントを記録していた。一九九一年度版のセンサスのグラフには、この都市部と農村部との労働力率の差はとりわけ二〇～三〇代の女性に顕著に現れており、ほぼ一〇パーセントほどの開きが見られる[2]。一九七五～一九九一年の、性別、都市部・農村部別の労働力および失業率の推移がわかる表も掲げておこう

（表7-4）。

また、同じ一九九一年における種族別・性別の労働力率を見ると、マレー系が六一・八パーセント、中国系が六二・一パーセント、インド系が六五・九パーセントで、インド系の労働力率がもっとも高位を示していた（表7-5）。

表7-4　性別，都市—農村別労働力率および失業率（半島部マレーシア）

（単位：%）

	1975年	1980年	1984年	1987年	1991年
女性（労働力率・合計）	45.8	43.5	44.4	46.3	41.9
男性（労働力率・合計）	84.9	83.7	83.4	82.7	83.8
女性（労働力率・都市部）	40.9	41.9	45.3	47.9	43.4
男性（労働力率・都市部）	83.4	84.2	83.2	81.6	82.4
女性（労働力率・農村部）	48.4	44.3	43.8	45.3	40.1
男性（労働力率・農村部）	85.7	83.5	83.5	88.9	85.3
女性（失業率・能動的）	6.3	2.5	2.3	2.5	
男性（失業率・能動的）	4.1	2.3	2.0	3.8	
女性（失業率・受動的）	0.8	4.3	3.2	4.0	
男性（失業率・受動的）	0.3	2.4	1.9	2.9	

出所：Susan Horton (ed.), *Woman and Industrialization in Asia,* London, 1996, p. 210. Census 1991.

表7-5　種族別，性別労働力率（1991年）

（単位：%）

種　族	総合	男性	女性
マレーシア市民	62.3	83.1	41.8
マレー系	61.8	83.3	41.0
マレー人	60.9	82.6	40.0
非マレー人	66.2	86.7	45.5
中国系	62.1	82.4	41.7
インド系	65.9	82.5	49.7
その他	63.5	86.2	39.6
非マレーシア市民	73.6	94.0	42.5
総　合	62.9	83.8	41.9

出所：*Census 1991.*

3　増加する女子就業者

一九八〇年代以降の工業化の進展は、農村から都市への人口の移動を促進すると同時に都市における工業・サービス部門への就業者数を増加させた。女子労働者に関しても例外ではない。八〇年と九一年を比較した場合、第一次産業（農業）は四七・〇パーセントから二一・六パーセントへと二五・四ポイントも減少したのに対し、第二次産業（鉱工業、製造業、建設業、公共、運輸業）は二九・四パーセントから四四・六パーセントへと一五・二ポイントの増加を示し、第三次産業（卸小売、金融、行政）も二三・五パーセントから三三・八パーセントへ

表7-6　部門別女子被雇用者構成

（単位：千人，％）

	1980年	1991年	増減
第一次産業	47.0	21.6	−25.4
第二次産業	29.4	44.6	15.2
第三次産業	23.5	33.8	10.3
実数(千人)	1,430.9	1,924.3	493.4

注：第一次産業＝農業。第二次産業＝鉱工業，製造業，建設，公共，輸送。第三次産業＝卸小売，金融，行政。
出所：*Census 1991.*

表7-7　男女職種別被雇用者率

（単位：％）

職種	1980年		1991年	
	男性	女性	男性	女性
専門・技術職	6.3	8.1	7.9	12.9
行政・管理職	1.4	0.3	2.8	1.4
事務関連労働者	6.7	10.6	7.0	16.2
セールス関連労働者	9.7	6.6	10.4	8.8
サービス労働者	8.6	8.1	10.0	11.9
農業・漁業等労働者	32.9	42.0	26.6	21.6
生産・輸送労働者	29.3	16.5	34.3	25.9
不明・その他	5.2	7.9	1.0	1.1
総パーセント数	100.0	100.0	100.0	100.0
総数（千人単位）	2,932.4	1,430.9	4,073.3	1,924.3

出所：*Census 1991.*

と一〇・三ポイントの増大を示した（表7-6）。農業部門が減少し製造業および金融といった都市産業が女性の就業先として門戸を開いていたのである。

ではこうした女性たちの職種別被雇用者の変化を見てみることとしよう。八〇年と九一年を比較した場合、男性と女性との間には明らかな違いが見られた。八〇年において男性の比率がもっとも高いのが農業・漁業等労働者の三二・九パーセント、それに次ぐのが生産・輸送労働者の二九・三パーセントであった。同じ時期の女性労働者を見ると農業・漁業等労働者が四二・〇パーセントと圧倒的に高い比重を占め、それに次ぐのが生産・輸送労働者で一六・五パーセントであった。ところが九一年になると男性労働者では生産・輸送が三四・三パーセントと第一位に踊り出て、農業・漁業等労働者は二六・六パーセントと急速にその比率を低下させている。女性労働者を見るとトップは男性同様生産・輸送労働者で二五・九パーセントを占め、それに接近するかたちで農業・漁業等労働者が二一・六パーセント、事務関連労働者が一六・二パーセント、専門・技術職が一二・九パーセントを占めている（表7-7）。

次に一九九一年における職種別・種族別構成を見てみることにしよう（表7-8）。マレー系マレーシア人の場合は農業・漁業等労働者が三〇・三パーセントともっとも高い比率を占め、次いで生産・輸送労働者が二七・四パーセントを示している。いわば、農業と製造の両部門にほぼ均衡した比重で労働者が就業している。これに対して中国系マレーシア人の場合は生産・輸送労働者が三六・〇パーセントと他を引き離して高い比率を占め、セールス関連労働者の一九・三パーセントがこれに次いでいる。インド系マレーシア人を見た場合には中国系以上に生産・輸送部門への偏在が強く四二・一パーセントを示しており、第二位の農業・漁業等労働者一九・二パーセントを大きく凌駕している。このように、マレー系マレーシア人は農業・漁業等と生産・輸送部門にほぼ均等に就業しているのに対し、中国系、インド系は生産・輸送に偏在していることがわかる。

では次に一九七四年、八〇年、九〇年時点におけるマレーシアの女性労働者と男性労働者の部門別の賃金格差を見てみることにしよう（表7-9）。まず第一に注目されることは電機・電子産業におけるスーパーバイザー

表7-8　職種別，種族別就業者（半島部マレーシア，1991年）

（単位：%）

職　種	マレー系	中国系	インド系	その他
専門・技術職	11.0	8.9	9.4	6.4
行政・管理職	1.5	4.5	1.6	1.0
事務関連労働者	10.6	11.2	9.3	6.0
セールス関連労働者	5.9	19.3	7.0	6.8
サービス労働者	12.3	7.8	10.3	8.6
農業・漁業等労働者	30.3	11.0	19.2	37.7
生産・輸送労働者	27.4	36.0	42.1	32.7
不明・その他	0.9	1.4	1.2	0.7
総人数（千人単位）	3,223.3	17,262.0	500.5	177.4

出所：*Census 1991.*

表7-9　マレーシアの生産部門における女性労働者の平均月収

（男性労働者月収比，単位%）

産業と職種	1974年	1980年	1990年
電機・電子産業			
スーパーバイザー，フォアマン	55.5	62.1	82.2
生産オペレーター	—	97.4	82.7
繊維産業			
スーパーバイザー，フォアマン	66.2	69.7	75.2
紡績工	85.6	101.7	93.8
繊維織工	88.5	87.0	103.0
機械職工	126.9	74.7	111.0

出所：G. Sivalingam, *The Economic and Social impact of export processing zones: The case of Malaysia,* Working Paper No. 66, ILO 1994, p. 52.

表7-10　地域別国籍別人口

（単位：千人，%）

国　籍	マレーシア	半島マレーシア	サ　バ	サラワク
マレーシア	16,812(95.7)	13,833(97.9)	1,354(71.7)	1,626(99.0)
非マレーシア	751(4.3)	299(2.1)	435(24.3)	17(1.0)
(シンガポール)	19(0.1)	17(0.1)	1(0.1)	1(—)
(インドネシア)	405(2.3)	163(1.2)	231(12.9)	12(0.7)
(フィリピン)	204(1.2)	6(—)	197(11.0)	1(0.1)
(タイ)	36(0.2)	36(0.3)	—(—)	—(—)
(ブルネイ)	1(—)	1(—)	—(—)	1(—)
(その他)	87(0.5)	77(0.5)	6(0.3)	3(0.2)
合　計	17,563(100.0)	14,132(100.0)	1,789(100.0)	1,643(100.0)

出所：*Census 1991.*

とフォアマンの男女賃金格差の狭まりである。七四年に五五・五パーセントであったのが，八〇年には六二・一パーセントとなり，九〇年には八二・二パーセントまで上昇している。同様のことは繊維産業部門におけるスーパーバイザーとフォアマンについても言うことができる。繊維産業の場合には女性労働者が圧倒的比率を占めるということと関連して男女の賃金格差は年とともに少なくなり，部門によっては九〇年時点において男子労働者のそれを凌駕している場合も見られるほどである。

4　外国人労働者の増加

一方，外国人労働者の数も急増してきており，インドネシア，バングラデッシュ，フィリピンからの外国人労働者の数が激増しており，その数は合法，非合法を含めて一九九〇年代半ばで二〇〇万人ともいわれていた。(3) 彼らの多くは，当時極端に労働力が不足していた土木建築部門に就労していた。

一九九一年センサスによれば，表7-10にみるように人口に占める外国人の比率は実数で七五万一〇〇〇人で，その内訳はインドネシア人がトップで，以下フィリピン，タイと続く。一九七五～八〇年の海外からの流入者は一一万九〇〇〇人で，八六年から九一年までは三〇万人と急増しており，その三〇万人のうち約半数がインドネシアからである。しかもインドネシアからの流入は半島部のみならずサバ、サラワクにも及んでいた。

（1）　Dept. of Statistics Malaysia, *General Report of the Population Census*, VOL. 1, 1991, p 93.
（2）　*Ibid*., p. 128.
（3）　坂井澄雄「マレイシアの労働市場の逼迫と外国人労働者」（『日本労働研究雑誌』No.392、一九九二年八月。

3　ペナン州地域と調査工場の概要

1　ペナン州地域の概要

では、彼女らは実際、どのような生活を送っていたのであろうか。以下の調査の記述を理解する前提として、まず調査対象となったペナン島とその周辺の状況について概観しておきたい。

まず地図を参照願いたい（図7-2参照）。マレー半島西海岸の付け根にあるインド洋に面した小島が本章で調査対象としたペナン島である。島は東西一五キロ、南北二四キロ、面積二八五平方キロ。亀のかたちをしたこの島は南国情緒豊かな東南アジア随一のリゾート地としてその名が知られている。しかしこの島が持つもう一つの顔はマレーシア屈指の工業地帯であることである。クアラルンプール、ジョホール、マラッカと並ぶマレーシア工業の拠点なのである。島の南東に位置する国際空港から北のジョージタウンに向かう道路沿いに開けた工場地帯がバヤンレパスの自由貿易区（輸出加工区）である。一九七二年に開設されたマレーシアでもっとも長い歴史をもつこのバヤンレパス自由貿易区は、無関税で物品を搬出入でき、さまざまな税法上の特典が与えられるのに加えて、その交

図7-2　ペナン工業団地

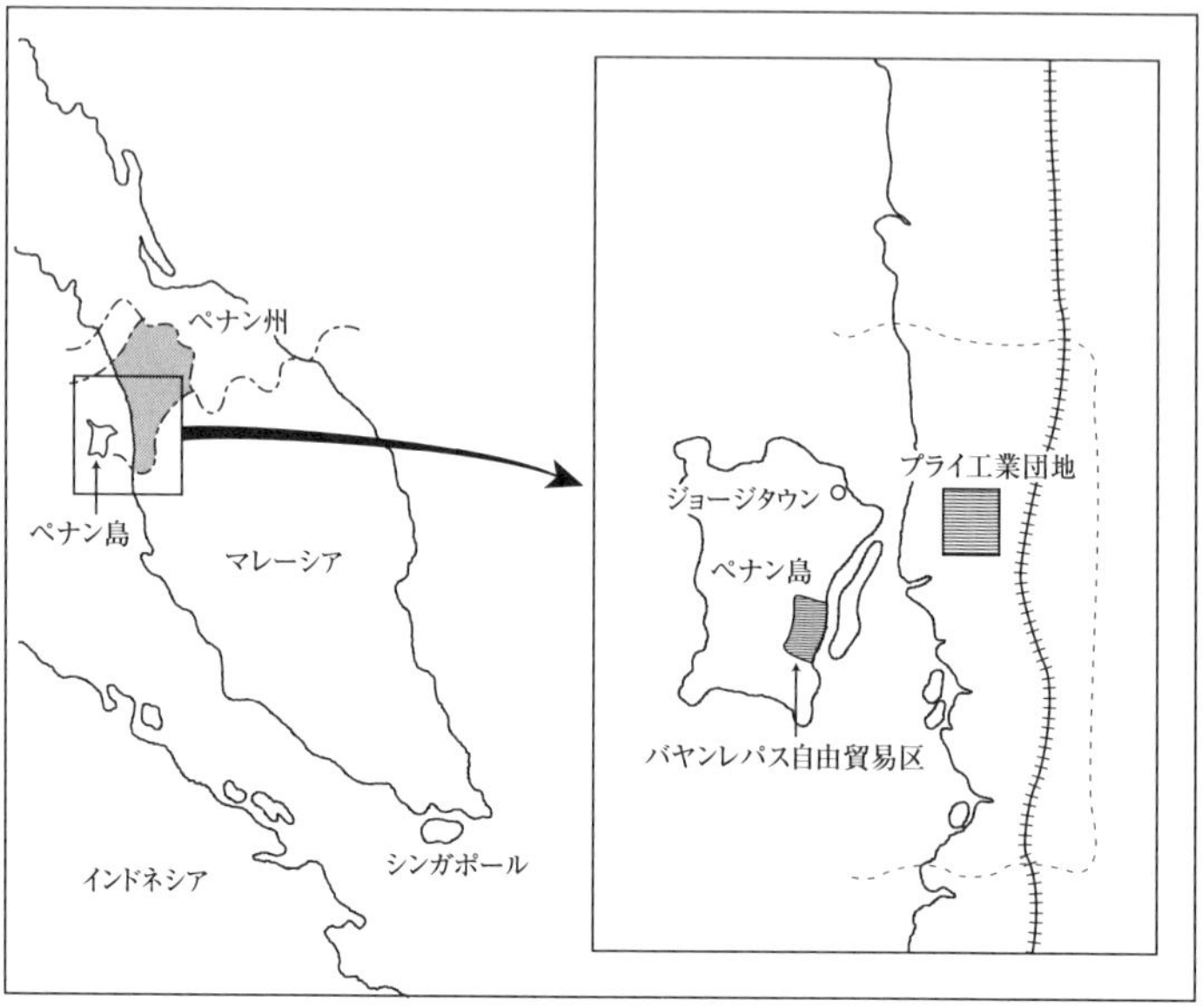

表7-11　ペナン進出日系企業数

期　間	進出企業数
1970年以前	3
1971〜75	9
1976〜80	6
1981〜85	4
1986〜90	26
1991〜92	10
合　計	58

出所：東洋経済新報社『海外進出企業総覧94』より作成。

通の便の良さと通信設備が整備されていることから日米欧の多国籍企業が軒を並べている。ペナン島の対岸の半島部には七三年にプライ工業団地が開設され、ここにも日系および欧米系の多国籍企業が軒を並べた。

一九九〇年代前半までのこの地域への日系企業の進出状況を見れば表7-11の通りである。

七〇年代の前半と八〇年代後半以降に企業進出の高揚がみられるが、これはペナンだけではなくてマレーシア全体の動向とほぼ軌を一にする。特に八五年以降の日本企業の進出はマレーシアの輸出基地化にともなう中小企業の進出が主体であった。さらに九〇年代に入るとわずかに二年の間に一〇社の企業進出がみられ、その進出ラッシュは継続していた。

2　調査会社の概況

次に、本章でヒヤリングの対象とした調査企業の概要を述べておこう(1)。

まずC社について。同社の操業は一九八九年一〇月。設立は前年の一一月のことである。プライに工場がある。カメラ用のシャッターユニットやビデオカメラ用のアイリスユニット、カーステレオ用の磁気ヘッドを生産している。資本金は一六五〇万リンギ、キャノン電子の一〇〇パーセント出資で、従業員は六四人、年間売り上げは四二一九万リンギ。従業員の八〇パーセントは女性で、種族としてはマレー系が九〇パーセントと圧倒的比率を占めている。本社は、キャノンの子会社でカメラ部品メーカーである。増産するために女子労働者を増やしたかったが、従業員の確保ができずに四苦八苦したという。インタビューに応じた社長のTさんは「女性労働者は人手不足で五体満足なら誰でも採用せざるを得ない」状況だという。したがってC社はバングラデッシュ人の外国人女性労働者を八人雇用していた。同社のマグネットヘッド部門のラインリーダーのAさん（女性）は一九九〇年一月にC社に就職したが、その時は一緒に入社試験を受けた友人八人のうち彼女だけが採用されたというから、無試験で誰でも採用するという九〇年代半ばの状況とは著しく相違していた。この五年間に労働市場は極端な売り手市場になったということである。

次に調査対象としたのはK社。K社の設立は一九九二年三月。ペナン島のバヤンレパスに工場がある。グラインドサブストレート（磁気ディスク原盤）を生産している。資本金は二一〇〇万リンギ、百パーセント神戸製鋼所の出資で、従業員は二〇〇人である。このK社も労働力不足に悩まされていた。鉄鋼メーカーとしてその名を知られた神戸製鋼所も当地ではコンピュータ部品のアルミニュームサブストレートを生産しているが、女性労働者を確保できていない。募集しても「男性一〇人に対して女性は一人来ればいい方」だから、したがって「女性の仕事は検査作業に限定し、製造現場は男性にまかせている」（K社の社長Uさん）という。K社の一九九五年現在の従業員構成はオペレーターは一九三人中男子一三七人、女子五六人となっているが、これは前述したように女性労働者を確保できないため男性労働者で代替した結果である。したがって生産現場は男性労働者が担当し、検査部門を女性労働者が担当するようにして生産を維持していたという。

調査対象のH社の操業は一九七二年一一月。ペナン島のバヤンレパス輸出加工区のなかに工場がある。この輸出加工区がオープンしたのが七二年だから、この地域では老舗の会社ということになる。半導体部品を生産している。資本金は八〇〇万リンギ、九〇パーセントが日立製作所の出資で、残り一〇パーセントは国営信託会社の出資である。従業員は二三九六人で、売り上げは七・七億リンギ。H社は半導体メーカーとしてペナンでの操業の歴史は二〇年以上になるが、九〇年代半ばまでは労働者の確保に苦労した。元来、H社は創業以来新卒者を採用してきたが、ここにきてその方針は崩れてきた。いうまでもなく人手不足で、そうしたぜいたくは言っていられなくなったからである。一九九五年現在のH社の従業員のうち男子は六八五人、女子は一七一一人である。一九九〇年以前は女子の大半は新卒で、ジョブホッピングの経験はなかったという。しかし、最近ではそうした「伝統」は失われた。「やむを得ませんな」とは、この工場の責任者K氏の弁であった。

調査対象のN社の操業は一九七二年一二月。ペナン島のバヤンレパスの輸出加工区のなかにある。通信機器部品を生産している。資本金は二〇〇万リンギ。この企業は日系ではなくカナダ系の通信機器企業である。従業員は三一三〇人。その九〇パーセント近くは女性労働者である。

筆者が調査したペナン島では、いくつかの企業が外国人労働者を雇用していた。うち日系企業はペナンで約一〇〇〇人ほど雇用していた。C社でも八人のバングラデッシュ人女性労働者を雇用していることは前述したが、言語や文化の違いが大きく定着率はさほど高くはないという。また外国人労働者を斡旋するリクルート機関のなかにはいかがわしいものも多数あり、一企業から集団脱走させて他の企業へ斡旋することで二重の斡旋料を取るなどの悪質なやり口が横行し、トラブルが多発化するために外国人労働者の雇用を差し控える企業も多いという。

4　女性労働者の実情

1　就職

マレーシアの多くのワーカーはカンポン（マレー人農村）から都会に出てきて就職する。一九九三年以降労働事情が逼迫したなかでは多くの企業は直接カンポンにおもむき、そして若いマレー人労働者を募集した(補注1)。ペナン輸出加工区でももっとも古い歴史を持つ日系の半導体メーカーH社の場合もその例外ではない。この企業はこれまで高卒の転職経験のない新卒者を採用してきたが、ここにきてそれは不可能となり、遠く東海岸の田舎から過去の職歴を問わずに採用してきている。ここに登場するケランタン州出身のNさん（二四歳）もその一人である。

Nさんの両親はケランタン州マチャンで農業を営むかたわら野菜の小売りも行っている。彼女は高校卒業と同時に都会にあこがれ、現金収入が欲しいこともあって親戚を頼ってクアラルンプールに出てきて就職活動を行い、新聞広告で日系のＮＤＫ（日本電波工業）にオペレーターとして入社した。

しかしNさんは三カ月の試用期間だけ勤めて退社し、いったん郷里に帰っている。仕事の内容がいま一つ自分にフィットせず、そのこともあって家が恋しくなったためだという。ケランタン州マチャンに戻って地元の香港系のアパレルメーカー（セーター生産）に就職している。この会社の試用期間中にたまたまH社の募集員がワーカーを募集にマチャンに来ていることを地方新聞とラジオで知り、指定された日に指定された場所に行き面接試験を受けた。H社の試験にパスしたので、アパレルメーカーから給料をもらうと同時にその会社を辞めてペナンに出てきた。面接試験には何百人ときていたが、実際に彼女とともにペナンに来たのは二〇人だけだった。会社は応募した女性を全員採用したかったのだが、親の反対で実際にペナンに来たのは彼女らだけだったという。

彼女がH社への入社を希望したのは、ケランタン州を出て都会の生活をしたかったのとH社の方がはるかに高給で家計を補助できるからである。ケランタンのアパレルメーカーの給料が日給七リンギに対してH社の給料は日給一六・五リンギで二倍以上だったからである。彼女は基本給六〇〇リンギに加えて残業や休日出勤などで月一〇〇〇リンギになるが、半年に一度郷里に帰るときに両親にまとめて一〇〇〇リンギほどのお金を渡し、家計を補助しているという。

彼女の兄弟は彼女を入れて全部で七人。兄弟で働いているのは彼女以外には二一歳になるすぐ下の弟である。彼はジョホール州でワーカーをしており、金額ははっきりしないが一定額を親に仕送りし家計を補助しているという。残りの兄弟五人はいずれもまだ学生で、うち三人はコタバルの学校で寄宿舎生活を送り、両親のもとには一七歳になる次男と一一歳になる五女が一緒に住んでいるという。両親はまだ四〇代で働けるので当分は面倒を見る必要はないが、働けなくなったら誰かが面倒を見ることになるが、長女である彼女が見るとは決まっていない。「その時になったら考えたいが、たぶん兄弟がかわりばんこに見ることになるのかなあ」というのが彼女の回答だった。

ペナン島の半導体メーカーのK社に勤めるマレー系のRさん（二四歳）の場合はどうか。K社は神戸に本社がある鉄鋼メーカーであるが、半導体部門にも進出し、ここペナンでは半導体部品を生産している。彼女はケダ州のクワラネラン出身で、高校卒業後はラジオの宣伝で知り試験に合格した富士通のオペレーターとしてジョホール州におもむき、そこで四年間勤務した。ジョホール州に出稼ぎに行くことについては両親は反対したが、説得して了解を取ったという。四年間富士通で働いた後、いったん郷里に戻った。戻った理由は両親の強い希望によるという。

郷里で一年間は無職のまま過ごしたが、たまたま新聞広告でK社がワーカーを募集していることを知り長姉と一緒に応募、二人とも採用された。一九九三年三月にK社が操業を開始すると同時に採用されてペナンへと向かった。富士通時代の給与は月四〇〇リンギ（基本給）であったが、K社に新たに採用されて四七〇リンギ（基本給）に上がったという。現在彼女は検査部門で働いている

同じマレー系のC社のAさん（二一歳）はケダ州ジットラ出身である。彼女の両親はケダ州で農業を営んでいる。彼女は高校卒業後は一年ほどジットラにあるおじさんの経営するレストランで働いていた。その後同じケダ州ではあるがジットラから一五〇キロ離れたクリムで、トムソンというラジオセットメーカーに就職した。転職した理由は給与がよいのと、従妹がすでに働いていたためである。転職は母と相談して決めた。転職することで月にして二〇〇リンギから三〇〇リンギへと昇給した。

新しい職場での仕事はラジオの組立だった。しかし勤務は午後のシフトばかりで、午後の四時から夜中の二時までが勤務時間だった。忙しい時はさらにこれに残業が加わり、勤務時間は翌朝の七時までなることがしばしばあり、寝不足の状況が続くことが多かった。そこでちょうどC社のワーカー募集があったのでそれに応募した。

八人が応募したが、合格したのは彼女一人だけだった。一九九〇年一月のことで、当時は今ほど人手不足ではなかった。母はペナンへ働きに出ることに賛成ではなかったが、トムソンでの勤務状況を説明して了解をもらった。「もし、母が反対したら自分はペナンへ来ることはなかっただろう」とはAさんの言であった。

彼女は物静かなマレー系マレーシア人で、敬虔なイスラム教徒である。二カ月後に結婚する予定だとのことであった（ヒヤリングの時点は一九九五年九月）。

いま紹介したNさんやRさんやAさんなどはマレー系女子労働者の典型だろうが、次に中国系女子労働者に登場してもらおう。中国人労働者でカンポンに住み農業を営む者を見つけることは、ここマレーシアでは難しい。多く

の中国系マレーシア人の場合は都会に住み、そこで非農業部門に従事しているからだ。

Aさんと同じH社に勤めるペラ州タイペン出身のLさん（二八歳）の場合はどうか。Lさんの両親はタイペンでゴム採取労働者をしている。彼女は高校卒業後二年間地元の短期大学に通い電気工学を専攻、一九八八年一〇月にペナンのH社に入社している。短期大学卒業と同時にH社に入社しているからジョブホッピングの経験はない。卒業時にH社以外に三社ほどに応募書類を送ったが、H社が最初に合格通知を送ってくれたのでここに決定した。両親はペナンに働きに来ることには反対しなかった。なぜなら彼女が生まれたタイペンでは就職のチャンスが少ないからである。

彼女は五人兄弟だが全員親元を離れて別々に住んでいる。姉（三二歳、既婚）はジョホール州に、すぐ下の弟（二七歳、既婚）はシンガポールに、妹（二五歳、学生、未婚）はクアラルンプールに、そして二番目の弟（二三歳、未婚）はジョホール州にそれぞれ離れて住んでおり、いま親元には誰も残ってはいない。彼女は現在H社でスーパーバイザーをしており、月収は総額一三〇〇リンギになるが月々二〇〇リンギほど両親に仕送りし彼らの生活費の足しにしている。他の兄弟も仕送りしているが、その額は彼女にはわからない。両親は自分が面倒を見る予定で、現在家を買うつもりでいる。夫の両親も近所に住んでいるので、その面倒も見るつもりである。

次に通信機メーカーN社に勤めるインド系のPさん（二四歳）を見てみよう。彼女の両親はペナン島に住んでおり、父親は政府機関に勤める労働者、母親は専業主婦である。彼女は中学卒業後に印刷会社にパートタイマーとして働いていたが、一六歳になって彼女の父親の友人の紹介で現在のN社に入社した。N社を選んだ理由はパートに比べて給与がよいからで、入社したときの日給が五リンギで翌年には六・五リンギに上がった。基本給そのものはパートのときと大差はないが、諸手当が多いので実質的な収入はパートと比べものにならないくらい多いという。勤続八年で現在もオペレーターをしている。その間プロモーションの機会もあったが英語ができないので昇格できなかった。現在は基本給五六〇リンギで、諸手当を入れて月八〇〇リンギの収入になるという。彼女は結婚しており、現在二カ月になる子供（男子）がいる。その子供を同居している彼女の母親が見ているので、月々五〇リンギから八〇リンギを渡している。結婚する前はダウリー（インドでの結納金）のために父親にお金を渡していたが、現在は同居しているためやっていない。彼女の兄弟は全部で五人。姉三人に兄一人で彼女は末っ子である。全部既婚者で、上の二人の姉はダウリー制度で結婚したので一人当たり一万リンギほどかかったという。彼女が両親に仕送りしたお金の大半はそれに消えたという。彼女のすぐ上の姉と彼女は恋愛結婚だったのでそうした費用は必要なかったが、そのかわり結婚式には六〇〇〇～七〇〇〇リンギはかかったという。両親は誰が面倒を見るのかという問いに対して「みんなで面倒を見るが、さしあたりは同居している私かなあ」というのが彼女の回答だった。

C社に勤めるインド系のLさん（三七歳）の場合はどうか。彼女はペナン州とケダ州の州境のパリミネント出身で、父親はガードマンで母親は専業主婦であった。父親は三〇年以上前に、母親は数年前に亡くなっている。彼女は中学卒業後に一六歳で恋愛結婚、パリミネントに住んで四人の子供を作ったが、この間プライにある玩具会社のマーチイルに友人の紹介で就職、四年ほど働いた。その後五人目の子供ができたので退職し、一年ほど家で子供の面倒をみていた。その後友人の紹介で現在のC社に就職した。給与はマーチイル時代の総額三〇〇リンギからC社に移って総額五〇〇リンギになった。作業は表面処理とハンダ付けの仕事である。現在パリミネントから工場にかよっているが、会社バスで約一時間かかるので朝八時半の仕事に間に合わせるのに一番下の子供の幼稚園の通いは一七歳の長女に任せているという。この娘は中学卒業後家にいて子供の面倒や家事などを行ってくれているという。彼女の兄弟は兄、姉それぞれ二人に妹が一人の合計四人である。一般にインド系の場合はヒンズー教徒が圧倒的だが、彼女の場合には父親がクリスチャンだったこともあって、クリスチャンである。

以上マレー系二人、中国系一人、インド系二人の合計五人のワーカーに登場願った。マレー系は主に農村に住んでいて都市に働きに出てきたケースが多く、他の中国系、インド系の場合には都市に住んでいて就職するというのが一般的であった。そうした違いはあるが、彼女らが就職の情報を入手するルートは多くの場合は友人からの口コミで、それ以外にはラジオや新聞などが情報源となっていた。マレー系の場合には農村から都会に出てくるのに一定の抵抗感があり、親を説得できないままに農村にとどまるというケースも稀ではなかった。したがって、C社のように新工場を地方都市に作ろうという動きもみられるのである。また就職の決定に関しては、マレー系の場合には母親が相談相手になるというケースが多いが、インド系の場合には父親が決定するといったように、それぞれの種族で一定の違いがみられたのである。

2　作　業

マレーシアで求められている労働者は、勤勉で単純な作業に長期間耐えられる若年労働者たちである。(補注2) 前述したH社がケランタン州で応募した者を全員採用しようとしたり、C社の工場経営者のTさんが「手と足があれば誰でもよい」と人集めの困難さの心境を吐露したように、輸出加工区や工業団地内の企業は、その大半は応募するワーカー全員を採用している。また、採用後も特別な訓練や複雑な作業訓練を実施してはいない。人手不足になればなるほど、人員が確保できる地域へと募集の範囲は拡大し、その分、労働者の質は低下する。

日本人経営者とのインタビューで、「ライン設計の際に留意することは、いかにして日本でやられていた作業を細分化していくつかの工程に分けるかです」という答えが返ってきた。具体的には、「日本の場合は複合作業を一人でやらせられるがここではダメで、日本での作業を三から四工程に分解してやらせたところうまくいった。一年半ほどはそれをやるのに苦労したが、最近はうまくいっている」(C社の社長Tさん)という弁に表現されるように、単純作業をいかに相互に組み合わせるかに日本人経営者の苦労のあとがみられた。

実際、工場を見学する限りでも、作業内容そのものは部品を顕微鏡に差し込んでチェックする、あるいは部品を研磨機の中に入れそれを取り出す、または特定箇所にハンダづけするといった単純作業の連続である。冷房や換気といった設備は完備しているが、作業そのものは前述したごとく単純作業の繰り返しであるから、これを数時間にわたって継続するというのは相当の忍耐力がなければできるものではない。特に顕微鏡を使った検査は相当目に負担をかけるのではないか、という印象をもった。おそらく数年こうした作業を継続すれば、まちがいなく視力の減退を引き起こす。視力の減退によって事実上仕事に堪え得ず退社を余儀なくされたワーカーもいるのではないかと想定されるが、ヒヤリングではデータ的な裏づけをみつけることはできなかった。

一九七〇年代後半に、マレーシアの工場でマレー人女性ワーカーを中心に集団ヒステリー事件が発生した。霊に取りつかれた女性ワーカーが暴れると、それに反応して数十人、数百人の女性ワーカーが騒ぎ出し、工場は騒然とした状況に陥り一時はパニック状態になったのである。現在では、賃金が急上昇し都会生活が農村にも浸透し都市と農村の生活格差が減少してきたことと相俟って、そうした集団ヒステリー事件は発生していない。しかし工場側としてもマレー人女子労働者を採用する際には作業の適性いかんに留意していたというが、一九九〇年代半ばの労働力不足はそうした工場側の配慮も不可能にするほどの逼迫状況だった。

3　その他の実態

①部下との交際

では、勤務が終了した後で彼女らは仲間とどのような付き合いをしているのか。

C社のAさんの場合はラインリーダーとして四九人の部下をもっているが、「部下のことをどの程度知っているか」という筆者の質問に対して「顔と名前を覚えているのは二〇人くらいで、個人的なことは何も知らない。部下との交際は仕事以外にはない。お互いの付き合いは仕事以外では休憩時間の時だけである」と回答した。仕事外ではほとんど付き合いがないのである。

H社のマレー系のNさんの場合は、会社の寮に住んでいて六人が一部屋で生活しているため、仕事が終了した後はもっぱら彼女らとの付き合いになるという。寮は会社からバスで二〇分のところにあり、毎日会社のバスが彼女らを送り迎えするので、いきおい仕事が終了した後の交際は寮仲間が中心になるという。寮では、仕事がきついし、しかも毎週シフトが変わるので生活が不規則になるから、もっぱら休むだけの生活になるという。彼女は六人の寮生のリーダーであるが、食事の後始末や掃除をしない人、一カ月一リンギの雑費を支払わない人などがいて、苦情の処理に追われるという。

同じH社のLさんの場合はスーパーバイザーであるが、部下との交際はほとんどない。彼女のもとには三〇人の部下がいるが、仕事以外の付き合いはほとんどなく、したがって名前と既婚か未婚か、子供がいるかいないかなどについては知っているがそれ以上ではない。

N社のPさんも先の二人と同様、仕事以外の同僚との付き合いはない。

このように、種族の如何を問わず、仕事以外での付き合いは原則としてはないというのが、彼女らの生活であった。

②ジョブホッピング

ジョブホッピングも労働事情の逼迫とともに増大する。いったい彼女らはどのような情報をもとにいかなる理由でジョブホッピングするのか。逼迫度が高い女性ワーカーに焦点を当ててみよう。

彼女らが情報として重視するのは友人から伝えられる口コミである。独身の場合、友人たちと共同でアパートを借りて共同生活をしている例が多い。そこが情報源となって、よりよい待遇を求めて移動することとなる。新聞やラジオで会社が募集をしていることを知ったというケースもあるが、ワーカーの場合はその数は多くはない。

彼女らがジョブホッピングする理由としては、高い給料、やりがいのある仕事、快適な人間関係などが考えられる。転職した理由を聞いてみると高い給与を求めてというケースが一番多いが、人間関係をあげるワーカーも多い。特に直接の上司（スーパーバイザーやラインリーダーなど）との関係がうまくいかずに会社を辞めたという場合が多い。やりがいのある仕事をあげる人もいるが、その数は極端に少ない。

日刊新聞『ザ・スター』に掲載された労働者募集をみると、圧倒的に多いのはマネージャーやエンジニア、スーパーバイザーの募集公告で、ワーカーの募集広告はすこぶる少ない。そして多くの場合は条件だけをあげて、賃金などについては面接で決めるという場合が大半である。ここにあげるヒューレットパッカード社の場合（『ザ・スター』一九九五年八月一七日掲載）は女性ワーカーの募集であるが、詳細な条件が提示されているという点で興味深い。

「フォーム三、SRP、LCE修了者で、一六歳以上三五歳まで。三交代制勤務が可能な者で顕微鏡による検査作業ができる者には基本給七〇三マレーシアドルを支給する」とある。フォーム三、SRP、LCE修了は日本でいえば中、高卒に該当する。基本給が七〇〇ドルを超えるというのはペナンでも大変珍しく、高給が支給されるということになる。欧米系企業の場合、しばしば高給を支給して労働者を募集する。高給を支給するかわりに、いったん不況になると即座にレイオフに転ずる。

③家事・育児

女性の就業機会の増加とともに、それまで女性が負担してきた家事・育児は誰が担うのだろうか。家事と育児に関しては同じ会社のなかでも中国系、インド系、マレー系ではその対応が微妙に異なっている。まず家事のなかでも食事について言えば、三者に共通するのは朝食を外でとるということである。二、三リンギで外食ができるペナン島のような場所では、家で料理をつくるということが少ない。昼食は会社のキャンテーン（食堂）で、というのが一般的であった。三者で大きく分かれるのは夕食である。夕食をインド系やマレー系は自宅でとるというケースが多いが、中国系は夕食も外ですますという場合が多い。家ではまったく料理をせず、したがって包丁やまな板などの調理道具もないという中国系マレーシア人も見うけた。

育児は乳幼児の場合にはベビーシッターに頼むというのが圧倒的に多いが、同居中もしくは近所に住む両親や親戚に頼むというのも比較的多かった。日本で一般的に見られる保育園へというのは、ここマレーシアでは数が少ない。ベビーシッターに頼んだ場合、多くの者は毎晩自宅につれて帰るが、調査した中国系ワーカーのH社のLさんのように、一週間ベビーシッターに預けっぱなしで週末に引き取り週明けにベビーシッターに戻すという事例もみられた。インタビュー中に、同席していた上司のマレー系課長（女性）から「あなた、それまずいわよ」と忠告されていたから、これなどは例外的なケースなのであろうが、中国系ワーカーには時たまみられる事例であるという。

現在ペナンで子供を一人昼間だけ預けると月二〇〇リンギ、夜までだと月四〇〇リンギ、一週間預けっぱなしだと月六〇〇リンギかかるという。子供を一週間預けっぱなしという先の中国系マレーシア人Lさんの場合には月給が総額一三〇〇リンギと答えていたから、収入の約半分はベビーシッターへの支払いということになる。

いずれにしても育児や教育のための費用は確実に増加しており、そのぶん子供の数は確実に減少している。兄弟の数を聞いた場合（表7-12参照）少ないところで三人、多いところで一〇人と答えたが、子供の数では最高五人、最低一人だった。これなどは、育児負担が増大してくるなかで子供の数が減少していることを示していよう。

④仕送り

マレーシアの女性労働者はインド系、中国系、マレー系を問わず、未婚、既婚を問わず、条件が許せばほとんどの女性労働者は両親に仕送りをし両親の家計に寄与している。その額や仕送りの仕方はさまざまである。たとえば、毎月一定額を親元に送っているという場合もあれば、帰郷する際にまとめて親に渡す場合など多様である。しかし、筆者が面接調査した一〇人のワーカーは例外なく全員が親に仕送りしていた。

仕送りした金は親の貯金となったり、まだ就学中の弟や妹への学費の一部となったり、あるいは兄弟たちの結婚資金となったりする。いずれにせよ家族間における相互扶助的色合いが強い。彼女らが出稼ぎに都市に出てくる主要な動機の一つが仕送りにある。N社のPさんの場合、ダウリー制度のための多額の結納金を支払うために父親に毎月幾ばくかの金を仕送りし続けたという。仕送り額は人それぞれで一律にいうことはできないが、一人一人の仕送り額は少なくとも数人の兄弟が親元に仕送りすれば、その額は郷里で生活する幼い兄弟や親にとっては貴重な現金収入であることはまちがいない。

表7-12　世代別子供数

会社	氏名	人種	兄弟数	子供数
C社	Aさん	マレー	9人	—
C社	Hさん	マレー	10人	—
C社	Lさん	中国	5人	5人
K社	Rさん	マレー	4人	
K社	Iさん	マレー	4人	—
K社	Aさん	マレー	3人	3人
H社	Nさん	マレー	7人	—
H社	Rさん	インド	6人	2人
H社	Lさん	中国	5人	1人
N社	Pさん	インド	5人	1人

⑤家族付き合い

いずれの未婚女性労働者たちも、月に一回程度の割合で親元に帰っている。既婚者の場合にはその数は少なくなるが、それでも数カ月に一回は親元に帰っている。また年に一、二回は家族全員が親元に集合する習慣は今なおマレーシア社会のなかでは続いている。中国系、マレー系、インド系によって祭日は異なるが、それぞれの種族の習慣にしたがって帰郷する。しかし、両親が農村のカンポンにいる場合でも、農村に戻りそこで永住する意思を持ったワーカーは、調査したなかには一人もいなかった。彼女らは少なくともマレーシアの景気が好調な限り、一時的に戻ることはあっても、都会での就業の機会を求めて移動するのである。

両親から都会に出ていくのを止められたというケースもある。H社がケランタン州でワーカーを募集した際、数百人が応募しその大半を合格にしたにもかかわらず、実際にペナンのH社に就職したのはわずかに二〇人であとは両親の反対でペナンには来なかったというケースがそれである。

こうした中で、労働力を確保するには工場をケランタンに移転させる必要が生じているのである。娘たちが都会に出ることで家族の絆が弱くなり、帰村したがらなくなるケースが多いのを懸念して、両親が娘たちを都会に出さない場合も少なくない。したがって逆に工場が農村地域に進出することで労働力確保に努力しなければならない状況が生まれているのである。

⑥結　婚

結婚は未婚のワーカーたちの最大の関心事であるが、工場勤めをすると異性との交際のチャンスは意外に少なくなる。その最大の理由は、多くの工場がシフト制度をとっているため勤務時間が不規則で、そうした機会をつくることが難しいからである。たとえば半導体関係のK社の場合は三シフトで、その勤務時間は朝の七時から午後三時までと午後の三時から夜の一一時まで、そして夜の一一時から翌朝の七時までの三交代制となっている。しかも毎週変化するわけだから、不規則な生活パターンになって異性と交際する機会が少なくなる。それが不満で、たとえ給与は低くとも一シフトしかない企業を選択するワーカーもいる。

結婚相手を捜す方法はマレー系、中国系、インド系でそれぞれ異なるが、最近の傾向は旧来の伝統にこだわらずに自分たちで相手を選ぶ方法が広がっていることである。この点はいずれの国の若者たちとも大差はない。

インド系のマレーシア人の間で取り交わされるダウリー制度にしても、筆者がインタビューしたインド系のワーカーの場合はそうした制度を使うことなく恋愛によって相手を見つけていた。近年恋愛結婚が増えてきており、旧習は少なくなってはきているが、それでも兄弟のうちの誰かがダウリーで結婚したというケースは比較的多い。

⑦海外出稼ぎ

女性の場合、海外へ出ていくことに関しては消極的である。既婚となれば一層その傾向が強くなる。彼女らの意識では、明らかに郷里から都会に出ていくことと海外に出ることの間には大きなギャップがある。マレーシアの隣国シンガポールについてもそうした意識が働くワーカーが多いから、オーストラリアやカナダ、アメリカとなればなおのことであろう。

筆者がインタビューした女性のワーカーは一名を除くすべてが、海外で働くことは考えたこともない、と回答した。海外に出たいと希望した一名というのは、K社に勤めるRさんだけであった。彼女はチャンスがあれば日本に行きたいと考えているという。外国一般ではなくて日本に行きたいと考えている、その理由は、自分の同僚が研修で日本に行っており彼女から折りにふれて日本の話を聞いており、日本へのあこがれがふくらんできているという。彼女の場合は、経歴からしても就職の経緯にしても先に紹介した他のワーカーとさほどの差があるわけではない。彼女の日本行きの希望は同僚の日本研修の話にひかれた点にある。したがってこの希望の強弱については検討の余地があるが、インタビューで海外で働くことを肯定的に考えているのは彼女だけであった。

以上、ごく簡単に一九九〇年代に入ってからのマレーシアの女性労働者の生活実態を検討した。一九九〇年代に入りマレーシアを覆った工業化の波は、確実にそこに働く労働者の生活を変え意識を変え彼らの出身地の農村を変えてきている。

まず、激しい工業化の進行は人口が一八〇〇万人前後のこの国の労働力不足を顕在化させた。農村から若年労働者が急速に都市に流出した。特にこの国の工業化の主力を担ったのが電機・電子産業であったことと関連して、農村の女性労働者の都市への流出を加速した。彼女らは電機・電子産業の組立の生産を中心に生産の主力をなしたのである。顕微鏡を使った細かい作業が多いことから、農村出身の視力の良好な若年女子労働者を多数必要とした。一九八〇年代後半から九〇年代前半にかけてのマレーシアの工業化の急速な進展は、こうした若年女子労働者の不足を一挙に顕在化させた。

工場に就職した女性労働者たちは、その主力部隊となると同時に、家庭においては家事・育児労働のこれまた主力として活動している。また、彼女らが稼いだ賃金の一部は仕送りされ郷里に待つ両親の生活費として使われている。したがって、子育てで共通するのはできる限り少ない子供を大切に育てるという考えで、これは各種族に共通する考え方であるが、ベビーシッターに対する依存度はマレー系、インド系はその日の夜は必ず引き取り就寝をともにするという場合が多かったのに対して、中国系の場合には一週間預けっぱなしというケースが見られた。こうした点には種族による差異が見られた。中国系は全体的に家庭での家事労働のウェイトが低く、外食への依存度がマレー系やインド系に比べて高いという傾向がある。

そこにはかつて日本の高度成長の時に生じた意識の変化と非常に類似する変化が生まれていることがわかる。しかし、今日のマレーシアを覆っているのは近代化の激しい進行と女性労働の急激な変化である。そして多くの問題をはらみながらも、現在のマレーシアはその成長のスピードを持続し、農村をその影響下に巻き込みつつ工業化の道を突き進んでいるのである。

（1）　本章本文の記述、数値は特にことわりがない限り一九九五年九月筆者がペナン島で実施したヒヤリング調査による。

（補注1）

以下、文献に依拠しながら女性労働者の募集状況を述べることでヒヤリングを補強してみよう。

マレーシアにおける輸出向け産業の躍進は、雇用の機会を飛躍的に伸ばしたが、電機・電子産業で雇い入れられた労働者の多くは女性であった。しかし、経営、技術職、スーパーバイザー職は主に男性によって行われ、生産に関する仕事が女性に任されている傾向があり、近年女性労働力不足のため若干の変化はあるもののいまだにその状態は続いている。男性がなぜ生産労働者に少ないのかについては、男性には組立作業に要求される器用さ、忍耐などに欠けているが、女性にはそれらが備わっているからだといわれる。数字でみると、一九五七年に生産部門に女性が占める割合は一七パーセントだったが、七〇年には二九パーセントに上り、八〇年には三九・五パーセントに達している（Jamilah Ariffin, *Women & Development in Malaysia*, Pelanduk Publications, 1992 p. 25.）。

また、女性を二次的な稼ぎ手とみなして軽視し、高い給与を正当化しないため多く雇うのだとも論じられる（Coordinated and edited by Jamilah Ariffin, *From Kampung to Urban Factories*, University of Malaya Press, Kuala Lumpur, 1994, p. 78.）。実際に企業側が一六から二一歳くらいまでの未婚女性を望むのは、この年齢層の女性が従順で、規律に服し、結婚したり出産手当がかかる見込みもあまりないためもある。組立仕事に求められるのは基本的な読み書きと計算力、良好な健康状態と視力にすぎないため、若い女性を雇う方が低いコストで済むのである。

たとえば一九八四～八七年に女性労働者の全労働者に対する比率が低下しているのが見られるが（八〇・一パーセント↓七六・八パーセント↓七五・九パーセント↓七六・一パーセント）、これはオートメーションと技術革新による、女性労働者へのしわよせとも解することができ、女性労働者の立場の弱さを物語る数値といえる（Rajah Rasiah, "Facing The Challenge: Trends and Implications of the Electronics Industry in Malaysia", *Behind The Chip*, W. D. C. Sdn. Bhd., 1994, pp. 22-23.）。

雇用基準について見ると、巨大多国籍企業の基準は厳しく、二三歳以下で少なくとも一一年の正式教育を受けた女性を雇う傾向にあった。地方小企業では、それほど条件はきつくない。もっとも九〇年以降は、好景気にともなう前述の労働力不足によって雇用条件は大幅に緩和されてきた。しかし一九九七年の通貨危機以降、ふたたび基準が厳しくなった。

（補注2）
以下、彼女らの就業実態を各項目ごとに文献で追ってみよう。

①トレーニング、給与

常勤労働者として雇われた女性は、はじめにたいてい三カ月のトレーニングを受け、その後また三カ月ないしそれ以上の期間は見習いとして働く。生産部門の女性労働者が教わる技術は、自分の担当する個別化された作業に必要なものだけで、他により良い仕事を探す時には役立たないものにすぎず、高度な技術を得ようにも学校へ通う時間を作るのは難しい（G. Sivalingam, *The Economic and Social Impact of Export Processing Zones: The Case of Malaysia*, International Labour Office, Geneva, 1994, p. 50.）。

女性労働者でも巨大多国籍企業の電子産業に従事する者たちは、雇用条件の高さのためエリート集団とみなされ、それは巨大多国籍企業と小企業との給与格差にも表れている。給与は、大企業で月額四五〇リンギ（US一ドル＝二・六〇リンギ）から九〇〇リンギの間という（*Ibid.*, pp. 50-51.）。また、巨大多国籍企業で月額四〇〇・〇〇リンギ以上、地方小工場で二五〇・〇〇リンギほどとの研究もある（Irene Xavier, “Clean, But Not Safe: Working Conditions of Electronics Workers in Malaysia”, *Behind the Chip*, pp. 31-32.）。賃金の高額さのため、より大きな企業での職が人気を集めている。

その他に、医療手当給付、有休・産休の付加給付があり、それらは雇用契約の態様によって異なる。ある調査では、電機・電子関係企業で働く女性労働者のうち、半数が常勤で、二〇パーセントが見習い、残り三〇パーセントが臨時雇いで、見習いに許されるのは、医療休暇と臨時労働者同様、超過勤務と医療施設の利用であった（G. Sivalingam, *op. cit.*, p. 51.）。ボーナスについては、常勤が給料一月分、見習いが六日分、臨時雇いは一五リンギだったと報告されている（*Ibid.*, p. 51.）。また同調査によると、女性労働者の所得は、男性比でおよそ、電機・電子関連企業で九〇パーセント、繊維関連企業で八〇パーセントである（*Ibid.*, p. 52.）。

②労働状態

電子機器の生産過程は、半導体ウェーハー製作、半導体の組立、回路板の製作・組立、最終的な組立、検査という流れである（Steve Cheong, “From Chips to Devices: A Brief Overview of the Work Processes in the Electronics Industry”, *Behind the Chip*）。マレーシアの工場では、その中の半導体の組立、回路板の組立の作業が非常に多く見られる。

半導体の組立の工程では、ウェーハー（集積回路の基板となるシリコンなどの薄片）を正確なサイズに切断し、デバイスの上で組み立てる。ウェーハーが切り分けられる際にシリコンのちりが出るが、それを吸い込むと人体に影響をもたらす。そして次に、切断されたダイやペレットをデバイスに金線で接合する。この作業はかつては人の手で行われていたが、現在では機械で処理される。しかし接合検査の際には、たいてい人が顕微鏡を通して行う。

回路板の組立の場合も、たくさんの部品が違った複雑な形をしているため、専用の機械もあるが、人間の手で回路板に載せる作業を要するところが多い。

ハンダで金線を接合する作業や、目を酷使する顕微鏡を通しての仕事などは、単純作業の繰り返しであるから、長時間の労働には相当の忍耐が要る。加えて、電子機器や工作機械を洗浄するための薬品などがある危険な場所で作業をすることになる。機械がアジアの女性向きの小さいサイズではないため、作業が能率よく運ばないこともある（Irene Xavier, *op. cit.*, p. 34.）。また、薬品や接合剤から出る蒸気によるせきや目の痛み、肌の痛み、顕微鏡を用いる作業につれて起こる視力低下が女性労働者から訴えられている。しかも使用する化学薬品への知識が必ずしも労働者に行き渡っていないため、危険は大きい。大工場には保健担当者が常勤しているが、肝心の化学薬品や作業過程についての知識は十分でない（*Ibid.*, pp. 34-35.）。

女性労働者の住居は、家賃が高額な都市部では、アパートの一つの部屋に数人で寄り集まって住む場合が見受けられる。シフト制ならば皆で一時に部屋にいることはないからその方が得なのであろう。

また昇進などを条件とするセクシャルハラスメントがある（G. Sivalingam, *op. cit.*, pp. 51.）というが、企業側は公表したがらないし、当人も名乗り出ようとしないマレーシア人特有の傾向があるのではっきりしていない（Irene Xavier, *op. cit.*, pp. 35-36.）。

女性労働者は歳をとると、より若い人材を求める企業側からは歓迎されなくなる。二六歳を過ぎた女性に自発的退社を促す奨励金を出す企業まである（G. Sivalingam, *op. cit.*, p. 54.）。結婚すると、働きながら子供を育てるのは困難になる。企業内に保育室があればともかく、現状ではそうした女性支援の動きは見られず、働くのはまず不可能である（*Ibid.*, pp. 54-55.）。

マレーシアでは労働組合も今のところ力を持つには至っていない。ある調査では四つの企業のうち一つにしか組合がなく、その二〇人の組合員の中でも二人しか女性労働者がいなかったという（*Ibid.*, p. 55.）。労働組合にかかわって、企業側に悪い印象を与え解雇されることを恐れた結果であろう。

③労働時間

労働時間について見ると、大電子企業は概して三シフト制で動いている。すなわち、モーニングシフト（七～一五時）、イブニングシフト（一五～二三時）、ナイトシフト（二三～七時）である。より小さい会社は、主にモーニング、イブニングの二シフト制である。シフトは二週間もしくは一週間ごとに交代する。

すなわち、一シフト八時間を週に六日働くと、週に四八時間労働する計算になる。加えて八時間のシフト終了後に、もう八時間の超過労働を要求されることもあるという（G. Sivalingam, *op. cit.*, p. 53.）。これは労働法違反だが、職場によっては、超過労働には一・五倍の時給をつけるなどの特別手当を出し、労働者を惹きつけている。

人気があるのは、モーニング、イブニング、ナイトシフトの順である。しかしシフト制は、電子関係企業での仕事が嫌われる要因でもある。ある調査によると、回答者のほとんど（七一・六パーセント）は睡眠不足では苦しんではいないものの、ほぼ三分の二（六二・九パーセント）が無気力を訴えている（*From Kampung to Urban Factories*, p. 84.）。

シフト制のために、女性労働者たちは一般社会からの孤立感を経験し、社会活動への参加を妨げられがちになる。イブニングシフトがあまり続くと、家族や友人と一緒にいられない不都合も生じる。子持ちの女性は、子供と一緒にいたいため、ナイトシフトを好む場合もある。

しかし給与面でシフト制は悪くない。多くの若い女性は、お金欲しさにシフト制を選ぶともいえる。たとえば、インタビューによると（Chee Heng Leng and Mano Subramaniam, "Speaking Out: Women Workers Talk About Safety and Health in Electronics," *Behind The Chip*, p. 95.）、ある職場ではシフト制を選ぶと、イブニングシフトに一・五〇リンギ、ナイトシフトに二・五〇リンギのシフト給与が支払われ、前述の残業もしやすいという。この回答者の基本給は三三五・〇〇リンギだが、シフト給を合わせると五〇〇・〇〇リンギになり、仕送りを一〇〇・〇〇リンギしている。

④女性労働者の声

次に電子産業の現場で働く女性労働者たちの声をマレーシア人が行ったインタビュー（前掲 Chee Heng Leng and Mano Subramaniam のインタビュー）から見てみよう。生の声の中には、外から見ただけではわかりにくく、また英語のインタビューで通訳を介したヒヤリングではくみとれない問題が潜んでいるかもしれないからである。

まず、従事している作業の危険性を承知していながら注意を与えないスーパーバイザーや、機械が壊れていても認めたがらないスーパーバイザーについて報告されており、手を機械に挟まれても怒られるのを恐れ報告することもできないという声がある。

企業に置かれている医療体制については、接合剤の蒸気のため目が痛くなって、会社の医者のところへ行ったが相手にされず、職場を変えてもらえるように推薦を頼んでも、「他の人がその仕事を出来るのに、どうして君はできないんだね」と突き放されたとの声もある。

顕微鏡を使う工程で働く女性によれば、目を酷使するため視力が低下し眼鏡を必要とするようになっても、会社側では眼鏡代を支払おうとしない。それは、もし会社が支払えば落ち度を直接承認することになるからである。

こうした企業側の対応の不備については多くの人がふれている。ただ、鋳造室で働いていた女性労働者にガンが発症すると、会社側でも無視できなくなり、一部の職種にのみ金銭面での補助を出したり定期検診を行うようになった事例は見られる。

シフト制については、不規則な食生活、睡眠不足の弊害が挙げられ、以前二週間ごとに交代していたシフトが一週ごとに変わり、オフが毎週日曜日だったのが一月半ごとの土日になり、家族の休日と合わなくて困るという声が挙がっている。

その他に、目標数を達成するとノルマがさらに引き上げられるため、働きすぎる人を牽制するという回答は、ノルマの厳しさとそれにともなう強いストレスを窺わせる。ノルマを達成した者にだけ超過労働が許される。多くの女性は超過労働を望む。なぜなら、時給が一・五倍になり、一〇四・〇〇リンギの食事手当と、さらに一四〇・〇〇リンギの通勤手当が出るからである。

オートメーション化などによる作業工程の改善、部門の細分化、規律の強化によって、以前の自由がなくなりつまらなくなったと、その傾向を好まない声も挙げられている。またランチ休憩が三〇分、ティー休憩が一五分で、一分でも遅れると注意され、トイレに行くのも二〇分までしか許されないという学校生活のように緊張を強いられる職場の例も報告されている。

こうした女性労働者の声からは、労働者側で仕事の過程や条件に伴う危険を知っているのに、経営側にはその声が聞き入れられにくいという、労働者のジレンマが読み取れる。しかし、今の仕事よりも稼ぎがよく条件の整った職は見出しにくく、退職するわけにもいかない。これでは、仕事のために自らの幸せを犠牲にする結果につながりかねないし、とりわけ危険な仕事に対する金銭報償は人間の尊厳を侵す結果につながりかねない（Chee Heng Leng and Mano Subramaniam, *op. cit.*, p. 100.）。

マレーシア人の調査を記述した文献の中には著者のヒヤリングで言及しなかった記述がみられ興味深い。補注として参考までに紹介した。

終　章　通貨危機とその後──アジア日本企業の対応──

以上は一九九七年七月のアジア通貨危機発生以前の日本とアジアの経済関係の到達点である。では、アジアの通貨危機はこうした関係にどのような変化を与えたのであろうか。また通貨危機後の日本企業はアジア地域でどのような活動を展開しているのであろうか。ここでは、日本企業のアジア通貨危機後の対応を考察することとしたい。アジア通貨危機に関してはすでに数多くの研究が出され、すでに常識化している事象も多いが、事柄を整理する意味でまずこの事象を簡単にサーベイしておこう。

1　通貨危機の開始と展開

1　バーツ暴落

一九九七年七月に始まる通貨危機はこれまでのアジア経済を一変させた。タイ、インドネシア、韓国はＩＭＦからの支援を受け入れてそのガイドラインを軸に経済を再編する事業にとりかかった。九七年の後半から出てきたアジア通貨危機の波及はこれまでのアジア経済の成長神話に疑問を投げかけることとなった。それまでアジア各国で展開された国家主導型の輸出中心の経済政策に対する評価は高いものがあった。韓国や台湾をしてＮＩＥＳ(Newly Industrialization Economies)と呼ばしめた所以である。

ところが九〇年代半ばまでのアジア各国の順調な成長は九七年夏を契機に一転して経済危機にみまわれることになった。ここではまずその経緯と原因を検討してみることにしよう。

まずタイ・バーツの暴落の経緯を見てみよう。タイのバスケット・ペック方式によるタイ・バーツとドルのリンクがドル高とともにバーツ高を招き、タイへの資金流入と株・土地投機を促進しインフレを加速し、生産コストを押し上げ国際競争力を減少させたことがあげられる。すでに九二年にスタートしたタイにおける第七次開発計画の時から金融改革と外国為替管理の自由化が短期資金の流入を招き、過剰流動性を極端にまで押し上げ通貨危機は勃発直前に至っていた。

他方、この時期に中国が改革・開放を進め外資の導入を図るとともに労働集約的な製品を輸出した結果、タイ製品の国際競争力は低下しタイの貿易収支と経常収支を赤字に追い込みバブルの崩壊を生み出した。このバブル崩壊がたちまち金融機関の破綻を招き、金融危機を生み出すこととなったのである。

九七年七月までタイ中央銀行は必死にバーツの買い支えを行ったが、国際投機筋の動きに抗しきれず、七月二日に管理変動相場制への移行を宣言するとバーツは大暴落を開始した。九七年八月二〇日に第一回のＩＭＦのコンディショナリティが示されたが、それは金融部門の再編、公共部門の赤字の是正、付加価値税の引き上げ、民営化、外資への市場の開放など一連の施策が盛り込まれていた。その後数次にわたりＩＭＦの勧告が出されることになるが、いずれも厳しい国内金融改革を盛り込んでいた。

2　通貨危機のＡＳＥＡＮ各国への拡大とインドネシアの危機

バーツ安は東南アジア諸国の通貨切り下げの引き金となった。バーツ安に合わせて七月八日以降マレーシア政府はリンギ切り下げに踏み切り、シンガポール政府もほぼ時期を同じくしてシンガポール・ドルの切り下げに着手し、フィリピン政府も九月以降ペソの二割方切り下げを行った。このようにバーツ安に合わせて東南アジア各国は輸出競争力減退への懸念からいっせいに切り下げに移り、ジョージ・ソロスに代表される国際投機家筋の思惑も絡んで短期資金が急速に流出し、通貨危機を一層押し広げたのである。

最も深刻な打撃を受けたのはインドネシアであった。バーツに連動してルピアは急激に下落し、八月には完全変動相場制への移行を余儀なくされた。さらに一〇月初頭ルピアは大暴落し、インドネシア政府はＩＭＦ、世界銀行、ＡＤＢに支援を要請する羽目になった。一〇月末にＩＭＦから一〇〇億ドルの緊急融資を受けることとなり、日本やアメリカからの金融支援も四〇〇億ドルに達した。一〇月にＩＭＦが出したコンデショナリティは金融機関の健全化、国家予算の緊縮化、金融為替政策の改善などの一連の項目が盛り込まれていた。その後九八年一月にスハルト大統領が拡張型の予算案を発表したためルピアが再急落、インドネシアは再度通貨危機に直面することとなった。九八年一月、スハルトはアメリカとＩＭＦのアドバイスを取り入れて大幅な国内改革を実施することを約束した。それは予算を切りつめ、家族や側近のビジネスへの財政支援や優遇措置を廃止し、一連の自由化措置を採ることであった。しかし三月の大統領選挙で七選された後の新閣僚には彼の親族、側近が多数含まれており、依然ＩＭＦの勧告とは異なる方向へ動いていた。事態が好転しないまま六月に学生の反政府暴動は急激な高まりを見せ、メダンやジャカルタで死傷者が出るなかでスハルトは退陣へと追いやられ、新たに副大統領のハビビが大統領の地位に就いた。スハルトとハビビの間には政策的差違はほとんどなく支持基盤も重なっていることから、今後の政局の見通しは決して安定的なものではなく、動揺と混乱が予想された。果たせるかな、インドネシアの東ティモールで独立運動がまき起り、国連監視下の住民投票で分離独立が決定され、九九年一〇月の選挙ではハビビは敗退し新たにアブドゥール・ラフマン・ワヒドが大統領に就任した。

3　香港への飛び火と中国政府の梃入れ

アジアの通貨危機は、香港をも例外にはしなかった。一九九七年七月と八月、一〇月の三回にわたり香港は投機筋の香港ドル売りに直面して市場は混乱したが、いずれも金融管理局が介入してことなきを得た。香港通貨当局は、伝統的に通貨価値に対してレッセフェール（自由放任）を原則としているが、今回は例外的に市場介入を実施した。通貨同様に株価の下落も顕著で、香港での株価の下落は一時はニューヨークや東京市場にも影響を与え、全般的な株安状況を現出した。香港通貨当局の株価買い支えによってことなきを得たが、そのために香港通貨当局が支出した外貨は五〇億ドルに上ったといわれている。中国への返還後の香港における通貨価値の安定は、これと深く結びついた人民元の安定と連動している。

香港ドルの暴落は、直接的に人民元の切り下げにつながるわけで、香港ドルをめぐる投機筋との攻防は、その前哨戦であったのである。中国政府の支援を受けて、香港当局は通貨の防衛に全力をあげ、これを乗り切った。

4　韓国の経済危機

通貨危機は東南アジアから成長が著しかった韓国へと波及した。韓国では一九九七年初頭に中堅財閥の漢宝グループが政界癒着による放漫投資の結果倒産し、自動車企業の起亜も営業不振の中で銀行管理の状態になっていたが、円安や前述した東南アジア諸国の通貨暴落を前に国際競争力が減退して貿易赤字の累積を生み、外国人投資家の株売りやウォン売却で短期資金が流出し、極端な外貨不足に直面した。結局ＩＭＦから支援を受け入れることでこの難局を乗り切ることを余儀なくされたのである。

ＩＭＦ管理下に置かれた韓国の改革条件は厳しいものであった。特に危機の原因ともなった財閥の放漫経営に対してＩＭＦは、財閥がさまざまな業種に手を出すことをやめ、採算を考慮した国際競争力を踏まえた経営に戻ることを勧告したのである。九七年一二月に大統領に選ばれた金大中がＩＭＦとの間で合意した改革案は、成長率を三パーセント前後に抑え、財政を緊縮し、不良債権を処理し、外国投資家に国内金融部門を開放し、貿易・資本の自由化を急速に推し進めるというものであった。金大中大統領は九八年に入ってから韓国の財閥の整理・統合と人員整理に乗り出し、九八年二月には勤労基準法を改正し、経営が悪化した場合にはその程度に比例して人員を整理することができるようにした。この結果、韓国企業は景気変動に応じて比較的自由に人員を解雇・整理することが可能となったのである。もっともこれに対する労働者の反発は激しく、多数の訴訟事件が発生した。さらに九九年に入り金大中大統領は、韓国の産業再編成に乗り出し、巨大財閥ともいうべき現代、三星、大宇、ＬＧ間での傘下企業の交換を通じて国際競争力を高める構造調整の動きを積極化させている。一九九九年三月時点で、三星が自動車部門を大宇に渡し、大宇は電子を三星に譲り、ＬＧは半導体を現代に譲る、こうして三星は電子を、大宇は自動車を、ＬＧは化学を、現代は自動車、重工業、電子を中心に経営を行う方向が指し示されたが、大宇の破綻で計画は再考を余儀なくされている。経営破綻が表面化した起亜は現代に吸収された。こうした財閥間の行動は、その傘下の中小企業に大きな影響を与え、全体として韓国経済を根底から再編する動きとなって現れているのである。特に財閥再編にともない廃止・合併された大中小企業が増加したため、それにともなう失業者はＩＭＦ失業と称されたが、その数は一九九九年初頭で約八〇万人、失業率は公称七パーセント前後と言われている。一九九九年半ばにいたり、韓国経済も次第に回復の兆しを見せてはいるものの先行きは不透明な部分を残している。

2　通貨危機の特徴

今回の通貨危機の特徴は、地域的にも産業的にもかなり限定された部門で集中的に現れたことである。アジアのなかでのタイ、インドネシア、韓国といった国々に顕著に現れ、これらの国のなかでも金融部門と内需に依存した製造業やサービス、土木建設業、不動産業などに鋭角的に現れたことであった。同じ国のなかでも電機・電子といった輸出産業や輸出を目的にした農業部門は、自国通貨安も手伝ってむしろ好調を持続したケースが目立つ。

特徴の第二は、いずれの国の通貨危機も金融自由化の流れとバブル崩壊の流れのなかで発生したことである。実物経済と乖離した短期マネーフローの膨張で、その沸点を突破した段階で通貨危機が到来した。したがって今回の通貨危機は、実物経済の側面からは予測しにくい要素を持っていたと同時に、実物経済とは相対的に独立したかたちで発生した。各国の金融部門に大きな打撃を与えたことはそれを物語る。本来実物経済の核としてその潤滑油の役割を果たすべきマネーフローが、逆に実物経済を混乱させ破綻に導く要因として作用したのである。マレーシアのマハティール首相が、国際投機家ジョージ・ソロスを名指しで批判したのは故なきことではない。

特徴の第三は、アジアの中でも金融システムの脆弱な国々で集中的に現れたことである。タイ、インドネシアの金融機関はともに外資系か華僑系のコントロールのもとにあるし、韓国の場合には政府系の金融機関を除くと民間有力銀行の数は大変少ない。今回の通貨危機は外資が比較的緩やかな網をくぐって活動できる空間を有している国々で、金融システムの未発達な国に集中的に発生したといえるのである。これと対極をなすのが台湾で、中小企業主体の輸出産業に支えられた金融的強靭さが通貨危機の発生を未然に防いでいるのである。

このように考えてみると、今回の通貨危機は実物経済とは相対的に自立的な国際的マネーフローの動きが、縛りの弱い国で集中的に活動した結果に他ならない。日本で内需拡大の掛け声によって生まれたバブルを陰で演出するように海外から流入したマネーは、九〇年代後半になると一転して東南アジアに流れ、ここでバブルを再現し、そして九七年夏、その極点で通貨危機を生み出しアメリカに去ったのである。

3　アジア通貨基金構想の消滅とＩＭＦ構想の登場

タイのバーツ暴落をきっかけに始まったアジアの通貨危機の広がりに対し、一九九七年八月日本政府は東京で開催されたＩＭＦ主催の支援国会合で、総額一六〇億ドルのうちＩＭＦと同額の四〇億ドルの支援を日本輸出入銀行を通じて行うことを決定した。この段階ではオーストラリアやマレーシア、シンガポール、香港が各一〇億ドル、韓国、インドネシアが各五億ドルの支援を行うことを予定するなど、日本を中心にアジア各国が協調してタイを支援することが構想されていた。さらに九月二一日には、香港で開かれた日本とＡＳＥＡＮの非公式蔵相会議の席上、三塚博大蔵大臣がタイの通貨危機を救済するために数百億ドル規模のアジア通貨基金を創設することを提案し、ＡＳＥＡＮ各国の他に中国、韓国の参加を呼びかけた。つまりは、アジア通貨基金構想を提示して日本のヘゲモニーのもとで問題解決に乗り出そうとしたのである。いうまでもなく、タイをはじめ東南アジア各国には日本の海外投資残高の二三・五パーセントが集中しており、この地域における現地通貨の暴落は即こうした企業活動に重大な影響を与えるからである。

この構想が発表されるやいなや、まずアメリカが鋭い批判を発表しこの構想に拒絶反応を示した。アジア通貨基金構想がアメリカの反対で立ち消えになった後、これに代わって登場したのはＩＭＦによる危機救済であった。

ＩＭＦは、九七年七月末、タイに対し国内改革と市場開放を眼目にした要請書をタイ国政府に認めさせた。続いて一二月には、韓国政府に対し財閥偏重の国内経済構造を改め、市場開放を積極的に求める要求書をつきつけた。九八年二月には、急速に下落したインドネシアのルピアに対し、親族支配によるインドネシア経済の歪みを是正し新しい経済システムを作るための条件書をこれまたインドネシア政府につきつけた。

ＩＭＦの改革案は、いずれも開発独裁政権を支えてきた親族、財閥、クローニーなどの解体を推し進め市場開放を具体化させ欧米を中心とした外資系企業の進出を可能ならしめるものであった。こうしたＩＭＦによる通貨危機対応が九七年一〇月以降、東アジア各地で起きてくるのである。

4　苦悩する日本企業

1　通貨危機の影響

こうした通貨危機のなかで深刻な事態に追い込まれたのは東南アジアに事業展開をしている日系企業であった。為替リスクへの対応をしていなかった日系企業は為替差損で苦しめられた。ドル安のなかで資金融資を受けた日本企業はドル高による高額返済に苦しんだ。金融機関の貸し渋りが広がるなかで資金不足が慢性化し、生産は低迷状態に陥り始めた。

日本の海外生産システムの特徴は、ドルペックによる為替の安定を前提に地域内国際分業を展開してきたことにある。もっとも高級な部品は日本からの供給に依存し、残りの比較的低級な部品は海外からの調達や現地生産に依存して、現地での組立生産を推し進めるというやり方である。自動車産業におけるＢＢＣやＡＩＣＯスキームはその典型であった。かたちは若干異なるが、電機産業や他の機械産業でも基本的パターンは共通していた。やや類型化して問題をとらえれば、高級品の生産は日本国内にゆだね、中級や低級品は現地生産に任せるというやり方である。したがって技術の海外への移転もあくまで中・低級品の生産に限定され、高級品の技術移転はほとんどなされなかったというのが実情だった。つまりは、アジア各国の日本的経営は、固定相場制にも類似したドルペック制に裏づけられた交易システムによって「東アジア経済圏」として結合されていた。これが通貨危機直前の東アジアでの日本の生産システムだったのである。そしてこうしたアジアにおける日本固有の生産システムとそれが生み出す高成長は一夜にして作り上げられたものではなく、これまで論じてきたように、戦後半世紀かかって日本企業がアジア地域に作り出した産物であった。

一九九七年七月のアジア通貨危機は、東アジアで展開された日本的システムの弱点をもっとも鮮明に示したものに他ならなかった。ドルペック制に基づく為替相場の擬似固定化を前提に形成されていた日本とアジア各国の分業体制は、通貨危機の勃発とともに為替相場の動揺にともない、その根底を揺るがされる結果となった。高い品質を誇る日本の生産技術も、為替相場の動揺の前にはシステムそのものの変更を余儀なくされた。通貨危機を経験した日本企業が今後どのようなシステムを新たに作り上げるかがこれからの課題となった。

電機・電子産業のような輸出産業の場合にはそれほど顕著ではないが、ASEAN内の需要に依存している自動車産業の場合には極端な売れ行き不振で業績は悪化した。通貨危機以前、ASEAN内の自動車部品の相互補完を目的にしたBBCスキームやAICOスキームなどはこのたびの危機で棚上げ状況にある。タイやインドネシア、マレーシアでは日本の自動車会社がいっせいに生産を停止、もしくは減少させた。国内需要が冷え込むなかで生産の当てもないままに生産高も利益率も急速に落ち込んでいる。タイの日系自動車メーカーはその活路を輸出に求めて活動を開始したが、日本からの部品輸入価格の高騰がひびいてコストダウンができず、価格の高騰は輸出を思うように拡大させてはいない。結局、内需も輸出も不調なままに生産は急速に減退している。こうした東南アジアでの日系企業の資金繰りの苦境と利益率の減少が、日本本社の業績低下の引き金となり、さらにはそれが本社の倒産を生む例も出た。九八年三月に、大同コンクリート工業が香港とインドネシアの関連会社の業績不振から債務保証ができずに自己破産を申告せざるを得なかったのは、その極端な例だと言えよう。(1)大同コンクリートは一九三四年に設立された老舗企業で、土木建設基礎工事に使うコンクリート・タイルを主力製品とするこの業界の中堅企業だが、東南アジアの通貨危機の影響をまともに受けて倒産した。しかし今回の通貨危機の深刻さを考えると、倒産まではいかないまでも本社の業績を悪化させる作用を生むことはまちがいない。

2　撤退を考えない日本企業

通貨危機以降、アジア地域から撤収することを考慮した日本企業は少ないが、東南アジアに進出した日本企業は、通貨危機とともに厳しい経営危機に追い込まれている。

今ここに日本貿易振興会と海外経済情報センターが実施した『製造業企業の海外事業活動実態調査』なる報告書がある。これはジェトロ会員企業で従業員一〇〇人以上、資本金一〇〇〇万円以上の製造業企業一九八九社を抽出し、一九九八年五月時点での通貨危機の影響を調査したものである。通貨危機の影響について回答した三五六社のうち二三九社、全体の六七・一パーセントが「影響を受けた」と回答し、一一七社、三二・九パーセントが「特に影響を受けていない」と答えている。影響を受けた部門は、輸送機械、自動車部品、自動車に集中し、逆に「特に影響を受けていない」企業は、医薬品、紙、パルプに集まっている。

図終-1にみるように「通貨危機の影響内容」の筆頭は「現地需要の減少で売上高が減少した」がトップで二三五社中一五二社、六四・七パーセントを占め、業種別に見ると自動車、自動車部品が多い。逆に、「輸出価格の低下で輸出が増加した」と回答している企業もあり、三〇社、一二・八パーセントを占めている。

次に、図終-2で通貨危機への対応を見ると、多い順から挙げると「生産拠点の稼働率を低下させた」が九三社（三九・七パーセント）、「合理化に着手した（レイオフなど）」七四社（三一・六パーセント）、「現地販売を輸出にシフトした」三四社（一四・五パーセント）などが、主に自動車や自動車部品産業で上位を占め、逆に、電機・電子部品では、「部品の現地調達を増やした」三七社（一五・八パーセント）、「生産拠点の稼働率を上昇させた」三二社（一三・七パーセント）が上位を占めてくる。

図終-1　アジア通貨危機が日本企業に与えた影響

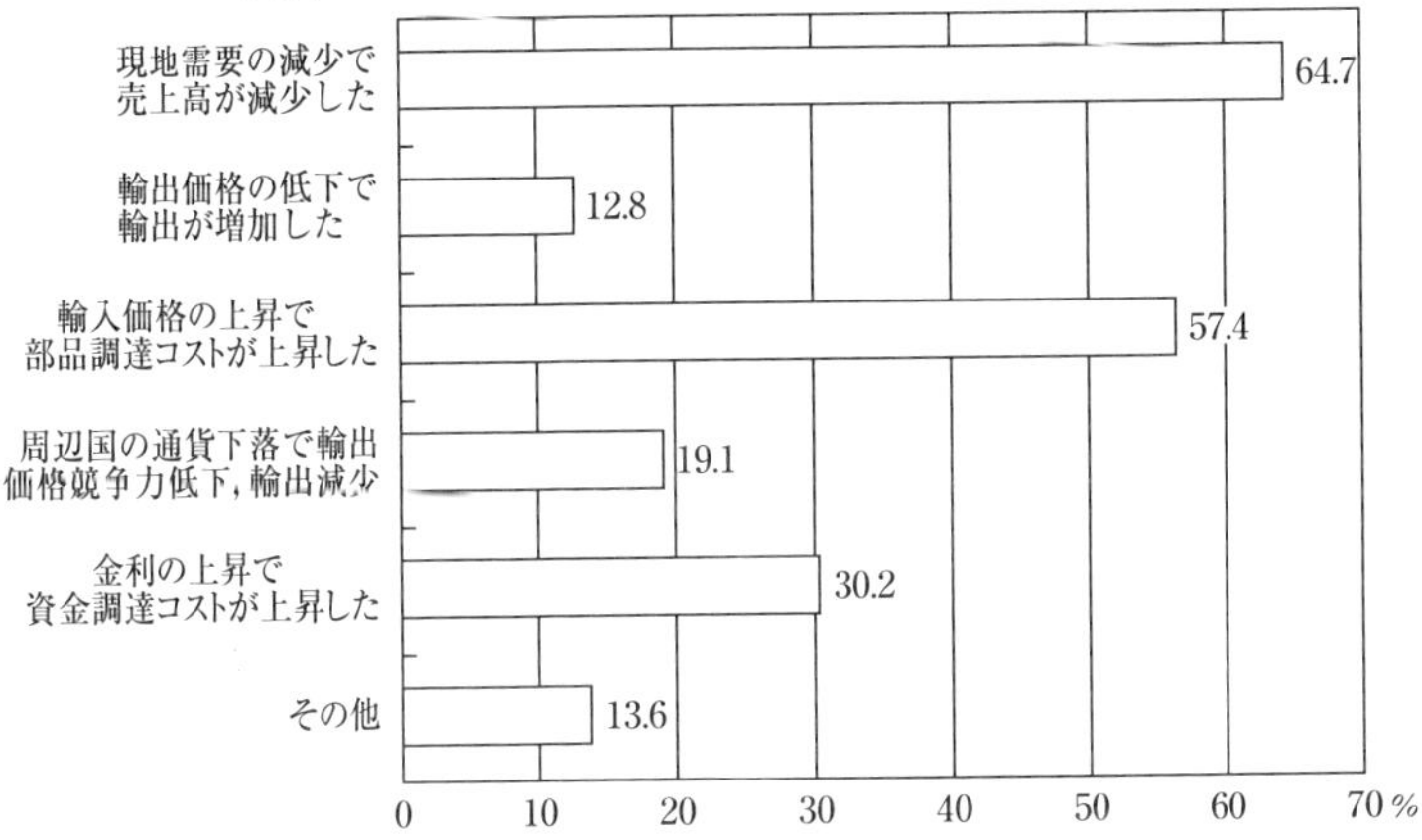

出所：終8-1，終8-2とも日本貿易振興会海外経済情報センター『製造業企業の海外事業活動実態調査—平成10年9月』24頁。

最後に今後の東アジア戦略を見てみよう。「通貨危機の影響を受けた」と回答した二三九社のうち　四六社（六一・一パーセント）が「現状維持」と回答し、「生産規模の拡大」四七社（一九・七パーセント）、「生産拠点の新規設置」二五社（一〇・五パーセント）、「生産規模の縮小」二〇社（八・四パーセント）などを大きく凌駕しているのである。

アンケート回答企業のうち、「生産拠点を撤退した」と答えているのはインドネシアの食料品、シンガポールの化学の二社で、「生産規模を縮小した」と回答した二〇社の内訳はタイ九社、インドネシア五社、韓国二社、シンガポール二社、マレーシア二社であった。全体的には状況を見ながら対策を考慮中という日本企業の姿が浮き彫りとなってくる。このように通貨危機を契機にそ

図終-2　アジア通貨危機への日本企業の対応

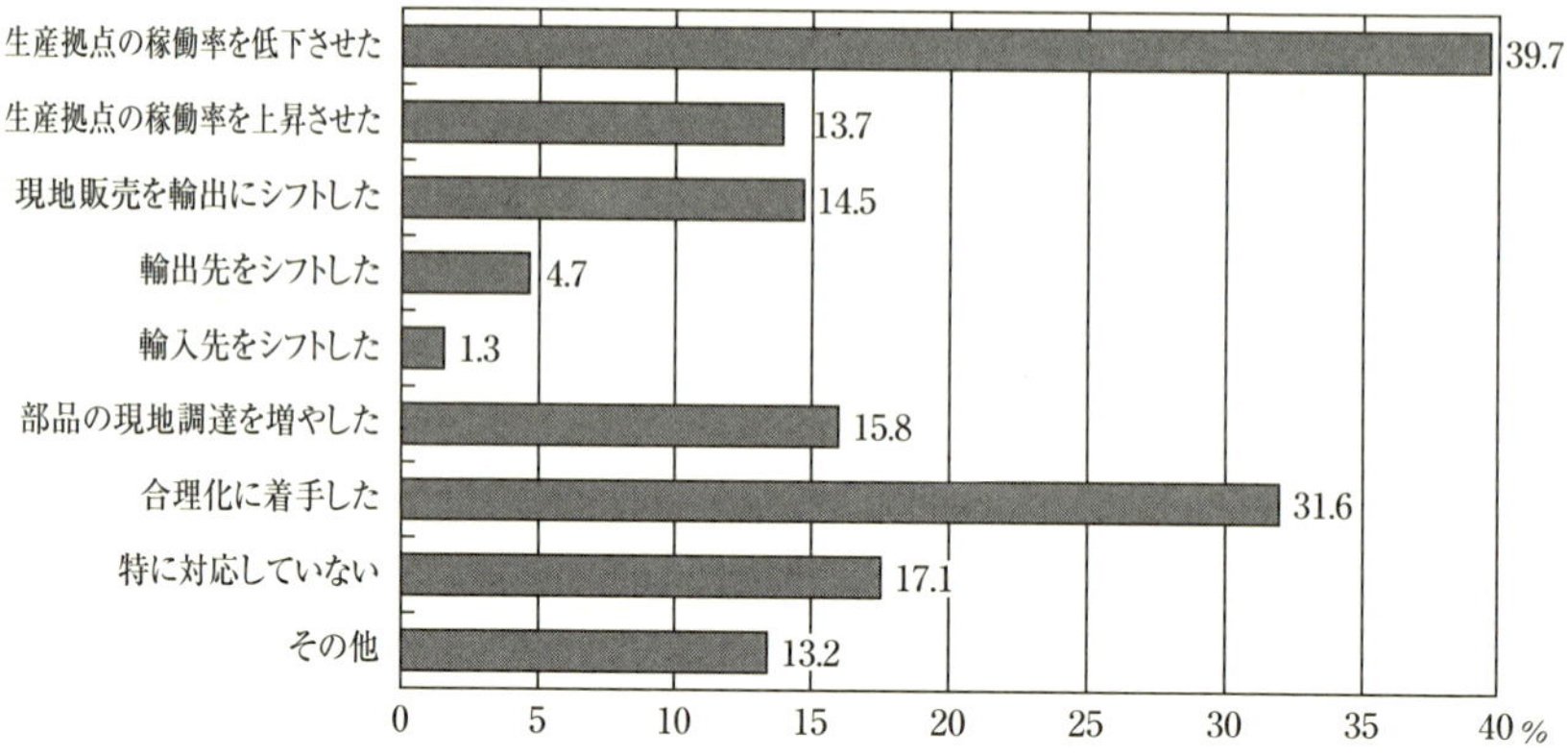

出所：前掲書，25頁。

れまで積極的に企業進出していた日本企業は、撤退はともかく、苦しい状況に追い込まれているのである。

(1)『日本経済新聞』一九九八年三月一日。

3　グローバル化にそなえ国際分業体制を見直す日本企業

通貨危機以降、アジア地域の日系企業は経営危機に陥った。しかし日系企業の多くは現地にとどまり操業を継続している場合が多い。大幅減産、稼働率の減少を余儀なくされてはいるが、日系企業にも日系下請け企業にも倒産した企業や撤退した企業は少ない。たとえばタイでは、自動車関連メーカーは一二〇社を数え、いずれも稼働率二〇～三〇パーセントだが、倒産や撤退した会社はいまのところ一社もない(1)。各社ともに危機のなかで生き延びているのである。

もっとも、「雨のち晴れ」を待つ日本企業の対応も業種によってはある程度の相違がある。電機・電子産業の場合は対米輸出産業であり、今回アメリカ市場が好調であるため、さほど大きな打撃は受けなかった。また為替差損といっても、マレーシアの場合はマハティール首相のもと厳しい為替管理が行われ、固定相場を推進したぶん、むしろ損害が少なかったともいわれている。

逆に自動車産業の場合は内需に依存するぶん厳しい条件下におかれた。またダイムラー・ベンツとクライスラーの合併に象徴される世界的な自動車産業の再編の一環として、日本でも日産とルノーの提携が実現するなど、日本の自動車産業は国内・国外ともに厳しい条件下におかれている。しかし、ＡＩＣＯスキームを申請し、これの適応を受けて活動を開始している事例も見られる。

しかし自動車、電機・電子両部門ともに共通している点は、従来の国際分業体制の見直しであろう。ドルペックによる為替安定を前提とした日本のアジア生産システムは為替変動ゆえに大きな影響を受け、システムそのものの抜本的な見直しを迫られ始めている。このシステムの基幹は、もっとも高級な部品は日本からの輸出に依存し、残りの比較的中・低級な部品は外国からの調達や現地生産に依存するというものだが、よりグレードの高い製品を現地生産に移すことで為替変動の危険を回避する動きは今後一層積極的となろう。そのためには従来のような日本での研修による技術移転という方法は変更を余儀なくされ、Ｒ＆Ｄ（研究開発部門）の日本国内温存といった方法は抜本的な再考が必要とされる時がきているといえよう。その意味で二一世紀はまぎれもなく、グローバル化の時代を迎えるのである。

（1）『日本経済新聞』一九九八年一一月十七日。

あとがき

本書は、日本企業の海外展開五十余年の歴史と現状を記述したものである。日本企業の戦前の歴史については、企業史というかたちで数多くの研究が残されているが、戦後のそれについては驚くほどその数が少ない。そのためであろうか、企業の歴史が戦前の段階で切断され、一足飛びに現代の企業の姿に直結してしまい、その間の戦前と現在を結ぶ戦後の企業の活動について、閑却されがちな傾向は否めない。

一九九七年七月に通貨危機が発生し、それまでのアジアの経済成長が一転して後退のイメージに変わった時も、その歴史的背景についてはほとんど言及されることがなかったことは、その証左であったといえよう。著者自身、勤務先の大学院でアジアの通貨危機を取り上げ院生と多様な角度から討論を行ったが、その歴史的背景については結局適切なテキストが見出せないままに討論が進行しなかった苦い記憶が残っている。本書はそうした著者なりの経験から出発し、著者が弱点と考えている研究視角の補強を目指したものである。

本書では、従来あまり使用されなかった『日本経済新聞』連載の「私の履歴書」を利用した。また『経団連月報』や『アジア問題』などの雑誌類を使用することで、極力当事者の声を再現することを目指した。当事者たちの意図と現実のずれが彼らの声を通じて再現できれば、同時代の襞をより深い形で表現できると考えたからに他ならない。

しかし同じ戦後といっても、一九四五年から八〇年代までとそれ以降では、記述の仕方も分析の方法も変わらざるを得なかった。前者は確定された事実の丹念な積み上げが必要とされたのに対して、後者は直接一九九七年以降の通貨危機と連動しているため未だ不確定な部分が多く、したがって推察と想像が多分に要求されたからである。こうした異なる二つの事象の説明と意義づけについては著者なりにその接合に努力したが、それが本書でよくなし得たか否かについては読者の厳しい批判を待たざるを得ない。

このほか、本書においては日本側の企業活動を追究するに急なあまり、その受入国側の事情について十分な記述ができず、日本企業の地域に適応した多様な活動について十分に記述できたとは思えない。「第4章　NIESの誕生と拡大」、「第5章　日本産業とASEANの工業化」、「第7章　ASEANの工業化と女性労働」などで、可能な限り受入国側の事情とその変容について言及したが、地域的特徴の検出にまでは至らなかった。日本企業と合弁した相手側の企業の分析が行われていれば、日本企業の活動はより一層厚みのあるものとして描かれたかもしれない。

本書は、著者がこれまで発表してきた論考に加筆修正を加え一冊の本にまとめたものである。序章、第1章、第4章は書下ろしである。第2章は、最初「日本企業の戦後東南アジア観」（後藤乾一編『現代日本の歴史環境』早稲田大学社会科学研究所、一九九七年）として発表したものに加筆修正を加えたものである。第3章は、「アジア経済圏の形成と日本の役割」（丸山恵也・佐護譽・小林英夫編『アジア経済圏と国際分業の進展』ミネルヴァ書房、一九九九年）をもとに大幅な加筆修正を加えたものである。第5章は、「タイへの日本企業の進出」（小林英夫・林倬史編『ASEAN諸国の工業化と外国企業』中央経済社、一九九三年）をベースに大幅な加筆修正を加えた。第6章は「日本自動車産業の東南アジア戦略」（中川信義編『イントラ・アジア貿易と新工業化』東京大学出版会、一九九七年）に若干の加筆修正を加えたものであり、第7章は「東南アジアの工業化とマレーシアの女性労働」（藤井光男編『東アジアの国際分業と女性労働』ミネルヴァ書房、一九九七年）に補注を加えたものである。終章は「通貨危機後のアジア経済圏の変貌」（前掲『アジア経済圏と国際分業の進展』）に若干の修正を加えたものである。

編成の経緯は以上の通りであるが、本書執筆にあたっては早稲田大学アジア太平洋研究センターの同僚や東京大学社会科学研究所の末廣昭氏から貴重な資料提供やアドバイスを受けた。また同センターの院生諸君（鴻巣忠司、権亨竣、長見崇亮、中山健一郎、趙江薇、鄭錦華、朴善映）からは取り纏めにあたって助力を得た。さらに東京大学文学部の桜井由躬雄教授の主催する「他分野交流演習」に参加することで本書作成の基盤となる多くの有意義なヒントを得、また穴澤眞、島田克美、岡本浩睦、郭洋春氏からは研究会などを通じ本書の構成や内容につき貴重なコメントを頂いた。加えて本書第1章、第3章の調査にあたっては、トヨタ財団の研究助成（一九九七年度研究助成「戦後アジアの日本人経済団体の成立と展開に関する研究」）を受けた。記してこれらの方々および機関に感謝したい。最後に困難な出版事情のなかで快く刊行に同意していただいた日本経済評論社社長の栗原哲也、編集部の谷口京延の両氏に心からお礼を申し上げたい。

二〇〇〇年一月

小林　英夫

【著者略歴】

小林英夫（こばやし・ひでお）

1943年東京に生まれる
1966年東京都立大学経済学部卒業
東京都立大学経済学部助手，駒沢大学経済学部教授をへて
現在早稲田大学アジア太平洋研究センター教授
専攻――アジア経済論
著書――『「大東亜共栄圏」の形成と崩壊』（御茶の水書房）
『戦後日本資本主義と「東アジア経済圏」』（御茶の水書房）
『東南アジアの日系企業』（日本評論社）
『植民地への企業進出』（柏書房）
『現代アジアの産業発展と国際分業』（ミネルヴァ書房）

日本企業のアジア展開――アジア通貨危機の歴史的背景――

2000年3月10日　第1刷発行　定価（本体2800円＋税）

著者　小林英夫
発行者　栗原哲也

発行所　株式会社　日本経済評論社
〒101-0051　東京都千代田区神田神保町3-2
電話 03-3230-1661　FAX 03-3265-2993
E-mail: nikkeihyo@ma4.justnet.ne.jp
URL: http://www.nikkeihyo.co.jp/
文昇堂印刷・山本製本所
装幀＊渡辺美知子

乱丁落丁はお取替えいたします。　Printed in Japan

ISBN4-8188-1184-X

進藤栄一編
アジア経済危機を読み解く
―雁は飛んでいるか―
A5判　二八〇〇円

九七年タイ・バーツ下落に始まるアジア通貨危機と日本経済の長期低迷の深刻化について、日本とアジアの知的世界が依拠しつづけてきたアジア型発展モデルに焦点を当て再検討する。

荒巻健二著
アジア経済危機とIMF
A5判　二八〇〇円

アジア危機の原因は各国の構造問題にあったのか、それともグローバル化した金融市場の不安定性の現れだったのか。IMF、米国と日本の対応の違いを検証する。

OECD編　山本哲三訳
成長か衰退か
―日本の規制改革―
A5判　二八〇〇円

日本の規制システムの現状と規制改革の経緯を踏まえたラジカルなOECDの勧告にどう応えていくのか。それを決定するのは政府、官僚というより、われわれ国民である。

宋立水著
アジアNIESの工業化過程
―資本と技術の形成―
A5判　三八〇〇円

これまでアジアNIESの検証から抜け落ちていた資本・技術形成の実態を、台湾を事例に詳細に検討。歴史的要素、国の強力な介入も加わり、台湾経済はどのような展開をみせたのか。

大内秀明著
東アジア地域統合と日本経済
―アジア単一通貨への道―
四六判　二八〇〇円

ポスト冷戦・ポスト植民地主義のいま、世界は地域統合に進んでいる。東アジアでの地域統合の可能性について、経済的自立とアジア型民主主義の意味とともに考える。

（価格は税抜）